莱布尼茨认识论中的信仰合理性建构

卢钰婷 ◎ 著

复旦大学 出版社

本书为教育部人文社会科学研究青年基金项目（20YJC720012）研究成果

前 言

认识论作为哲学的重要分支，从溯源古希腊的古典哲学开始就已具雏形。而迈入近代（尤其是17—18世纪）的时候，更出现了大量的以认识论为核心的著作。笛卡尔、斯宾诺莎、洛克、莱布尼茨、贝克莱、休谟和康德等都贡献出了影响深远的鸿篇巨制。在这一时期，"认识论"或"知识论"可谓哲学中的"显学"。而莱布尼茨（Gottfried William Leibniz, 1646—1716）则因继承并分享了笛卡尔的理性主义立场而成为欧洲大陆著名的"理性主义者"，并将这一思潮推至高峰。笔者注意到国内众多学者对莱布尼茨认识论思想的研究，从"理性主义"和"经验主义"在人类的知识起源、知识达成方法到认识论的基本内容以及知识主导原则中的对立和交融等方面，都做出了重要的理论贡献，而本书则尝试从近代早期的理性与信仰、科学与宗教、传统与革新互为盘结且相互影响这一更深更广的历史背景，对莱布尼茨思想的时代处境以及理论渊源进行梳理，将一系列思潮的交融与碰撞（如自然哲学、神学、形而上学、认识论等）视为其哲学认识论不可忽视的理论铺陈和思想基础，希望以此寻求莱布尼茨认识论思想研究的真正脉络以及理论走向。

本书的研究核心聚焦于莱布尼茨的宗教认识论。需要说明的是，哲学认识论和宗教认识论虽然有着相同的内容，但其关注的重点则有所改变：前者针对普遍意义中的"知识"；后者则注重宗教信念的认知可能性。虽说两者内核不同，但对于极其注重"形式""逻辑"以及"演绎"等方法的"理性主义者"莱布尼茨来说，他对"理性"及其相关原则的倾注则是一以贯之的。因此，从将莱布尼茨分割为"俗人莱布尼茨"和"学者莱布尼茨"以及"作为逻辑学家的莱布尼茨"和"作为朴素实在论者的莱布尼茨"（罗素语）的固式中跳脱出来，将"理性"的模式贯穿于莱布尼茨哲学认识论以及宗教认识论的做法，为笔者提供了一个更为统一且宏大的历史视野，因为"理性"在狭义和广义中的深刻内涵不仅指导着莱布尼茨对推进人类知识程度的信心，更隐含着他对理解宗教信念的期盼。

不论是对于人类知识还是宗教信念问题，它们所涉及的"理性"

以及认识"合理性"都是极具探讨意义的话题。宗教认识论虽然旨在对宗教信念的形成机制、过程、手段及其知识可能性等问题进行研究，但哲学家的立场往往使得这种研究呈现出一种论证思维，莱布尼茨尤是如此。因此，笔者将莱布尼茨的所有相关作品都置于宗教认识论的前提下，将其整合为历史的和逻辑的统一呈现，从而对他在自然神学、启示神学以及神正论等传统神学问题中的神学命题进行细致深入的剖析，以试图回应宗教信念在知识中的可能性问题。莱布尼茨在传统认识论中体现出的"认知责任"和"认知范式"（如"基础主义"和"证据主义"）以及他在其中所表达的某种"松动"和"推进"，都显现了时代背景和他个人旨趣的交融，而这一切对当今的宗教哲学尤其是宗教认识论的影响无疑也是巨大的。当今学者往往热衷对传统认识论中知识的标准、辩护有效性展开批判和修正，然而本书并未止步于此，笔者在批判性关注的同时，力求为莱布尼茨的思想脉路寻求一种历时性的传承和延伸，以展现现当代学者在不同理论框架下对宗教认识论这一问题的多维度思考。

目录

绪论 ·· 1

第一章 认识论中的知识与信仰问题 ·············· 13
第一节 认识论维度下的信仰论证 ·············· 14
一、认识论的词源学考察及其方法论意涵 ······ 14
二、认知概念在信仰中的应用 ·················· 20
第二节 宗教哲学框架下的信仰合理性建构 ······ 30
一、宗教哲学的当代争论 ························ 31
二、宗教哲学的认知目的 ························ 36
第三节 宗教认识论的确立 ······················ 39
一、信仰体系的认知评估 ························ 40
二、当代宗教认识论的主要流派 ················ 43

第二章 莱布尼茨认识论的历史背景及理论渊源 ······ 49
第一节 历史背景 ································ 50
一、文艺复兴和宗教改革 ························ 51
二、科学的发端和方法论的革新 ················ 55
三、数学学科的启示 ······························ 59
第二节 理论渊源 ································ 63
一、形而上学传统 ································ 63
二、有神论图景 ·································· 68
三、认识论立场的分野 ·························· 73

第三章　莱布尼茨认识论的基础与主旨……… 81
第一节　作为认识论基础的形而上学……… 82
一、实体理论……… 83
二、形而上学对认识论的统摄……… 87
第二节　作为认知主体的"单子"……… 90
一、"单子"概念的渊源……… 90
二、"单子"的特性……… 93
三、"单子"与认知……… 96
第三节　知识的意义与范围……… 99
一、观念和知识……… 100
二、知识的等级……… 103
三、知识的起点……… 106
第四节　知识与真理……… 109
一、真理的标准……… 110
二、真理的划分……… 112

第四章　莱布尼茨认识论中信仰理性化的应对和辩护……… 117
第一节　理性主义之核……… 118
一、神圣理性和人类理性……… 119
二、形式化理性和智慧性理性……… 124
三、弱理性主义和规范性理性……… 129
第二节　自然神学的理性重构……… 133
一、对本体论证明的完善……… 133
二、对宇宙论证明的完善……… 137
第三节　启示神学的辩护性解读……… 142
一、敌手：认知逻辑体系的失衡……… 142
二、奥秘："反"理性还是"超"理性？……… 146
三、奥秘合理性的双重认知基础：解释和支持……… 149

第五章　莱布尼茨认识论的理论困境 …………… 155
第一节　内部困境：强弱理性的分裂 …………… 156
第二节　外部困境 …………………………………… 168
  一、启蒙运动下的理性和信仰 …………………… 169
  二、意志主义传统和怀疑论滥觞 ………………… 176

第六章　莱布尼茨认识论与当代认知合理性问题 …… 185
第一节　推进与创新 ………………………………… 186
  一、理性主义的推进 ……………………………… 187
  二、形而上学的改革 ……………………………… 191
第二节　回应及批判 ………………………………… 194
  一、证据主义的回应 ……………………………… 195
  二、实用主义的批判 ……………………………… 197
第三节　认同及影响 ………………………………… 200
  一、从理性哲学转向道德哲学 …………………… 201
  二、从科学危机到现象学发展 …………………… 205
  三、从理性化建构到合理性深化 ………………… 209

参考文献 ……………………………………………… 215

绪 论

德国哲学家莱布尼茨的出现，无疑为人类的"百科全书"添加了最为确切的注解，以至于狄德罗曾说，莱布尼茨的心灵是混乱的大敌，最错综复杂的事物一进入他的心灵就弄得秩序井然。他把两种几乎彼此不相容的品质结合在一起，这就是探索发现的精神和讲求条理方法的精神①。的确，这位"为往圣继绝学"的理性主义代表在新旧思潮更替的近代早期，以其异常丰富的哲学思想为近代认识论以及理性主义哲学奠立了坚实的基础。而他之所以选择捍卫理性主义并反对经验主义立场，以《人类理智新论》去逐条回应洛克的《人类理解论》，乃是因为在莱布尼茨看来，洛克等人的主要问题在于囿于认识论，从而忽视了伦理学和神学。而当莱布尼茨自称为"爱上帝者"时，则是因为他虽然认为自己也重视认识论，但是却意识到必须由认识论出发进而达到伦理学和神学，并实现"理性和信仰相一致"的宏愿。因此我们看到，莱布尼茨不仅从哲学的维度（如《人类理智新论》）对认识的对象和起源、认识的主体、认识的过程、真理学说等传统认识论的各个领域进行了艰苦卓绝的思考，更以多少带有护教立场的倾向完成了对上帝正义慈善这一古老议题的认识论上的思考（如《神正论》），从而体现出自然神学的传统，即在神学中赋予理性、自然和经验以应有的地位。可以说，自然神学问题本身在莱布尼茨这里就是一个认识论的问题。当他说理性能够认识上帝，这句话的背后实际上隐藏着一个更深层次的问题，即人类"理智何以能够认识上帝的问题"②。因此，莱布尼茨在认识论乃至神学上所做的开创性工作也就综合地体现在他的宗教认识论之中。正如他在《神正论》序言中所昭示的那样："有两个著名的迷宫，常常使我们的理性误入歧途：其一关涉到自由与必然的大问题，这一迷宫首先出现在恶的产生和起源的问题中；其二在于连续性和看来是其要素的不可分的点的争论，这个问题牵涉到对于无限性的思考。"③毫不夸张地说，这两大迷宫是莱布尼茨终生关

---

① 参［法］狄德罗：《狄德罗的〈百科全书〉》，梁从诫译，广州：花城出版社，2007年。
② 段德智：《莱布尼茨哲学研究》，北京：人民出版社，2011年，第376页。
③ ［德］莱布尼茨：《神正论》，段德智译，北京：商务印书馆，2016年，前言第61页。

注的问题，也是彼时背景下"理性"在"信仰迷宫"中寻求出路的问题，更是一种如何处理哲学与基督教信念以及与认知合理性关系的问题。而这一切正是莱布尼茨宗教认识论提出的初衷所在。

实际上，有关认识论的问题，古往今来的哲学家们都对其给予过高度的重视。古希腊先哲柏拉图就曾在《泰阿泰德篇》（*Theaetetus*）中追问过认识论的基本问题：为了获得知识，还需要在真信念上添加什么？什么东西使得信念与知识有所区别？同样，亚里士多德和托马斯·阿奎那对"科学知识"亦进行过多方面的探讨，研究过理智的运作过程以及当信念生发时的各种情况。然而，只是到了近代认识论，其中对知识提出的问题和给予的回答才有了"现代的韵味"，它不仅导向了近代哲学家们（如康德、黑格尔）的理论创建，更对20世纪以来的认识论各派造成了深远的影响。在罗素（Bertrand Russell，1872—1970）所著的《西方哲学史》一书中，17—18世纪因其独特的精神气质而被称作"理性的时代"。这一时代的哲学广泛地吸收了自然科学的成果并极大地丰富了自身的内容，从而克服了古代哲学认识论中的朴素性。与此同时，这个时期的哲学家们还将自然科学中流行的分析以及经验的方法提升为哲学方法论，如力学的成就使此时期的唯物主义哲学具有了机械论的特点；反过来，自然科学的发展又极大地促进了认识论研究，使认识论成为当时哲学研究的中心课题，并形成了所谓"经验论"和"唯理论"的两大派别。正因如此，罗素在定义近代与"先前各世纪的区别"时，便首先归因于"科学"[①]。再加之由时代背景引发的一系列嬗变，如启蒙主义思想的传播以及民族主义的崛起，宗教信念在一定程度上逐渐受到质疑。因此，当莱布尼茨以其"最好世界"的神学理论为基督教信念辩护时，他无疑遭到了法国启蒙思想家伏尔泰等人无情的嘲笑和讥讽。

然而，当高扬人类理性的呼喊将上帝和信仰斥为谎言，这种批判却大多仅停留在文学和政治的表层，并未契入真正的哲学思维，更遑论信仰和理性关系的深度思考。因此，我们便不能简单地说莱布尼茨

---

① ［英］罗素：《西方哲学史》（下卷），马元德译，北京：商务印书馆，2011年，第43页。

对上帝或宗教信念的辩护是一种"僧侣主义"或历史的倒退,而应该看到他正是在理性和信仰的盘结中对知识、对真理、对一切命题的运思路向和准则进行了梳理。不仅如此,随着信念理性化建构活动的真正深入以及大规模展开,中世纪哲学家阿奎那所主导的那种在信仰体系内对理性方法的运用慢慢开始受到新兴思想家们的批判性关注,这使他们"重新审视了必然性知识的可靠基础与标准问题以及理性与认知合理性的性质,进一步考察了理性和信仰的关系,提出了旨在维护认知合理性严格意义的基础主义和证据主义立场"①。这样一来,莱布尼茨也势必在某种程度上受惠或受制于这种思潮和主导范式。因此,如何认清其宗教认识论中"理性"或"合理性"的含义,如何确定他在认识论中辩护的标准,如何评价他在宗教哲学问题中的理性方式的合法性和有效性,以及他是否在终极的意义上为理性和信仰确立了一种共同的思维准则,以至于对现当代宗教哲学的发展创新提供了有力的借鉴和基础,这无疑都是研究莱布尼茨宗教认识论的意义所在。

目前,我国学者对莱布尼茨思想的研究主要集中在他的一般哲学认识论、形而上学或逻辑学的方面,而本书则尝试对莱布尼茨的宗教认识论思想进行系统梳理,其重点突出表现在他的"理性主义"立场在宗教信念"合理性"和宗教命题(其中包括启示性的奥秘以及"上帝存在"这种借由理性证明的自然神学命题)中的阐释和运用,以及他如何在信仰受到质疑的情况下对上帝正义以及"恶"之诘问的传统问题进行再阐释,甚至试图将神学辩护塑造为一种具有"类科学"性质的兼具知识规范性的东西。可以说,不同程度的理性强度和理性形式使莱布尼茨的宗教认识论表现出和洛克为代表的严格的"证据主义"范式的些许差异,虽然莱布尼茨遵循的依旧是阿奎那主导的"自然神学"传统,但他在后天"证据"上的某些松动和缺失以及在辩护过程中将"举证责任"转移给对方的做法都使得他在近代早期的"证据主义"主流中显得有些异类。可以说,莱布尼茨宗教认识论的多维度和

---

① 翟志宏:《托马斯难题:信念、知识与合理性》,北京:中国社会科学出版社,2014年,第14页。

多面向是极其复杂深刻并有待挖掘的。

论及莱布尼茨宗教认识论的代表作品，自然逃不过最为著名亦传诵最广的《人类理智新论》和《神正论》。但正如他本人所说："你不会（从我的作品中）找到财富，你会发现它们只是一堆灰烬，你也不可能找到我精心详述的著作，相反的只会发现一堆纸片和存留在我记忆中瞬间闪过的念头和想法。"① 文化史学家布德雷坎普（Horst Bredekamp）也曾表示："如果真有一扇通向莱布尼茨思想世界的窗子，潦草的纸板一定功不可没，从这上面我们可以看到思想碰撞的火花，这就是他思想的一面镜子。"② 因此，不论是早期斡旋于宗教及外交事业的《天主教证明》（1668年），还是中期对形而上学体系起到确立作用的《形而上学论》（1686年），抑或是晚期应萨尔瓦亲王写作的《单子论》（1714年），以及他一生中和同时代思想家们的各种信件往来，都是本书针对其宗教认识论所攫取的研究材料。

首先值得注意的是，尽管莱布尼茨的宗教认识论具有近代意义，但他与经院哲学的羁绊还是十分明显的。这不仅体现在他对"机械论"立场的反复（由最初的认同转而反对）并最终意欲将其与亚里士多德的"质形论"进行综合的哲思历程，也体现在他所选择的每一个哲学议题之中。因此很多评论者认为，莱布尼茨所讨论的很多宗教问题实际上就是经院哲学的问题，例如他毕生都十分关注自由意志和神圣预定的调和。而他和文艺复兴时期哲学的联系又使其整个哲学认识论表现出一种折衷主义的特征。但究其根本，新柏拉图主义影响下的神秘主义思想对他影响最深，它使莱布尼茨展现出对"理念论"的倾向，即每一个独立实体（单子）都能作为浩渺宇宙的微观"反映"。毫不夸张地说，这不仅是莱布尼茨形而上学的核心，更是他认识论的基石。因此，在《人类理智新论》中，莱布尼茨清楚地宣称："这体系（指他自己的）似乎把柏拉图和德谟克利特，亚里士多德和笛卡尔、经院哲

---

① G. W. Leibniz, *Samtliche Schriften und Briefe*, in *German Academy of Sciences*, Berlin: Akademie Verlag, 1923-, Volume VI. iii, p.533.
② Horst Bredekamp, *Die Fenster der Monade: Gottfried Willhelm Leibniz' Theater der Natur und Kunst*, Berlin: Akademie Verlag, 2004, p.194.

学和近代哲学家、神学、伦理学和理性都结合起来了。"① "但他的（指洛克）系统和亚里士多德关系较密切，我的系统则比较接近柏拉图，虽然在许多地方我们双方离这两位古人都很远，他比较通俗，我有时就不得不比较深奥难懂和比较抽象一点。"② 而正是基于单子这一认识主体的能动性，才衍生出后续的若干关于"天赋观念""知觉""欲望""力""连续性"以及"前定和谐"等理论。更为重要的是，莱布尼茨声称他的认识论在某种意义上和他的形而上学是一致的。首要的是意识的本质，这为莱布尼茨批判洛克提供了主要动力，并构成其最为普遍的主题。历来形而上学强调的重点都围绕着"实体""本质""个体同一性""灵魂"等概念，而《人类理智新论》的讨论对此也均有提及。确实，即使在认识论的层面，《人类理智新论》也比人们所意识到的具有更多的与形而上学的联合及统一。莱布尼茨对认识论所做的最大贡献在于他对"天赋观念"所做的精细复杂的辩护③。如我们所见，《人类理智新论》的第一卷和第四卷联系紧密，第四卷实际上就是第一卷基础主题的深入延展，所以他对天赋观念的拥护清楚地展现在第四卷之中。除此之外，他在数理哲学、认识论有限性的本质问题上都和洛克是对立的。莱布尼茨对这些问题的探讨不仅没有受限于认识论的层面，更没有失掉形而上学的重要性。对他而言，洛克对认识论问题的处理受制于他的唯物论观点，因而他对洛克认识论的批判在某种程度上就是对其形而上学的批判。

因此，当莱布尼茨树立了认识论的"唯理论"基调并对一系列的知识问题做出了系统有效的铺陈之后，他对宗教信念合理性和有效性的建构自然成为其宗教认识论中承上启下的一环。但是，何为"理性"以及"理性"在不同层面所展现出的含义有何不同？种种疑问若不能清晰明了地呈现在"信仰与理性"关系的论证之前，莱布尼茨的主张

---

① [德]莱布尼茨：《人类理智新论》（上册），陈修斋译，北京：商务印书馆，2016 年，第 32 页。
② 同上书，"序言"第 2 页。
③ Nicholas Jolly, *Leibniz and Locke: A Study of the New Essays on Human Understanding*, Oxford: Clarendon Press, 1984, p.162.

便势必沦为这一古老议题的"老调重弹"。因此,当他强调人类只有凭借"神圣的"和"能动的"理性才能获得"至上的"以及"神圣"的知识,因而神圣理性和人类理性必须是同构的时候,他无疑秉承了阿奎那的传统;而当他无法避及路德的改革宗所造成的影响,并承认"我们信仰的基础不是人类理性,而应该是上帝的自我启示。这才和我们的弱点以及神圣的智慧相称"的时候①,则又反映出理性和信仰的问题在他那里并非是一个一蹴而就的事情,而是在人们普遍认同宗教信念需要通过理性或证据校准的时代,他经过反复思忖才得出"重要的理性隐藏于上帝之中,当博学以及著名的基督徒看到必须以各种可能方式及武器和伪善斗争的必要性时,上帝才允许理性渐渐变得和信仰盘结在一起"的结论②。可以说,理性和信仰在莱布尼茨这里是一个充满张力的问题,正是经历了对"理性"的致思路径和运思原则的梳理,他才最终确立了理性的基础性地位。

但是另一方面,当理性或"自然之光"越来越多地遭遇到"超理性"或"不可理解"的奥秘硬核时,当哲学家们所主张的"证据主义"主导范式显现出越来越明显的缺陷时,他们必然要开辟另一条路径来回应宗教信仰的合理性难题。若非如此,阿奎那式的双重困境无疑会再次出现:对内,理性不可化解的信念会导致二元对立思想的产生;对外,非信仰人士的批判更易彰显信仰的"不可能性"③。因此,宗教信念的"意志主义"式表达在顺应基督教发展的大潮流中应运而生。而集众家之所长的莱布尼茨也显现出了某种"意志主义"的倾向,他以自己的方式重释了某些路德的新教传统,并把"爱"的意志性活动概念延伸到了信念证成的伦理学范畴,从对信仰认知方面的强调转向了"非认知的因素"④。总而言之,莱布尼茨认为,人类的理性灵魂不

---

① G.W. Leibniz, *German Academy of Sciences*, Berlin: Akadmie Verlag, 1923-, Volume IV, iii, p.270.
② 同上。
③ 翟志宏:《西方宗教信念认知合理性的两种解读方式》,载金泽、赵广明主编:《宗教与哲学》第二辑,北京:社会科学文献出版社,2013年。
④ T. Allan Hillman, "Leibniz and Luther on the non-cognitive component of faith", *Sophia*, 2013,52:219-234,228.

仅是宇宙的镜子也是上帝的形象。人类心灵不仅能感知上帝的善，甚至能够产生像上帝一样的意志，只是在程度上要弱一些。最终，人们不只是通过信靠，而是通过意志性的爱上帝和爱他人去实现爱在信仰和伦理中的非认知作用。这一主张将莱布尼茨形而上学假设中上帝与人类同构的设定凸显了出来。

由于莱布尼茨的宗教信念中渗透着"理性"（认知）和"意志"（非认知）两个不同层次的表达，他对宗教信念的证明自然成为其宗教认识论中最为重要的目标，为此，莱布尼茨进行了不懈地努力。

首先，莱布尼茨针对自然神学中"上帝存在"的命题，以自己的版本"完善"了相关的四种传统证明，即本体论证明，宇宙论证明，从永恒真理出发的证明，以及设计论证明。其中，本体论和宇宙论证明体现了莱布尼茨对自然神学所做的最为不朽的贡献[①]。这一贡献主要表现在三个方面：第一，他对本体论本身进行了阐明；第二，他对"可能性"概念进行了论证；第三，在宇宙论中，莱布尼茨以"充足理由原则"这一哲学基石将上帝转变为世界"可理解性"的根本——为了能完全地理解某物并给出充足理由，动力因是不够的，目的因也是不充分的，只有可理解性的基础被赋予了万物，我们才能对之进行解释。"合理性基础"是莱布尼茨较之阿奎那单纯寻求"终极因"或"原初的推动者"不同的地方所在。

其次，针对启示或奥秘的认知合理性问题，莱布尼茨对当时历史处境下的理论敌手之攻评做出了回应。因为只有首先从认识论的维度弄清对手的神学立场和宗教观点，他才能继而展开对基督教信念的合理性辩护。具体而言，不论是被喻为"点燃了整个欧洲"的索奇尼派（Socinians）还是《神正论》中培尔式的"信仰主义"（fideism），这些敌手在本质上都被莱布尼茨视为认知逻辑体系失衡的表现。在莱布尼茨看来，索奇尼派肤浅地从人类理智或理性的限度将奥秘性教义视为自相矛盾的知识命题，无疑是在用一般知识的理性准则去测度宗教信

[①] David Blumenfeld, "Leibniz's ontological and cosmological arguments", in Nicholas Jolly (ed.), *The Cambridge Companion to Leibniz*, New York: Cambridge University Press, 1994, pp.353-354.

念的"可理解性";而培尔式的"信仰主义"则完全摒弃了人类理性,对人类的理性认知能力持一种极度消极和不信任的态度。针对这两种"理性"在认知体系中的失衡,莱布尼茨坚守着自己的立场:奥秘虽然反乎现象,但它并未反乎理性。"因为现象可以揭示或隐藏真理,但奥秘所呈现的却是真理与现象间不同且更为极端的关系。"① 因此,和洛克一样,莱布尼茨并未否认"反乎理性"的知识命题与真理或清楚观念相悖,因为他们都企图运用理性来为宗教信念提供某种"判决"或"可理解性"。但他和洛克不同的地方又在于,洛克在"超乎理性"的信念命题中否认了"借助于理性从感觉或反省得来的演绎",并试图消解奥秘中的理性根基,从而为信仰和理性划界;而莱布尼茨却认为,对奥秘的接受和理性的洞见正是奥秘合理性的两大相互支撑的元素。可见,莱布尼茨对确凿证据的"松动"使得他对启示命题合理性的阐释延展出一种异于传统的新的路径。在莱布尼茨看来,尽管一个人不能达到对奥秘的充分理解,但为了将这些奥秘或启示置于认知领域中,对其含义的模糊认识也足够了。换言之,知识并不是以"清楚明白"这个标准(笛卡尔的主张)来判定其界限的,它还包括了我们仅仅只具有模糊理解的概念。这就是解决认知困境的方法,这个方法和"自然""实体""位格"等概念的使用有关。因此,当人们一再试图用"理性"去建构信仰的合理化并碰壁于无法化解的信仰内核时,人类理性在何种程度才算拥有了对这些概念的真正理解?实际上,用来解释"三位一体"等奥秘理论的"合理性"和确凿知识是存在区分的,莱布尼茨认为,当认识涉及神圣领域的时候,人们实际上并没有对所有的概念拥有清楚明白的知识;然而,人们对某些术语的运用,即使是模糊的,它们仍不失为正确,因为宗教信念在知识地位中的可能性并不限于"清楚明白"的准则,所以由此产生的解释可能并不是完全的和充分的,但它们不应该被摒弃。

最后,在有关上帝正义和恶之存在的诘问上,莱布尼茨又为人们

---

① Andrea Poma, *The Impossibility and Necessity of Theodicy: The "Essais" of Leibniz*, New York: Springer, 2012, p.71.

提供了一个更为系统和广泛的论述。实际上，他的《神正论》展现的就是"恶"与上帝之"善"间的共生关系——即使世界存在着恶，人们依旧能够对上帝的公正性进行辩护。同时，人们更需要对神圣的公正原则进行明确界定以求得合理性。尽管这两个维度都指向着同一个上帝，但它们却发生在不同的层次中：因为后者在一个"先在"或"更原初"的层次上展现了人类面对"恶"之谜题时所做出的理智努力[1]。因此，对恶的回应在莱布尼茨这里是一种必然，也是他将其塑造为一种"类科学"性的初衷。然而，一部护教色彩如此浓重的作品如何体现其"科学性"呢？其中的辩护方式和认知合理性必然存在着张力。因此，《神正论》交织着两个不同的层面，即"信仰式的辩护"以及"学理性的证明"[2]。前者表现为对异议的驳斥以及若干基于可能性或猜想的对上帝护佑观点的"后验"辩护；后者则更多以"先验"理性和严谨逻辑论证了上帝行事方式的神学议题以及涉及人类自由的人类学问题。总之，莱布尼茨填补了"恶"之合理性的先验理由与人们对"恶"予以后验解释间的鸿沟[3]。尽管他无法避免为宗教信仰辩护的指责，但《神正论》的确为上帝的神圣正义和世界总体的善提供了某种合理的论证。因为在他的宗教认识论体系中，上帝的神圣选择"依赖于普遍的和谐，同时也依赖于对事物无限性具有清楚明白的知识"[4]。《神正论》导致了信仰，但这是一种必须在理性的连续性中进行思量的信仰。

总之，这位毕生试图将人类知识整合为一个可付之教化并坚守基督教普世化的理性主义者不仅在近代宗教认识论的建构中举足轻重，更成为现当代各种宗教哲学思想的源头。但正因如此，他最终所采纳的理性主义却并不是一个不受信仰支配的体系。在其中，理性主义虽

---

[1] Andrea Poma, *The Impossiblity and Necessity of Theodicy*, p.4.
[2] 这里参考了 Paul Rateau 的观点，即"护教"和"教理"是《神正论》结构中的"两翼"。见 Paul Rateau, "The theoretical foundations of the leibnizian theodicy and its apologetic aim", in Larry M. Jorgensen & Samuel Newlands (eds.), *New Essays on Leibniz's Theodicy*, Oxford: Oxford University Press, 2015, pp.109 - 110.
[3] 同上书，第 109—110 页。
[4] [德] 莱布尼茨：《神正论》，段德智译，北京：商务印书馆，2016 年，第 121 页。

然与阿奎那那里的理性主义有着相当不同的地位和旨趣,但我们仍然能够多多少少感受到启示"是理性方法运用的修正原则和指向原则"①。因此在经验主义、证据主义以及实用主义等不同阵营的挑战下,"理性主义"在基督教知识合理性中的某些不足或缺陷就显现了出来。所以我们看到,无论是后来休谟以"彻底的经验论"主张来削弱人类理智的能力,还是19世纪"证据主义"以及"实用主义"哲学的诞生,他们都对传统的认识论范式以及理性信念的有限性进行了深刻的反思和考察。然而,尽管他们提出了对"理性主义"的某种怀疑甚至是批判,但这种哲学对话并非是为了纯然的否定,而实质上是将莱布尼茨的形而上学以及宗教哲学中的关键问题置于了新的时代背景和理论视野之内,以求得不同的哲学思考。因此随着时间的推移,莱布尼茨对后世的影响就愈发凸显:他鼓舞了康德、费尔巴哈、罗素、胡塞尔、海德格尔、斯特劳森、叔本华、威廉·詹姆斯、尼采、普兰丁格、斯温伯恩等不同理论视域的思想家。而最终,无论是康德在莱布尼茨的形而上学中萌发出的批判性哲学的种子,还是胡塞尔以"交互的单子"发展了应对欧洲科学危机的现象学,再到当代被喻为首席"理性护教士"的斯温伯恩,这些继承者们在莱布尼茨宏大而驳杂的哲学思想中所挖掘的每一重要见解,都可视为对人类思想境况的一种改善或者推动。

---

① 翟志宏:《托马斯难题:信念、知识与合理性》,北京:中国社会科学出版社,2014年,第194页。

第一章

认识论中的知识与信仰问题

第一节　认识论维度下的信仰论证

认识论作为哲学的重要分支，受到古往今来哲学家们的广泛关注。广义上的认识论涵盖了有关知识或认知领域中的每一议题，如心理学、社会学、逻辑学、历史学、生理学、病理学、价值学、形而上学以及其他；而在狭义的层面，认识论旨在对知识的来源、价值、原则及限制做出严格的考察。

一、认识论的词源学考察及其方法论意涵

在考察认识论的本质时，人们不可避免地会遭遇到一系列理论上或方法论上的疑问。例如，认识论是否指涉某种沉浸在思维世界中的自主反射模式？认识论能否准确而严格地致力于人类认知状态的发生以及持续？认识论是否会伪造关于人类思维揭示世界本质的理论？人们是否真的知道什么是"知道"？人们所持有的信念是否合理？经由认识论产生的见解是否是真正意义上的认知科学？抑或在方法论上独立于后者，甚至与其背道而驰？实际上，认识论内部的各种分歧已经成为当前认识论者亟需解决的问题，因为认识论旨在通过概念将知识作为一种现象为人们提供信息，而当人们对知识及其相关现象进行所有这些哲学思考时，即是在从事认识论活动①。其中，推理和证据、真理和陈述等要素在认识论中非常重要，人们通常借助这些方式将知识视为一种概念分析并用以理解知识现象。然而，当所有这些要素组合在一起的时候，人们还需要思考一个问题，即认识论的"前奏"是什么？到底什么可以构成知识？因而，从词源学的角度对"认识论"进行一

---

① Stephen Hetherington, "Introduction: the art of precise of epistemology", in Stephen Hetherington (ed.), *Aspect of Knowing: Epistemological Essays*, Amsterdam: Elsevier, 2006, p.1.

番考察，我们才能更加深刻地从语言角度获知"思想的直接现实"①。

在西方，"认识论"（epistemology）这一字汇可追溯至古希腊语中的 epistēmē（knowledge）和 logos（account）的结合，从字面意义来看，即是对有关知识的某种理论、理解、阐释或者把握②。而实际上，"知识"（epistēmē）这一概念在前苏格拉底时期的学术喻义已超越了科学与哲学的含义，与拉丁文化中的"科学"（scientia）一词一样，仅具有词源学意义而非接近真正意义上的科学思想范畴③。直至柏拉图时代，epistēmē 才开始被译为"知识"，泛指包括一切学科在内的自然科学知识或者关于理念的知识。同时，由于柏拉图的早期对话更多反映的是对苏格拉底的哲学描述，因此这些语篇有时也被称为"苏格拉底式"对话。其中，苏格拉底（Socrates，BC470—BC399）虽没有对认识论问题提供一种系统性的阐述，但有关"认知保证"的概念却被反复提及，即对"无知的宣称"或"对知识的拒绝"。在对知识态度的申明中，苏格拉底交替使用了"知识"（epistēmē）和"智慧"（sophia）这两个词语。在他看来，这种"知识"或"智慧"不是别的，而是其所声称的"最为重要的东西"（《申辩篇》22d7-8）。因此，当苏格拉底表明自己不具备知识时，他实则想要表达的是所有人，包括他自己，都不具备对"最重要之物"的"专业知识"，即关于伦理术语的定义性知识或对美德概念的完全理解和把握。尤其在《美诺篇》中，苏格拉底反复用问答式的口吻强调："现在，如果有任何一种的善是和知识有别的，美德就可能是那种的善；但如果知识包含了一切的善，那我们认为美德即知识就将是对的？"④ 不仅如此，苏格拉底还认为只有神才能获知这样的知识；但同时，他也明确相信人类有能力且能合理地追求认知上的改进："除了人之外……有什么别的动物，有一个比人更好的心灵，适于防止饥、渴、冷、热，解除疾病，靠锻炼来获得力量，靠

---

① 《马克思恩格斯全集》第3卷，北京：人民出版社，1960年，第525页。
② Stephen Hetherington, "Epistemology's past here and now", in Stephen Hetherington (ed.), *Epistemology: The Key Thinkers*, New York: Continuum, 2012, p.2.
③ 安维复：《反思西方科学思想经典文献研究》，《中国社会科学报》2020年7月21日。
④ 北京大学哲学系西方哲学史教研室编译：《古希腊罗马哲学》，北京：商务印书馆，1957年，第164页。

劳动来获得知识；或更能记得它听到、看到或学到的东西呢？"① 可见，苏格拉底对知识的立场反映出了一种认识论的乐观主义起源。而对柏拉图（Plato，BC427—BC347）而言，"epistēmē"则是作为和"doxa"（"意见"或"信念"）相对的辩证范畴出现的。柏拉图在《美诺篇》《泰阿泰德篇》《理想国》《会饮篇》中反复讨论了两者的关系，并在前后阶段呈现出某种不一致的阐释，如《美诺篇》和《泰阿泰德篇》的兼容论立场认为"知识是得到证成的真信念"；而在《理想国》中，柏拉图则以排斥论立场认为真正的知识是理念，而意见非但不能产生知识，还会对知识的真理性造成某种遮蔽，因为"意见是介于知识和无知二者之间的东西"②。故此，柏拉图把知识分成了四个等级：理性、理智、信念和想象。因而有学者指出，柏拉图实际上是在三个方面运用 epistēmē 这个词汇的：首先是一种命题态度，其次指涉一种知识领域（如几何学或医学等），最后是一种认知能力③。因此，对于"知识"这个词汇的多维含义，柏拉图是混同使用的。

和柏拉图一样，亚里士多德（Aristotle，BC384—BC322）不仅试图理解可感世界，还试图获悉这种理解的过程。亚氏一向关注认识论的核心问题，如世界是什么样的？人们如何知道这个世界？然而，和柏拉图不同的是，亚里士多德的回答并不涉及对超验形式的讨论，他是在可观察的世界中而非超越可感世界之外寻找答案。在亚里士多德看来，可观察世界的基本特征依靠解释性的组织原则进行描述，即人们可以知道某物如此，且同时也可以知道某物为何如此，他的目标是要为人们提供一种解释性科学："当我们认为自己认识到事物所依赖的原因，而这个原因乃是这件事实的原因而不是别的事实的原因，并且意识到事实不能异于它原来的样子的时候，我们就认为自己获得了关于一件事物的完满的科学知识。……因此，完满的科学知识的真正的

---

① 北京大学哲学系西方哲学史教研室编译：《古希腊罗马哲学》，北京：商务印书馆，1957年，第170页。
② 北京大学哲学系西方哲学史教研室编译：《古希腊罗马哲学》，第195页。
③ D. Wolfsdorf, "Plato's epistemology", in *Routledge Companion to Ancient Philosophy*, ed. by J. Warren and F. Sheffield, New York: Routledge, 2013, pp. 157 - 170.

第一章 认识论中的知识与信仰问题

对象，乃是那不能异于它本来的样子的东西。"① 当然，科学解释不仅需要观察，推理也同样重要。因此，亚里士多德展开了对认识论各种形式的推理的探讨。正如他所主张的，演绎和归纳这两种方式都有其内在的认知复杂性，从中可以衍生出很多有关认知方式的问题，如：演绎能否从非知识中产生知识？推理时，知识一定要从知识中产生吗？非推理的知识是否具有可能性？是否有一种知识在解释和证据方面比其他知识更为重要或更为基本？所有这些疑问都是关于知识体系（无论是所有知识还是所有科学，或者是科学知识的某一分支）如何被推理结构化的问题。而这一问题俨然是标准认识论的难点之一。总体来说，亚里士多德在认识论的存续过程中讨论了众多的认知现象，其中包括了表象问题，观察、推理以及科学探究的方式问题，本质的科学知识、经验知识以示范性知识问题，以及解释、回溯、假设、第一原则等建构问题。可以说，"从柏拉图开始，经由亚里士多德的发展，认识论开始找寻到自己的语言（a language of its own）"②。因此，作为西方哲学的起源，先哲们所展开的是对"知识"这个概念的本质探索。可见，现代意义上的以"知识"为核心的认识论在古希腊哲学时代已初具雏形。

另一方面，作为西方哲学史中的又一重要术语，"logos"一词的演变、发展及其深刻内涵从德里达（Jacques Derrida, 1930—2004）所谓的"逻各斯中心主义"论调中可见一斑。事实上，在希腊哲学对"logos"的漫长改造过程中，来自不同哲学家的理论规训使其含义变得异常丰富，如赫拉克利特（Heraclitus, BC544—BC483）这一首位将"logos"引入哲学概念的思想家将其理解为万物的本源或是法则："这个'逻各斯'，虽然永恒地存在着，但是人们在听见人说到它以前，以及在初次听见人说到它以后，都不能了解它。虽然万物都根据这个'逻各斯'而产生，但是我在分别每一事物的本性并表明其实质时所说

---

① 北京大学哲学系西方哲学史教研室编译：《古希腊罗马哲学》，第292—293页。
② Stephen Hetherington, "Epistemology's past here and now", in Stephen Hetherington (ed.), *Epistemology: The Key Thinkers*, New York: Continuum, 2012, p.12.

出的那些话语和事实，人们在加以体会时却显得毫无经验。"① 同时，赫拉克利特赋予这种法则明确的形态，即永恒的活火，它按照一定的规律燃烧和熄灭："这个世界对于一切存在物都是同一的，它不是任何神所创造的，也不是任何人所创造的；它过去、现在、未来永远是一团永恒的活火，在一定的分寸上燃烧，在一定的分寸上熄灭。"② 因此，逻各斯在赫拉克利特这里暗含着一种对立统一的逻辑关系，是一种具有客观意义的性质或者规律。

而爱利亚学派的巴门尼德（Parmenides，BC515—不详）则从相反的路径将"logos"视为理性的论证和推理。他反对赫拉克利特的"火本源说"，并在《论自然》中对其观点进行了批判："人们把看法固定在一点上，要提到两种形式，这两种形式中有一种当然是不应当提的，他们就是在这一点上犯下了错误。他们把这两种形式加以分别，认为是对立的，并且把它们的标志互相分开：一种是以太的火焰，柔和，轻妙，自身各方面相等，与别的东西则不相等。另一种则正好相反，是无光的黑暗，一个又浓又重的形体。"③ 正因如此，巴门尼德在《真理篇》中提出了著名的"两条路"，即"真理之路"和"意见之路"，并认为这是认知主体在认识"存在"时的一种方法或手段，而这种主体性以一种隐蔽的方式贯穿了巴门尼德残篇的大部分内容，因此巴门尼德肯定了"logos"的存在，作为思维本身是作为存在者存在，但思维质料（既观念）则是作为非存在者不存在。在两者之间，主体性具有一种调和功能，勾连起"存在"与"非存在"。同样地，柏拉图和亚里士多德虽未明确使用"logos"这个概念，但希腊哲学中的理性传统（如理念论）却和 logos 是一脉相承的，甚至可以视为 logos 的概念变种。不仅如此，随着后期希腊哲学与基督教的相遇，以斐洛（Philo，BC30—AD40）和使徒约翰（Apostle John，6—100）为代表的理论阐释使得 logos 被广泛地运用于宗教哲学领域。最终，上帝的智慧成为了

---

① 北京大学哲学系西方哲学史教研室编译：《古希腊罗马哲学》，第18页。
② 同上书，第21页。
③ 同上书，第53—54页。

第一章 认识论中的知识与信仰问题

"logos"的内在方面,而上帝的言辞则转变为了"logos"的外在层面。

而在现当代的西方思想史中,多位哲学史家(如海德格尔、德里达、格里斯等)以及语言学家(如利德尔等)也都对"logos"进行了更加多维的哲学以及语言学层面的学术阐释,众多纷繁的解释使得"logos"的原貌更加扑朔迷离,因此以溯源的方式为其添上注脚而非论述其历史演进过程是最贴近词源学意涵的。实际上,"logos"最初来源于希腊语动词"legein"(说),随后它便经常出现在早期希腊语之中,用以描述对"实际物品"(down to earth objects)的"收集"(collecting),例如建筑材料或者木材。同时,"logos"还在抽象的意义上表示"聚集"(gathering),即将材料汇合在一起并从中形成某种整体。而词根 lego 则包含着"列表"(listing)、"计数"(counting)、"列举"(enumerating)以及"描述"(describing)之意[①]。因此,logos 后来也被译为"叙述"(account),表示所列举的事实是作为叙述的一部分。荷马(Homer,约BC900—BC800)正是在这个意义上使用"logos"的,但不同的是,荷马的"logos"在他的著作中更接近于"神话"(mythos)的含义。针对这种情况,有学者希望借由两者(即 logos 和 mythos)的区分来明确说明希腊文化思想中理性与神秘的分野。但无论如何,这两个词汇在某种程度上依旧是同源的,因为作为历史叙述的先驱,神话本身就是一种语言材料和现实数据的集合并兼具顺序性和连贯性的特征。它虽然以故事的形式呈现,但与"logos"的叙述本质并无二致。因此,直至公元前 5 世纪,古希腊各类著述中对"logos"的阐述出现了多达十种解释,它们分别是说或写的内容;有关评价的名誉或名声;思考或思想;从说或写引申为缘由;理性或论证;事物的真理;尺度;对应关系或比例;一般原则或规律;理性的力量以及定义或者公式。最终,在词源学的流变中,"认识论"(epistemology)被确立为 epistēmē(knowledge)和 logos(account)的结合,即对知识及其相关属性的某种解释或者言说。因此,针对认识论问题的方法论意涵在某种程度上

---

① Raoul Mortley, *From Word to Silence, The Rise and Fall of Logos*, Bonn: Hanstein, 1986, p.12.

也正遵循着相应的词源学渊源。

　　第一种也是最普遍的方法，即从"知识"这个核心出发，对命题进行某种正误或者真伪的判别（对应"理性或论证"的含义）。其中，证据主义和基础主义立场一直是这种传统认识论的基石。在这两者看来，信念或命题能否成为真正意义上的知识是需要相关论证以及证据的检验或者校准的。同时，这一过程还建立在以非推论信念为起点的可回溯的过程之中。而在第二种方法中，认识论还会通过检验术语"知道"及其同义词的日常使用，以构建最能捕获这些相关含义的语言使用模式，并借此证明人们倾向于在错误风险程度不高的情况下使用"知道"这一认知概念[①]。从这个意义上来说，认识论涵盖了语言学（对应"所说内容"的含义）以及心理学（对应"思考或思想"的含义）的层面[②]。而认识论的第三种方法则涉及关联理论，以解释人们对知识与其他知识概念或属性之联系的直觉现象（可相应理解为"对应关系"的含义）。在这种情况下，人们可能会排除传统的认识论进路，因为当直觉产生的时候，则意味着某些基于事实证据或理性论证的认知属性是失效的。在方法论模式下，知识和价值、知识和断言准则、认知闭环、规范性论证和真理问题的关系都成为了认识论者不可回避的问题。总之，从词源学考察认识论的深刻内涵不仅有助于揭示这一重要哲学分支的本质属性，更有助于检验并丰富认识论方法的正当性及其理论特征，并试图回应并解决认识论在当代社会所面临的各种挑战。

二、认知概念在信仰中的应用

　　从整体意义来看，认识论的主要工作涵盖了知识标准、确证概念以及认知合理性的证据意义等问题。因此，众多认知概念必然与宗教

[①] Andrew Cullison, "Epistemology: a brief historical overview and some puzzles about methodology", in *The Bloomsbury Companion to Epistemology*, Andrew Cullison ed., New York: Bloomsbury, 2014, p.6.
[②] 同上书，第7页。

信仰有着某种天然的关联①，这也是为何这些术语会被广泛运用的原因。

信念

威廉·阿尔斯顿（William Alston）在《超越确证》（2005）中提及有关"认识的"（epistemic）概念时说道，"当我们从认识的角度来进行好或坏的判断时，我们实际上正在评估一些认识论的东西，而我真正关心的正是对信念的评价。这即是认识目的达成（attainment of epistemic purpose）"②。由此可见，认识论正是在人类对认知的不断批评性反思中发展起来的。在众多认识论的评估性指标中，有一项涉及人类认知活动行为与认知目标相匹配的方式探求。那么，什么才是认知的真正目标呢？毋庸置疑，必然是知识的真理性与实在性。因此，认识论的初衷在于人们对真理性知识的获取与对虚假信念的区分，而信念的性质及其与知识的关系也就成为了一般知识命题以及宗教问题中不可忽视的重要环节。

首先，信念（belief）以命题为内容，是一种命题方式的态度。其特征以"正确"或"不正确"作为衡量这种认识状态合格与否的标志，以及回答"为什么"而非"如何"的问题。但是，关于信念性质的看法历来存在两种对立观点：其一是"个体主义者"，即"唯我论者"主张信念的内容是信念持有者精神活动的产物——相同的个体必然具有相同的信念；其二是"非个体主义者"，他们认为信念的内容至少部分地由信念者的环境所决定——相同的个体可以拥有不同的信念③。相应地，近代认识论中根据认知主体能力的区分以及知识发生学的差异将知识大体上划分为了感性知识和理性知识：前者如经验主义者洛克等

---

① John M. Depoe, Tyler Dalton McNabb, "Introduction to religious epistemology", in *Debating Christian Religious Epistemology*, ed. by John M. Depoe and Tyler Dalton McNabb, London: Bloomsbury, 2020, p.1.
② William P. Alston, *Beyond "Justification": Dimensions of Epistemic Evaluation*, Ithaca: Cornell University Press, 2005, p.29.
③ 陈嘉明：《知识与确证：当代知识论引论》，上海：上海人民出版社，2003年，第37—38页。

对感官起源的信赖,其特点带有直接性和不确定性;后者则如理性主义者如笛卡尔以及莱布尼茨等对天赋理性能力的坚守,其特点是直观性、概念化以及确定性。但不管怎样区分,认知主体的内在精神确证是最为明显的特征。因此,信念的"唯我论"烙印、内在主义性质以及对信念和知识的区分秉承的依旧是柏拉图《美诺篇》中的信念传统,即认为信念在等级上低于知识,并主张对所谓"正确的"信念命题进行审慎的考察。

第二,信念也可以表现为一种意识的显现(belief as conscious occurrence)①。这种立场的代表见于休谟在《人性论》中将信念视为"和现前一个印象关联着的或联结着的一个生动的观念"②,且印象的关联只适合那些关注特殊事实的归纳性信念的获得。在这个意义上,休谟所代表的信念观可以理解为:认知主体 A 所持有的信念 P 等同于 A 在当下产生的生动活泼的观念 P。但是,这种立场的缺憾在于无法对信念的言说和思考进行公正的评判,因为当一个人处于无梦的深眠中时,他很可能在当下是没有意识或观念的,但这丝毫不影响他在清醒时所坚持的地球为圆的合理信念。因此,所谓"生动观念的关联或联结"或许并不会出现。正是由于这个原因,休谟后来意识到了分析信念这一概念的困难,并承认这个话题超越了他对自我确信的把握:"形成关于任何事实的信念的这种心灵作用,似乎从来是哲学中最大的神秘之一……就我来说,我必须承认,我在这一点上发现了一个极大的困难;并且即当我自以为完全理解了这个题目时,我也找不出词语来表达我的意思……我承认,这种感觉或想像方式是不可能完全加以说明的。"③ 因此,与其说休谟视信念为认识,毋宁说他的信念更似感觉,而这种做法无疑是"用信念来替代知识作为人类经验中根本的认识论概念"④。

---

① D. M. Armstrong, *Belief, Truth and Knowledge*, Cambridge: Cambridge University Press, 2008, p.7.
② [英]休谟:《人性论》(上册),关文运译,北京:商务印书馆,1996 年,第 114 页。
③ 同上书,第 115 页。
④ [美]路易斯·P. 波伊曼:《知识论导论》,洪汉鼎译,北京:中国人民大学出版社,2008 年,第 295 页。

第一章　认识论中的知识与信仰问题　　　　　　　　　　　　　　23

　　第三，信念还可被视为一种状态（Status）①。这种观点可见于亚里士多德的"蜡块说"，即蜡块在接受金属的印记后会承受一段时间。因此作为认识主体 A 的信念 P 存在于 A 的某种持续状态中，这种状态正是 A 持续保有此信念的状态。可以说，这种信念的"倾向"性质比意识的当下发生更具有说服力一些，因为说一个信念在状态中相当于将某种属性赋予了信念。因此，这种信念首先是一种与某事相关的状态，它所蕴含的是"在某种情况下，A 将以某种方式行动或讲话，或思考某种想法"②。总之，对信念性质的各种探讨关系到知识的构成、确证以及辩护的问题。因此，在面对信念与知识的关系时，就出现了两种不同的主张：第一种观点坚持信念命题与知识的一致性，这种做法使得信念成为知识的构成要素，如柏拉图在《泰阿泰德篇》中所使用的传统知识的"三元定义"：知识可被看作一种确证了的、真实的信念；而第二种观点则将信念与知识视为不同的东西，其代表观点依旧是柏拉图，他在《理想国》中提及的"共相"与"现象"世界的区别对应着知识与信念的相异。而这种观点在近代认识论中被广泛接受。但不管怎样，传统的信念理论无法脱离认识论的范畴，信念和知识必然有着千丝万缕的联系。因为只有这样，人们在认识论中的一切认知信息才能被压缩在信念之中。"在决定相信什么的时候，我们除了关于世界的已有信念外，似乎不可能考虑任何其他的东西。所以，除了我们的信念外，没有任何其他东西可以进入认识的辩护之中。因此，一个认识论理论所能做的事情不过是告诉我们：我们全部的信念状态是如何决定哪些信念是可以得到辩护的。"③

　　总之，信念的本质虽然隶属认识论中的认知概念，但它的确关系到人们如何进一步解决信仰命题的发生和形成问题。例如，在不同时期，有关宗教教义的个人信念可能会与宗教传统产生某种差异，这也

---

① D.M. Armstrong, *Belief, Truth and Knowledge*, p.9.
② D.M. Armstrong, *Perception and the Physical World*, London: Routledge & Kegan Paul, 1961, p.121.
③ [美] 约翰·波洛克、乔·克拉兹：《当代知识论》，陈真译，上海：复旦大学出版社，2008年，第29页。

解释了为何基督教会在宗教改革的思潮下催生出各种新的教派及其神学观点论争。然而，这种分歧仍然可以通过宽泛意义上的信念来进行调和统一，因为当人们接受了信念只是作为一种命题态度或是意识的显现以及认知状态的时候，那么两种相悖的宗教信念可能并非矛盾，反而在认知意义上是互补的或等价的。

从某种意义上讲，"信念对于认识和行动的意义就像确定一个圆心对于画一个圆的意义"。与其总认为信念是一种彻头彻尾的主观强化，倒不如说信念是"认知的源头"，因为"从认知如何能够开始和向前推进的角度看，它恰恰是认知活动的起点"①。通过对信念问题的探讨，认识论者才能生发出更多的可能性去重新审视这一概念对基督教信仰者以及非信仰者的深刻意义。

确证

确证（justification）的概念在释义中较之信念显得更加灵活多变，它通常被翻译为"理由""辩护""认为有理由"以及"认为是正当"等。从起源上看，柏拉图在《泰阿泰德篇》中不仅成就了传统认识论的"三元定义"，即知识是一种被确证了的真实信念（JTB），还使得确证概念成为了知识的核心要素之一。因此，确证被视为个人恰当持有信念的特征。然而，随着埃德蒙德·盖梯尔（Edmund Gettier）在20世纪60年代的《分析》（*Analysis*, 1963）杂志上发表了题为《确证了的真信念就是知识吗？》（"Is justified true belief knowledge?"）一文，"盖梯尔问题"（Gettier problems）就打开了对传统认识论质疑的大门②。事实上，在这篇文章中，盖梯尔提出的反例并没有质疑"确证""真理"以及"信念"作为知识"必要条件"的主张。相反，他真正

---

① 喻佑斌：《信念认识论》，北京：光明日报出版社，2020年，第2页。
② 盖梯尔举的其中一个例子如下：斯密斯与约翰申请同一个工作。斯密斯相信约翰会得到这份工作并且还知道约翰有十个硬币。因此斯密斯就有理由得出一个信念：得到这份工作的人口袋里有十个硬币。而结果刚好是斯密斯本人得到了这份工作，而且碰巧他的口袋里也有十个硬币。因而，相信将会得到这份工作的人在口袋里有十个硬币的信念就是真的。这一反例表明，传统认识论是有问题的，因为A并不知道P，尽管所有这三个条件都得到了满足。

挑战的是以确证、真理以及信念作为知识构成的"一组充分条件"的观点。盖梯尔认为,如果人们接受关于认识论确证的两个一般性原则,那么一个主体则可以被证明对一个真命题 P 是一无所知的:其一是可谬性(Fallibility),即一个人有可能有理由相信一个事实上是错误的命题;其二是确证性封闭(Justification Closure),即对于任何命题 P,如果 S 有理由相信 P,而 P 包含 Q,且 S 从 P 推导出 Q 并接受 Q 作为这个推导的结果,那么 S 就有理由相信 Q①。此后,在"盖梯尔问题"的影响下,20 世纪 80 年代出现的两大阵营,即"内在主义"和"外在主义"的理论交锋在最大程度上决定了今天有关确证概念的论证模式②。

首先,如这一术语的字面含义,内在主义的认识论内核体现为人们在认知过程中的"内在"状态。劳伦斯·邦久(Laurence BonJour)、约翰·波洛克(John Pollock)、罗伯特·奥迪(Robert Audi)以及阿尔文·普兰丁格(Alvin Plantinga)等都对此给出过或简要或繁复的阐释。但是,由于邦久与阿尔文·戈德曼(Alvin Goldman)在《中西部哲学研究》(*Midwest Studies in Philosophy*, 1980)中的首次理论碰撞,才使得内在主义更多地以邦久的理论观点为代表。实际上,邦久自 20 世纪 80 年代始,就发表系列著作展开了对经验知识的质疑和批判,尤其在代表作《经验知识的结构》(1985)中,他开宗明义地表示:"本书的目的就是要对核心的认识论问题进行系统调查,而所有问题的核心则涉及经验知识的总体论证结构。"③ 而在《纯粹理性的辩护:对先验确证的理性主义解释》(1998)中,他则认为"纯粹的先验确证概念是存在的,这是一种不会被'同义反复'(tautology)以及'定义'(definition)范围所限制的概念。主流传统的经验主义形式是站不住脚

---

① Rodrigo Borges, "The Gettier problem and externalism", in *The Gettier Problem*, ed. by Stephen Hetherington, Cambridge: Cambridge University Press, 2019, p.66.
② Richard A. Fumerton, "The internalism/externalism controversy", *Philosophical Perspectives* 2(1988):443-59.
③ Laurence BonJour, *The Structure of Empirical Knowledge*, Boston: Harvard University Press, 1985, preface, p.xi.

的,现在人们亟需对理性主义的再检验(re-examination)"①。在邦久看来,认识确证来自认知主体接受赋予其意识的东西以及在先验基础上接受推理的主张或者步骤。邦久的内在主义立场拒斥传统认识论中对知识概念的强调,他的主要关注点聚焦于人们是否存在充分理由去相信其所寄居的外部世界的实在性以及什么才是构成这些问题的缘由。在对后者的回应中,邦久主张内在主义和基础主义,因为他认为关于外部世界的确证始于对当前意识状态(主要是感觉意识)的统觉,并在此基础上进行先验推证。具体而言,人们对外部世界信念的真实性构成了对其感官体验的最佳解释。不仅如此,他还拒斥了相对新近的认识论观点。这些观点往往认为,确证可以来自相信者意识之外的偶然因素,例如信念的产生、信念与事实的相关性以及信念的可靠性程度。虽然邦久赋予了这种符合因果关系的外部信念较低的认识论地位,但他依旧认为,认识论的首要问题(也是他最想解决的问题)在于明确个人关于周遭世界形成信念的内在性理由。

另一方面,外在主义概念则首次出现在阿姆斯特朗(David Armstrong)的《信念、真理与知识》(1973)一书中:"根据外在主义对非推论知识的说明,使一个非推论的真信念成为一种知识的东西,在于信念状态、所相信的命题以及使信念为真的状况之间存在的某种自然联系。这是一种在相信者与世界之间有效的联系。"②简言之,如果说一个人在某一时刻对外部世界产生了某种信念,例如看到飞鸟就形成了关于飞翔的知觉,即这个人与世界本身就存在着"自然联系",是不需要当事人刻意对这一信念的生发产生额外意识的。也就是说,阿姆斯特朗对知识的外在主义解释不需要"确证"这一过程,人们可以在没有意识到他们的信念符合某种标准的情况下得到满足。因此,知识对于人类而言有着天然的可靠性。而阿尔文·戈德曼的外在主义观点和前者存在着些许差异。戈德曼并没有取消"确证"这一过程,

---

① Laurence BonJour, *In Defense of Pure Reason: A Rationalist Account of a Priori Justification*, Cambridge: Cambridge University Press, 1998, preface, p. xi.
② David Armstrong, *Belief, Truth and Knowledge*, p.157.

而是"把确证的信念与通过可信赖过程所产生的信念同一起来,使可信赖论成为一种与传统解释不同的信念确证理论"①。

总而言之,内在主义者认为只有头脑或心灵的内部因素才能决定个人是否以及在多大程度上存在理由并相信一个特定命题;而外在主义者则将其归因于头脑或心灵以外的因素。正因如此,当由一般命题产生的信念延伸到基督教信念的相关语境时,不同的认知确证理论则提出了不同的标准来决定什么时候对宗教信念持适当或不适当的态度。从传统来看,持内在主义观点的论证立场会认为,当一个人意识到自己的宗教信念具有充分的理由支撑时,则此信念即被视为确证的或正当的。这种论证理路较多地见于自然神学对证据的寻求、恶之问题的合理性论证以及宗教体验的内在性之中。相应地,外在主义者则是从个人的认知能力是否可靠来进行确证。例如一些神学家会争辩说,上帝设计了人类的认知系统就是为了使其产生与信仰相关的信念,因此这些信念(依据上帝的理念)本身就是合理的;或者还有一些认知科学家从更为激进的立场出发,认为人类大脑已经进化成不适合传递宗教信念的器官。显然,不同的确证性理论在评估人们如何持有特定宗教信念的适当性方面存在明显差异,而这也解释了宗教认识论在当今呈现出多元视角的深层原因。

证据

证据(evidence)这一认知概念通常被认为与确证密切相关。换言之,一个人对某一信念拥有的证据越多,则他对该信念的确证性就越充分。这种共识从证据在日常生活中的广泛运用便可见一斑。因此,其有效性评估依赖于人们所持证据与信念的相关性。结果便是,证据对于认识论的理论化起到了至关重要的作用——人类认知的合理性以及合理程度都取决于对证据的正确反应。鉴于这种直觉上的合理性,厄尔·柯内(Earl Conee)和理查德·费尔德曼(Richard Feldman)在开创性论文《证据主义》("Evidentialism")中表达出对当代认识论家

---

① 陈嘉明:《知识与确证》,第152页。

否认证据的惊讶:"认识的确证(epistemic justification)并不打算让人感到讶异或是一种创新。我们认为它就是一种关于认识论正当性的观点,并具有最初始的可信性。现在,为认识确证的辩护是恰当的,因为最近有很多认识论文献似乎对确证提出了质疑。广义而言,这些论点暗示了认识的确证取决于人们的认知能力或是导致其态度的认知过程或是信息的收集实践。与此相反,我们的立场则认为认识论的确证只依赖于证据。"① 不仅如此,随着认识论的发展和深化,越来越多的学者对证据的分类也给出了不同的解释:以戴维森(Donald Davidson)为代表的观点认为证据必须是"命题式的"(propositional),即证据必须在逻辑的推理过程中发挥作用,且只有在它是命题的情况下才会发生②;而以奥迪(Robert Audi)为代表的观点则认为证据也可以是"非命题的"(nonpropositional)。在日常语境下,感官体验甚至是物理意义上的物体均可被视为证据③。但无论怎样区分,由证据发展而来的证据主义是基于这样一种事实,即一个人有理由去相信的行为取决于其所拥有的证据。正如罗德里克·奇硕姆(Roderick Chisholm)总结的:"如果我们试图解释一个仅仅拥有命题P的真实信念的人和一个知道命题P的人之间的区别,我们当然可以说第二个人拥有证据,而第一个人没有。"④

然而,恰恰由于证据的判定主体是带有主观差异性的人,因此,其评估结果往往会因为人们背景信念和当下态度的差异而呈现出不同结果。例如,在极具争议的政治话题上,一个竞选者的成功可能会被支持者视为其富有智慧和才能的证据;但在反对者眼里,这也可能是竞选标准不够严苛或是由竞选者欺骗而导致的一种偏袒性证据。因此,"证据主义所

---

① Earl Conee and Richard Feldman, "Evidentialism", in *Evidentialism: Essays in Epistemology*, New York: Oxford University Press, 2004, p.82.
② Donald Davidson, "A coherence theory of truth and knowledge", in *Truth and Interpretation: Perspectives on the Philosophy of Donald Davidson*, Malden, MA: Blackwell, 1986, pp.423-438.
③ Robert Audi, "Contemporary modest foundationalism", in *The Theory of Knowledge: Classical and Contemporary Readings*, ed. by Louis Pojman, Belmont, CA: Wadsworth, 2003, pp.174-182.
④ Roderick Chisholm, *Theory of Knowledge*, New Jersey: Prentice-Hall, 1977, p.1.

面临的主要挑战则来自于它作为认识论理论的整体可行性"①。同样地，当对证据的质疑从一般信念延伸到宗教信仰领域的时候，宗教认识论的最大争论就表现为一个人是否需要证据才能证明其信仰是正当的问题。

从传统来看，证据主义在宗教问题中的运用从中世纪的初见端倪到近代早期的日趋成型，遵从的无非是宗教信念需要证据校准的进路。例如阿奎那在自然神学中为证明上帝存在的"五路证明"，以及笛卡尔用观念的清楚明白作为证据基础确定上帝的存在等，其目的都是为了给宗教信仰寻求合理性意义。总之，在证据主义者看来，宗教信念和其他一般信念以及知识命题一样，只有证据存在，才能确保它们成为正当的或是严格意义上的知识。相应地，证据主义的对立面则是"信仰主义"。信仰主义者因其对信仰的持守而得名，在他们的立场中，反对证据则主要因为证据会贬低信仰的本质。例如著名的改革宗认识论代表人物普兰丁格就通过把上帝信念归为基本命题来进行辩护，以巩固宗教信念本身的正当性地位，而不要求所有宗教信念都需要证据的检验。由此可见，几乎所有关于宗教认识论的讨论都涉及宗教信仰的证据及其是否需要证据来满足正当性和知识的准则问题，然而无论这些认识论者采取何种立场，证据是他们无法回避的一环。

不仅如此，与证据在宗教问题中所起作用的相关争论还涉及举证责任的起点问题②。有些学者主张"非信念"（nonbelief）才是宗教信念的"适当起点"③。这种将举证责任转移给不信者的做法恰恰在于他们认为，相较于错误地相信上帝存在，相信上帝不存在所承担的风险会更大。法国思想家帕斯卡（Blaise Pascal，1623—1662）早在1658年出版的《思想录》中就呈现过这种观点：如果上帝存在而人们相信，则

---

① Kelly James Clark and Raymond J. VanArragon, "Introduction", in *Evidence and Religious Belief*, ed., by Kelly James Clark and Raymond Jay VanArragon, Oxford: Oxford University Press, 2011, p. xi.
② John M. Depoe, Tyler Dalton McNabb, "Introduction to religious epistemology", in *Debating Christian Religious Epistemology*, ed., by John M. Depoe and Tyler Dalton McNabb, London: Bloomsbury, 2020, p.6.
③ Antony Flew, "The presumption of atheism", *Canadian Journal of Philosophy* 2, no. 1, 1972: pp.29-46.

会受到奖赏;如果上帝不存在而人们相信,则什么事情都不会发生;如果上帝存在而人们不信,那么就会受到惩罚;如果上帝不存在而人们不信,则什么事情都不会发生。因此,信上帝的人要么受到奖赏,要么无事发生,而无神论者要么下地狱,要么无事发生。所以"帕斯卡的赌注"结果表明,相对于不信,还是信仰上帝比较好。这种方式意味着信仰的持有者必须要有足够充分的证据才能说服他人以一种适当的认识论方式接受宗教信仰,而"非信念"则可以跳脱出认识论的理论框架并免除繁复的举证过程,在神学问题的争论中具有一种实用性特征。另一方面,持相反观点的学者则认为,宗教信念是认识论的恰当起点,因此非信徒有责任提出证据以此证明自己的不信仰[①]。这种将举证责任集中在宗教信念的立场往往落脚于辩论中的主动者身上,因为他们认为宗教信仰的辩护比不信仰的辩护更具复杂性和理论性。因此,辩护的标准以理性方式获得了神学论证中的合法性和有效性。可见,证据的类别、本质以及合法化标准可以用于各种与宗教观念相关的主题,而它究竟是一种规范的或客观的东西,还是一种相对于特殊的宗教传统的共同体,是宗教认识论者需要回应的问题[②]。总之,在一切的认知语境中,任何假说、理论或是学科之所以能够确立,都必然有赖于一定的基本前提,而这些前提有时并非一定要在理性上确切而明白,这种情况在宗教信仰中尤甚。因此,认知概念贯穿在宗教信仰中的各个环节以及各个层次。

第二节 宗教哲学框架下的信仰合理性建构

如果说认识论维度下的基督教展现出了学科发展的新的方法论观念,那么宗教哲学框架下的基督教问题则是传统中不可回避的一环。

---

① William Wainwright, "The burden of proof and the presumption of theism", in *Does God Exist? The Craig-Flew Debate*, ed. by Stan W. Wallace, New York: Routledge, 2003, pp. 75-84.
② [美]查尔斯·塔列弗罗:《证据与信仰:17世纪以来的西方哲学与宗教》,傅永军、铁省林译,济南:山东人民出版社,2011年,第4—6页。

因此,"尽管宗教哲学所包含的研究主题相当丰富。然而,其研究范围却相对单一,即宗教哲学是对宗教观念的一种哲学反思"①。其中,"哲学反思"涵盖了对于主张、假设、论证、理由以及证据的分析,而这些分析本身则包括关于实在的本质(形而上学)以及人们认识事物的方式(认识论)的基本问题。因此,当这一学科被用来指涉对人类宗教意识的某种阐述或者批判,以及宗教意识在人类思想、语言、情感和实践中的文化表达时,关于宗教主题的哲学反思就出现了两个焦点:其一即是各种宗教思想、态度、情感以及实践的对象,如上帝、婆罗门或安拉等;其二即是相关人类的宗教主题,即宗教思想、态度、情感以及实践本身。

一、宗教哲学的当代争论

在被誉为"当代形态的宗教哲学倡导者"以及"宗教哲学三巨头"之一的希克(John Hick,1922—2012)看来,宗教哲学并不应被单纯地理解为"宗教的哲理化"或是"教义的喉舌"。相反,如同法哲学、科学哲学和艺术哲学一样,宗教哲学属于"哲学的一个门类,无神论者、不可知论者和有神论者都可以对宗教现象进行哲学思考"②。在世界各大宗教漫长的发展史中,诸多关于"神"的讨论广见于各种论著之中,如中世纪基督教教父安瑟尔谟(Anselmus,1033—1109)的《论说篇》(*Proslogion*)和《独白》(*Monologion*)、托马斯·阿奎那的《神学大全》(*Summa theologiae*)、犹太教哲学家迈蒙尼德(Moses Maimonides,1135—1204)的《迷途指津》(*Guide for the Perplexed*)以及伊斯兰教义学家安萨里(al-Ghazali,1058—1111)的《哲学家的矛盾》(*Incoherence of the Philosophers*)等等。不仅如此,对信仰对象的言说还贯穿在古典哲学(如柏拉图、普罗提诺等)以及近代哲学(如笛卡尔和莱布尼茨等)的各种形而上学体系之中。从精神气质来看,

---

① Chad Meister, *Introducing Philosophy of Religion*, New York: Routldge, 2009, p.8.
② John H Hick, *Philosophy of Religion*, Englewood Cliffs, NJ: Prince Hall, 1973, pp.1-2.

尽管宗教哲学有别于神学且"在古今中外的哲学传统里积累了丰富的思想观点",但它确实"又与各大宗教传统的教义及其神学体系有着不解之缘"①。特别需要指出的是,鉴于本书讨论的宗教认识论以基督教为核心,因此宗教哲学也相应地意指基督教哲学。

作为一种源远流长的文化以及社会现象,宗教历来勾连着神圣与世俗的两个世界,并对人类社会意义系统的创建和维系起到了至关重要的作用。总的来说,对宗教问题的阐释也存在着两种相对的理论模式。从内部来看,宗教人士以及神学家们惯以信仰的(护教)立场去强调"宗教世界的超越性、在先性、原初性和主体性以及与之相应的世俗世界的现象性、在后性、受造性和工具性"②,因此,不同于一般的文化以及社会现象,宗教奥秘或神秘以及宗教信仰的"超越性"不愧为宗教的核心要素;而对信仰的成因及其意义问题的探讨从元宗教或是宗教发生学的角度来看"实在是宗教探秘活动中一项更深层次的工作"③。但是从外部来看,以近代早期西方的启蒙主义者对基督教的反思为肇始,实证主义、宗教学以及宗教社会学等不同学科相继发轫,众多的相关论著也陆续问世。这些思想家们慢慢开始对"世俗世界"的从属性提出质疑,并据此开展出各种理论去解构"宗教世界"的主导性。因此可以看到,实证主义哲学鼻祖孔德(Auguste Comte, 1778—1857)的《实证哲学教程》(1851—1854),宗教社会学家斯宾塞(Herbert Spencer, 1820—1903)的《社会学原理》(1876—1896),杜尔凯姆(Émile Durkheim, 1858—1917)的《宗教现象之解释》(1899)和《宗教生活的基本形式》(1912),韦伯(Max Weber, 1840—1920)的《新教伦理与资本主义精神》(1904),贝格尔(Peter L. Berger, 1929—)的《神圣的帷幕:宗教社会学理论之要素》(1969)以及宗教学奠基者缪勒(Friedrich Max Muller, 1823—1900)的《宗教学导论》(1873)和《宗教的起源与发展》等,所有这些作品不仅在理论建构中

---

① 张志刚:《宗教哲学研究:当代观念、关键环节及其方法论批判》,北京:中国人民大学出版社,2003年,第1页。
② 段德智:《宗教社会学》,北京:人民出版社,2021年,第1页。
③ 同上,第69页。

将宗教从神学视角中剥离出来并确立为一种学科门类；更为重要的是，在所有这些理论分支中，"就学理而言，如果说宗教哲学应与神学决裂的话，那么，它无疑该跟'宗教学'联合"①。但问题在于，宗教哲学和宗教学的关联是什么？两者是否可以混为一谈或者说在观念以及方法上是否存在异同？在大多数学者眼里，"宗教哲学和宗教学的关系，就像'老人'与'人'这两个概念的联系"②，因为前者强调的是学科的古老渊源而后者则侧重描述学科范畴，即宗教学泛指相关一切宗教的研究。

在西方，以宗教学代表缪勒为例，他在其开山性著作《宗教的起源与发展》一书中提出过著名的"无限观念"的观点。此观点一反流行的神物崇拜为宗教的原始认知形态，以原始人类先天所赋有的感知能力为起点，继而在对自然现象的体验中生发出"无限观念"，其后，在对"无限观念"的把握、理解及命名的活动中，神灵观念应运而生。这就是缪勒所谓宗教得以产生和发展的源头。缪勒之所以要将"无限观念"赋予宗教意义，是因为面对不同时代、不同地域的各种宗教现象，对宗教本质问题的思考势必成为核心问题。按照缪勒的初衷，宗教要挣脱神学和哲学的控制并成为一门独立又自成体系的人文学科，就必须使宗教领域"成为一个整体，服从于一种方法，简言之，得到科学的处理"③。因此，找寻到"宗教在人的心灵中的基础"以及"在历史成长过程中遵循的规律"就可以将繁多迥异的宗教现象整合进一个系统的理论框架之内。可以看出，缪勒宗教观的历史起点在于从有限中把握无限。在这个意义上，"对神的辩护或对上帝存在的证明，涉及到了从无限到神灵的转化，涉及到了对无限不确定性的消除"④。因此，宗教作为一种学科，如果要立于自然科学之林，必然要使不确定性越来越少。同样地，我国著名的宗教学研究专家段德智也在《宗教

---

① 张志刚：《宗教哲学研究：当代观念、关键环节及其方法论批判》，第9页。
② 同上书，第10页。
③ 麦克斯·缪勒：《宗教的起源与发展》，金泽译，上海：上海人民出版社，2010年，"中译本序"，第1页。
④ 翟志宏：《缪勒宗教起源的无限观念论析》，《武汉大学学报（哲学社会科学版）》2005年第1期。

学》(2010)中将宗教的历史发展过程划分为了若干不同阶段,例如从"自然宗教"到"多神教"和"一神教"以及从"氏族宗教"到"民族宗教"和"世界宗教"①。这种历时角度的溯源及其分类,旨在将古往今来的所有宗教类型都放置在宏大的人类学或社会学视野下进行考察,因而在其看来,宗教现象以及宗教意识的生发折射出的不仅是人的生存论维度,更是人在宗教现象中"向人自身复归"的一种意识过程。

然而,和宗教学旨在为学科提供一种普适性不同,宗教哲学(尤以基督教哲学为例)却为人们评估特定时间内的宗教信仰问题提供了一套基于论证以及辩论机制的理论模式:自基督教神学和希腊哲学相遇的那一刻起,"这种宗教哲学最显著的特征就在于哲学家们试图在纯粹理性的基础上建立关于上帝的绝对真理"②,以及"围绕着每一相关议题展开一种或肯定或否定的不同立场"③。当然,阿奎那对中世纪基督教教哲学的理论贡献毋庸赘言,甚至人们今天所谓的宗教哲学或是自然神学依旧可视为其系统神学的一个组成部分。而近代早期(15—17世纪)的哲学家们,如笛卡尔、莱布尼茨和洛克等,虽然只是间或关注纯粹的神学问题,但他们也同样坚持通过纯粹的哲学反思确立一些关于上帝的重要真理。事实上,通过理性确立宗教信仰的概念直到17世纪后期才被普遍表达出来且在18世纪的启蒙运动中被广泛接受,对理性的新的认知态度取决于重要的宗教真理能否被自然理性所确立。在自然神论者看来,他们认为人类理性可以证明上帝的存在以及不朽,并由此发现基本的道德原则。这些宗教信仰是唯一可以通过人类理性得以建立,因而每个人在宗教敬拜和实践时都需要它。但是另一方面,思想家们对完全或部分基于启示的信仰往往褒贬不一,例如著名的怀疑论者休谟,他对人类理性的可能性采取质疑态度。在休谟看来,理性无法证明"上帝存在"或其他任何宗教主张,一个理性之人所采取

---

① 段德智:《宗教学》,北京:人民出版社,2010年,第90—116页。
② William J. Wainwright (ed.), *The Oxford Handbook of Philosophy of Religion*, Oxford: Oxford University Press, 2005, pp. 3–4.
③ Micheal Peterson, Raymond J. VanArragon (eds.), *Contemporary Debates in Philosophy of Religion*, NJ: Wiley Blackwell, 2020, p. xv.

第一章　认识论中的知识与信仰问题

的正确立场应该是无神论（不相信）或者不可知论（不能信）。因为对理性的持守只能带来一种结果，即"要么使宗教变得枯乏，沦为赋予其意义的传统体系中的一些简单信念；要么使宗教变成一种不具生命意义的选择"①。面对这种情况，19世纪和20世纪初期出现了两种不同的理论回应：一是由康德主导的从纯粹理性到实践（道德）理性的转变。康德认为，"理论的"或"思辨的"理性既不能证明也不能证伪上帝的存在或灵魂的不朽，但实践理性却为基督教提供了坚实的基础，使得宗教只存在于"理性的限度内"且道德成为信仰的必要前提。第二种理论回应的代表则是施莱尔马赫（Friedrich Schleiermacher, 1768—1834），他将关注重点从对宗教理智层面的信念以及道德行为转移到了宗教情感和经验之上。在他看来，后者而非前者才是人类宗教生活的根源。而到了20世纪上半叶，宗教哲学呈现出式微态势，因为它逐渐被当代的哲学家们所忽视，人们普遍相信证据的论证范式已然破产。不仅如此，随着分析哲学逐渐取代传统的形而上学，宗教哲学越来越被轻视。然而，在历经了半个世纪的边缘化之后，分析哲学家们在20世纪50年代又重拾了对宗教问题的兴趣，只不过其焦点集中在宗教语言上：用以判别相关信仰的语言陈述到底是用来表达事实主张还是表达说话之人的态度或是承诺，以及这些语言能否被经验验证以及它们在认知上是否具有合理性意义②。

正如历史所表明的，宗教哲学家的目标是多维的和迥异的。他们有的试图构建证据以说服信仰者确信上帝的存在；有的转向了宗教情感以证明宗教的内在属性；有的则主张从头脑的宗教转变为心灵的宗教，强调宗教的神秘本质。因此在宗教哲学中，宗教意识的演进，其中包括了与时俱进的神的观念以及与时俱进的宗教哲学，这是宗教（尤其是基督教）问题的一个重要方面③。和宗教学不同，后者所希冀

---

① William J. Wainwright (ed.), *The Oxford Handbook of Philosophy of Religion*, Oxford: Oxford University Press, 2005, p.4.
② William J. Wainwright (ed.), *The Oxford Handbook of Philosophy of Religion*, Oxford: Oxford University Press, 2005, p.4.
③ 参见段德智：《宗教社会学》，第95—120页。

的用以"描述无限(神),并使不确定性越来越少的人类宗教的历史"是不可能完全实现的①,这不仅是因为难以消除的"不确定性"本身促进了宗教的不断发展,更是因为宗教哲学中的认识论方法为宗教问题"不确定性"的寻求带来了一种更为深刻和多元的视角。

二、宗教哲学的认知目的

关于宗教哲学的目的,有一种"潜在的"或是"初期的"观点经常出现在哲学词典、百科全书以及相关领域的介绍或是主流研究之中,以至于人们已经将其贴上了"共识"(received views)之标签。这种观点主要集中在两个问题之上,即意义问题和确证问题②。虽然前文中已经明确了知识概念在宗教中的应用,但是在具体的语境中,它们究竟是关于什么对象的意义和确证?答案并非那么一目了然。当然,一些宗教哲学家们曾明确表示,他们关注的正是宗教主张(或宗教断言)的意义,并试图确定这些主张或断言如何成功地阐释了信仰对象、人类自身以及世界的本质问题。而"断言"这一字汇从本意上讲,既可以表示某人在言语或文字中对某个事件的声明,也可以表示这种声明或断言的命题内容。因此,宗教哲学家们往往更关注后者,在他们看来,"宗教断言的意义"在某种程度上等同于"宗教命题的意义"。不仅如此,对宗教断言之意义的关注也会为确证问题提供有力的理论支撑,因为在寻求和澄清宗教断言的过程中,人们可能会发现它们要么并不具知识意义,要么是不连贯的,而这必然产生对确证问题的否定,并据此认为对宗教问题的讨论是没有必要的。反之,如果人们发现了宗教断言中的明确含义及其意义连贯性,则会继续讨论这类断言的主旨以及与其他宗教命题的相关性。因此,当代宗教哲学家理查德·斯温伯恩才会将宗教哲学定义为"对宗教命题(断言)的意义和确证问

---

① 翟志宏:《缪勒宗教起源的无限观念论析》,《武汉大学学报(哲学社会科学版)》2005年第1期。
② J. L. Schellenberg, *Prolegomena to a Philosophy of Religion*, Ithaca and London: Cornell University of Press, 2005, p.168.

题的研究"①。同时，他在谈及哲学家对基督教命题（断言）的关注时还给了这样的回应："哲学的最初任务首先在于探究在多大程度上能赋予宗教义以明确的意义；其次则是考虑是否有足够的理由去相信它们为真。"② 在这种情况下，对于"理由"的理解无非是指通过间接方式去判别教义主张或断言的真实性。因此，这种"理由"往往是通过参照以真理为导向的标准或是应用于命题本身的严格证据和论证进行的。斯温伯恩所代表的这种观点在当代宗教哲学中占有一席之地，即只有当相关的宗教主张能被其他公开论证所证明时，宗教信仰才具有合理性。

事实上，当宗教哲学家们在谈及人们是否以及如何持有被确证的宗教信念时，有两个概念是需要明确区分的，那就是"对一个人（或一群人）而言，有关命题 P 的信念被证明为合理（或不合理）"和"一个人持有 P 命题的信念的行为被证明是合理的（或不合理的）"两种说法存在着差异。在前者中，人们可以评估某种特定思想的倾向及其优点，因为有关于 P 的信念存在于人们的意识之中，且不需要对任何个人的具体思想处境作出预设；而在后者中，则可以看到这种信念如同具体的事物一样被人们持有，因而这是个人所独有的信念 P，并通过评估其相关背景和行动来评价持有它的人。因此，对主张理性的哲学家而言，他们在探究人们的信仰实践过程中，自然倾向于将自己限定在与追求真理和知识有某种联系的正当性或合理性之上，即所谓的认识论上的正当性。

那么，对于宗教命题而言，其所蕴含的认识论意义则必须关乎确定的真理或者至少具备真理的可能性。很明显，确定的真理和具备真理的可能性在正当性或确证程度上是存在差异的。但是，如果抛开命题本身，这两者的共同点却在于它们均具备在以真理和论证为中心的

---

① Richard Swinburne, "Religion, problems of the philosophy of religion", in *The Oxford Companion to Philosophy*, ed. by Ted Honderich, Oxford: Oxford University Press, 1995, p.763.
② Richard Swinburne, "Religion, problems of the philosophy of religion", in *The Oxford Companion to Philosophy*, ed. by Ted Honderich, p.765.

一系列理智活动中发挥作用的资格。例如，在基督教中，当信仰者在面对"上帝是否存在"这一宗教命题时，可能会发现自己在思考并推进这一结论的过程中面对着各式各样的候选前提。在这种情况下，一个宗教命题以论证性的方式被使用便足以激发起人们对命题意义的关注。当然，对宗教哲学家而言，他们的任务是要根据审慎的调查方式看待有关命题的各种论辩，并寻求对这些命题所具真理性的某种共识。因而可以说，如果一个宗教命题在认识论的框架下获得了肯定为真或可能为真的论证，那么这个命题就应该得到积极的评价；反之亦然。换言之，宗教哲学家们在评估宗教命题时，可以恰当地把"做出的最好的理性解读"作为认知起点，并把它视为是否提供了认识论价值的根本标准。

正因如此，当宗教哲学家们面对诸多关键却尚未达成一致的宗教命题时，他们继而生发出一种认知责任，即对任何对宗教主张所表现出的理智反馈。这种认知责任会关涉到他们过去和现在的种种经验、知识结构以及各种信息等，并最终呈现出某种认知的倾向和行为。正如我们所看到的，在评估个人的行为是否恰当时，人们不可避免地会考虑特定的思想及其文化背景，而宗教哲学家们则致力于用个体性和特殊性打破信仰的一般性和抽象性，正如沃特斯托夫（Nicholas Wolterstorff）所言："一个特定的人在'有神论的'信仰中是否是理性的问题，不能在一般和抽象中得到回答……它只能通过仔细研究个别信仰者的信仰体系以及该信仰者的思维方式得到答案。"① 正因如此，宗教哲学家们试图通过理性论证的努力去建构相应原则以确定在个别情况下对特殊的个体信念给予评价，且当这些原则被应用时，最终得到合理性结果。在这样的过程中，认识到某种宗教真理或真理的可能性，使之能渐渐排除认知上的谬误、不可能性或者怀疑论。最终，宗教哲学家所做的一系列的认知回应实则体现了他们的认知责任。

因此，将宗教主张或命题的"正当性"或"合理性"放置在哲学

---

① Nicholas Wolterstorff, "Can belief in God be rational if it has no foundations?" in *Faith and Rationality: Reason and Belief in God*, ed. by Alvin Plantinga and Nicholas Wolterstorff, Indiana: University of Notre Dame Press, 1983, p.176.

范畴内，就会呈现不同层面的解读。在第一个层面上，正当性指涉各类事物所具有的某种积极属性，其中就包括了宗教信仰。这种"物权含义"使得人们认为，当某物拥有了相关属性，它就是合理的，这也是前文说到信念具有认识论的正当性时所具备的含义。在第二个层面上，"宗教信仰的正当性"则试图表明宗教信仰是否具有有利结论。这种"正当性"指的是"拥有该属性的状态"，即"正当性的状态含义"。而在第三个层面上，正当性是一种理由，一种足以使主张或信仰或信仰者处于前一状态并因此而被证明的支持性理由①。可以说，在最后一个层面上，宗教哲学家们应该考虑是否可以为基督教的主张提供一种正当性，即"正当化"的理性意识。因此，如果关于宗教哲学的公共目标可以得到恰当的表述，则可以认为，在宗教哲学的视域下，对基督教信仰的解读所寻求的正是关于两个问题的解答：其一是宗教命题的意义，其二则是宗教命题的正当性及其各种回应的正当性，其中正当性在认识评估体系中以一种同时具有分歧性和统一性的方式来得到理解。

第三节　宗教认识论的确立

诚如任何学科的理论发展都必然历经逻辑的与历史的统一进程，当今的认识论研究也渐渐显现出延续经典和突破传统的双向互动，其结果便是众多认识论者纷纷对该学科的发展现状及其趋势做出了各自的回应。迄今为止，在对传统进行反思的同时，学者们也保留了对各种认识论主题的讨论和修正。总体而言，这些主题涉及对先验反思性质的探究、对概念分析作为哲学方法论基石的讨论、对可靠主义的思考、对内在主义和外在主义的争论、对证据敏感性的认知过程的寻求、对基础主义和融贯理论的阐释，以及对先验、后验和经验要素在认识论理论化作用的界定等②。不难看出，以上所列举的议题无一不围绕着

---

① J. L. Schellenberg, *Prolegomena to a Philosophy of Religion*, p.172.
② David Henderson and Terence Horgan, *The Epistemological Spectrum: At the Interface of Cognitive Science and Conceptual Analysis*, Oxford: Oxford University Press, 2011. p.1.

人类自身的理性机制以及思考认知能力展开。那么，对宗教问题的探讨能否同样适用于认识论的理论框架就成为了一个值得思考的问题，因为赋予宗教现象或宗教意识以非神学的理论意义，是其走向学科规范性的必然要求。

一、信仰体系的认知评估

任何一种理论的生发必然具备相应的认知功能，否则便无法促使作为认知主体的人们对其进行判别，并决定采取接纳或是反对的认知立场。但是，认知功能是否能够达成以及在多大程度上能够达成则取决于"公共的层面上如何评价这种思想体系的认识的性质及其认知合理性问题"以及"不同思想体系之间的交互关系"[①]。换言之，主流学科对某一理论所确立的认知标准和非主流学科对这一标准的认可程度一起构成了理论得以成立的基础。因而，在基督教漫长的发展历程中，对宗教体系的评估，即宗教主张或宗教信念的知识地位与认知合理性问题，是贯穿始终的。然而，不同的认知立场通常会赋予宗教主张以不同的阐释。例如，无神论者认为宗教中有关真理的主张都是错误的；不可知论者则认为人们没有办法判别宗教主张是真还是假；而在相对主义者看来，每个不同的宗教都有其真理，因此，宗教主张并不具有普遍性。相应地，多元主义者则对世界上所有的宗教真理表示赞同，即信仰者通过自身的文化观念去理解和体验终极实存；还有一些诸如排他主义者则坚持认为只有某一种宗教可以拯救人类，其余的宗教主张都是错误的；或者如兼容主义者的观点，虽然个别宗教在一定意义上享有特权，但所有宗教主张都包含着真理的重要元素。

针对这种现象，有观点认为，一些司空见惯的认知原则并不适用于宗教体系的认知评估标准。其中首当其冲的便是"逻辑的一致性"

---

① 翟志宏：《托马斯难题：信念、知识与合理性》，北京：中国社会科学出版社，2014年，"绪论"第1页。

(logical consistency)原则①。众所周知,古典逻辑学所奠定的基本定律之一就是矛盾律,即一个陈述不能既对又错(或既真又假),且这一定律被人类理性传承了数千年。但在宗教主张或宗教信念中,对逻辑一致性的否认却并不鲜见。例如,科斯塔(Gavin D'Costa)曾指出,禅宗和中观佛教,尤其是龙树宗的著作正是反驳逻辑一致性的著名案例。在龙树看来,运用逻辑规则恰恰是为了证明为何没有逻辑系统能够最终得到理性的肯定,就像禅宗虽接受了一定的逻辑规则,但目的却是为了去证明"开悟"(satori)等宗教概念的超逻辑性②。同样地,这种超逻辑性在基督教的相关教义中也屡见不鲜,例如"三位一体""圣餐变体说""肉身复活"等宗教命题都超越了人类的理智范围。

但是不得不承认,"终极实存超越逻辑概念"或是"逻辑不适用于宗教的真理主张"这种说法本身就隐含着矛盾。因为人们在面对这一陈述的时候,必须首先使用逻辑概念和理性原则去理解这一陈述本身。此外,无论个人赞同什么样的宗教体系,他在其中的每一个领域都或多或少地运用了理性和逻辑。因此在宗教中,对逻辑或理性的否认是毫无根据的。不仅如此,逻辑和理性对于宗教体系的基本的、定义性的命题主张来说尤为重要。尽管对于任何特定思想体系的基本主张必然会存在分歧。但正如前文所示,每个重要的宗教体系都试图提供关于终极实存、人类自身、救赎目标以及获得该目标的方法等命题主张。由于这些主张中的每一个命题通常被认为是构成整体体系中不可或缺的元素,如果它们相互矛盾,那么整个宗教认知体系就不可能为真了。同样地,逻辑也适用于宗教体系中的每一个独立主张,因为如果一个主张是自我否定的,那么它必然不能为真。因此,如果某一宗教体系的基本主张以及观点都是错误的,那么这就是一个自我反驳的体系,因而它必然不能成立。

其次,宗教体系中的每一项基本主张都应该与其他主张在逻辑上

---

① Chad Meister, *Introducing Philosophy of Religion*, London and New York: Routldge, 2009, pp.37 - 38.
② Gavin D'Costa, "Whose objectivity? which neutrality? the doomed quest for a neutral point from which to judge religions", *Religious Studies* 29,1993,84.

保持一致,而不是相互矛盾,且整个体系是连贯的。在这种情况下,"连贯性"指涉的是宗教信仰中的基本主张应该彼此联系且具有系统性。例如宗教哲学家威廉·温赖特(William J. Wainwright)曾指出:这些主张应该适当地"结合在一起"。不仅如此,温赖特还用一神论和多神论来说明这个观点:"一神论……似乎比多神论更连贯,因为多神论假定了很多神,但却没有清楚地解释它们之间的关联。"① 按照这样的理路,除了宗教主张或命题内部的连贯性,评估宗教认知体系的另一重要标准则是它与其他外部各个重要知识领域的一致性(诸如历史学、心理学、考古学、物理科学、生命科学以及地球科学等)。因为如果这些领域中某个得到充分证实的主张与某一宗教信仰相矛盾,那么,人们便有理由拒斥该信仰。例如,如果某个宗教体系声称上帝在几千年前以完美的状态创造了世界,因此恐龙不可能在历史上真正存在,那么来自考古学的确凿证据应该成为拒绝该信仰的合理理由。当然,信仰者可能依旧坚持自己的信仰,尽管其他相反的证据已经存在。在这种情况下,要维持这种宗教信仰的艰巨性就在于确定维持这种信念的理由是否比相反的证据更为合理。因此,当宗教体系试图为基本问题提供某种合理而充分的回应时(例如,我是谁?我从哪里来?终极实存的本质是什么?解决人类问题的方法是什么?等等),如果这一系统缺乏合理且充分的回应,便会引发人们的信仰危机。

再次,对宗教体系的认知评估还存在一个"非任意"(non-arbitrary)标准,即该体系到底是按照自身体系存在并发展,还是必须借鉴其他思想体系的理念才能成立②。换言之,如果信仰者必须从其他的思想体系中借鉴某些核心信念才能过上有意义的生活,那么其信仰体系即便不是错的,也可能是不充分的。这种情况在宗教道德论或伦理学中尤为明显。因为对于信仰者而言,他们必然会按照某种宗教体系中固定的道德标准以及价值理念去生活,如果这一体系不具备恒常性,则它可能渐渐被信仰者所抛弃。

---

① William J. Wainwright (ed.), *The Oxford Handbook of Philosophy of Religion*, p.183.
② Chad Meister, *Introducing Philosophy of Religion*, p.40.

总之，宗教是一种人类思想和实践互为交织的复杂系统，且已经存在很多世纪。因此，宗教的复杂性使得对它的认知评估成为了一项艰巨的任务。但考虑到所有宗教均以命题和意义的形式表达自身，这就需要人们对其作为思想和实践系统进行合理评估。实际上，在对自我存在的意义、终极实存的本质、人类社会的实质等问题的思考过程中，对宗教的评估或许正是人类可以达成的认知目标之一。同时，在宗教对话的过程中，人们还将意识到宗教传统的丰富性和多样性。因此，坚持宗教是可以被评估的立场本质上遵循了宗教宽容的原则，因为如果所谓"宽容"指的是对他人信仰的承认和尊重，那么，评估和宽容就不会产生任何理念上的冲突。可以说，对宗教体系的认知评估，覆盖了以上若干标准，即逻辑的一致性、内部系统的连贯性、与其他领域知识的兼容性、对基本人类问题的合理解答以及存在的合理性。这些标准大多以一种中立和客观的立场承认宗教信仰的合理知识地位。对宗教研究者而言，学习和尊重他人不同的信仰和实践变得越来越重要，这便是宗教这门学科在新的世纪所提出的新的挑战。

二、当代宗教认识论的主要流派

可以看到，从罗马帝国时期哲学家们借古希腊先哲的认识论来对基督教信仰进行质疑和批判开始，到早期基督教教父对信仰问题进行辩驳与回应，再到中世纪的托马斯·阿奎那在对亚里士多德思想的把捉下重建基督教信念，宗教信念以认知方式的表述意图及其论证实践已经为近代"理性"的全面崛起奏响了前奏。以阿奎那为例，他的自然神学在某种程度上不啻为宗教认识论在中世纪的论证版本，只不过在中世纪的思想家身上，还并未出现理性与信仰的分裂，却只见二者的和谐。因此，秉承着这一传统，阿奎那在对有关上帝的"神圣学科"的基本问题以及性质界定上，他持守的是"不可论证"以及"不能论证"的信仰立场，因而其深厚的神学目的是不言自明的。但是，正是在信仰寻求理解的过程中，阿奎那却将哲学理性作为基本的思想原则和表述原则，使之在对众多信仰问题的阐释中提供了一定的逻辑严密性和理论的合理性①。他对基督教信念合理性意义的拓展彰显出认识论框架下诸多认知原则以及论证模式的雏形，例如"存在"与"本质"概念的区分、"存在"的独立性意义及其优先性概念、"五路证明"的后天演绎方式等。正因如此，虽然"宗教认识论"的提法并未出现在阿奎那的经院哲学时代，但他的理论旨趣的确在某种程度上形塑了以认识论为中心的近代哲学与基督教神学论证的互动模式。

时至今日，西方学界也并未对宗教认识论这一术语的出处及其含义给出严格的界定，只不过所有冠以"宗教认识论"字样的论著都默契地达成了某种共识，即宗教认识论研究的是"认识论概念如何与宗教信仰和实践产生关联"以及"如何围绕认知的确证问题展开"②。因此，宗教认识论在本质上可以理解为从当代认识论视角出发，对哲学（理性）和宗教（信仰）关系进展与走向的再度思考，而它之所以被视为认识论的研究分支正在于两者涵盖了相同的内容，如都对人类的认知途径进行了科学意义上的探讨，只不过宗教认识论的关注重点从知识理论的发生学意义转移到了关于宗教信念的规范性以及知识的确证方式问题。甚至更进一步说，当代的宗教认识论研究者们惯以对近代认识论框架的审视为起点，继而发展出对其路径、理论和方法的批判和修正。同时，他们也不满 20 世纪以来哲学认识论各派，如证据主义、道义主义、融贯主义、基础主义、内在主义等对前人所做的修补工作，力图从新的视野或理路来建构宗教认识论体系③。

从宏观上看，在当代诸多的宗教认识论学派中，主要有"无神论学派"（Atheism），其代表人物有弗卢（Antony Flew）、威廉·L. 罗（William L. Rowe）以及马丁（Michael Martin）等。尽管大多数的无神论学者并没有对上帝存在问题提出新的认识论方法，且仍旧遵循传统自然神学的证据主义策略，但作为对上帝问题的一种否定回应，还是被纳入了当代宗教认识论的一种论证类别。其次还有"维特根斯坦

---

① 参见翟志宏：《托马斯难题：信念、知识与合理性》，第 136—167 页。
② Tyler Dalton McNabb, *Religious Epistemology*, Cambridge: Cambridge University Press, 2019, p.1.
③ 参见梁骏：《普兰丁格的宗教认识论》，北京：中国社会科学出版社，2006 年，第 3—10 页。

式的信仰主义"派别（Wittgensteinian Fideism），代表人物有菲利普（D. Z. Pillips）、马尔科姆（Norman Malcolm）以及霍尔默（Paul Holmer）等。实际上，维特根斯坦（Wittgenstein, 1889—1951）的信仰主义是在过去几十年中发展起来的一项宗教哲学运动，它发轫于维特根斯坦的核心见解，即宗教应该像科学以及所有其他人类活动一样，是一种生命形式。它建构了自身的意义以及理性的内部标准。在这一理论框架中，哲学家的任务并不在于为信仰上帝的合理性去寻求"证据"或"理由"相反，哲学家们应该描述并明确构成宗教生活形式的各种实践，并赋予这种生活形式以特殊意义。

而近年来，流行于美国且影响力日增的一种新的宗教哲学学说则以"改革宗认识论"（Reformed Epistemology）的理论形式呈现在公众面前。这一理论的主要建构者包括阿尔文·普兰丁格以及尼古拉斯·沃尔特斯托夫。"改革宗认识论"之所以被冠以"改革派"的称号，乃是因为其拥护者在神学思想的起源上可追溯至加尔文的新教传统。值得一提的是，这一宗教认识论观点虽然与维特根斯坦的生命形式观有很多相似之处，但它却在认识论方法上为信仰的论证路径提供了一种新的视角。在改革宗认识论者看来，对上帝的信仰本身是有"恰当基础的"。换言之，基督教信念并不基于任何其他信念或命题基础，且可以被人们合理地接受。因此，以自然神学为主导的传统认识论方法，即试图为上帝存在寻求论证和证据的做法是错误的且需要修正的。

另一方面，与这种反自然神学立场相对应的，则是由克莱格（William Lane Craig）、斯温伯恩（Richard Swinburne）以及亚当斯（Robert M. Adams）所主导的"自然神学派"（Natural Theology）。不难看出，这一学派是当代哲学家对"复活"自然神学所提出的一种理论重构。因为在科学兴盛的今天，人们所接受的普遍认知是自然神学已经消亡，且没有任何充分论据可以证明上帝的存在。然而，这些哲学家还是以各自的版本更新着自然神学，他们的共同之处是对现代科学的进步给予了适当的尊重。而"审慎主义"（Prudentialism）的理论渊源则可回溯至近代法国哲学家帕斯卡的"赌注"观点。帕斯卡认为理性并非"上帝是否存在"命题的最终裁决者。长久以来，关于上帝存在的争论从未止歇，但只有审慎之人最终会认同上帝存在，因为相较于不信所遭受的无限损失，信仰上帝存在所获得的益处也是无限的。审慎主义的致思理路是将"赌注"由日常概念转化为了具有特殊认识论意义的阐释范畴。

最后，"宗教经验学派"（Religious Experience）则主张宗教经验与信仰上帝存在的相关性，其代表人物有阿尔斯顿（William Alston）和约翰·希克（John Hick）等。然而在这一立场内部，不同的宗教哲学家也存在着不同的观点。例如，他们有的选择沿用自然神学的做法，从个人信仰的切身体验中获取证据链条以证明上帝存在的合理性；而有的则以非推论的或者直接的方式诉诸宗教经验本身以证明其信仰。但不管怎样，将认知主体的宗教经验与信仰宗教的意志行为挂钩向来有着深厚的历史渊源，而如何准确地阐释信徒的宗教体验以及怎样去厘清他们对信仰概念、术语使用以及理智背景的相关研究，则是宗教经验学派需要面对的来自认识论层面的问题。

整体来看，西方学界于20世纪90年代出版的《宗教认识论的当代视角》（1992）一书中，相关领域的学者们一致认为没有哪一本选集或者论著可以全然穷尽或者精准反映出当代宗教认识论的所有理论派别以及过去三十多年里的发展历程。这虽说是不幸的，但却不可避免[①]。而在国内，2004年举办的"第十届中美哲学和宗教研讨会"之重要意义则在于中美双方学者首次就"宗教认识论"议题进行了专业的学术探讨。不仅如此，普兰丁格的亲自与会使得"改革宗认识论"这一理论派别一度成为此领域的"显学"，因而国内诸多学者都对其论著给予了不同程度的回应[②]。可以说，20世纪宗教认识论方面的工作主要集中在确证概念、知识标准以及证据对宗教信仰的合理性意义等问题上。时至今日，越来越多的迹象表明宗教认识论的相关研究正朝着更加多元

[①] R. Douglas Geivett and Branden Sweetman, "Introduction", in *Contemporary Perspectives on Religious Epistemology*, ed. by R. Douglas Geivett and Branden Sweetman, New York: Oxford University Press, 1992, pp. 3 – 13.

[②] 其代表有梁骏的《普兰丁格的宗教认识论》（2006）。此论著是以分析和逻辑重建相结合的方法，对普兰丁格思想的演变过程、理论渊源、基本路径、主要特色及个人局限做了深入的考察。

的方向发展,如德行宗教认识论(virtue religious epistemology)以及与宗教信仰相关的社会认识论现象(social epistemological phenomena)分析也出现了蓬勃发展的趋势[①]。而当所有这一切都离不开认识论框架的时候,认知概念就可以对宗教信仰问题的分析和实践产生积极的意义。因此,作为认识论分支的宗教认识论虽然依旧存在着各种不同的理论观点和立场论争,但随着不同的知识标准的出现,人们对宗教的认识也自然会不断得到深化。当宗教信仰的支持者和批判者明确宣称什么是"能够知道"以及什么是"不能够知道"的时候,宗教认识论便开始彰显成效。

[①] John M. Depoe, Tyler Dalton McNabb, "Introduction to Religious Epistemology", in *Debating Christian Religious Epistemology*, ed. by John M. Depoe and Tyler Dalton McNabb, London: Bloomsbury, 2020, p.1.

第二章

莱布尼茨认识论的历史背景及理论渊源

德国哲学家莱布尼茨所处的时代，正是被罗素以"科学"的辉煌来界定的近代世界之发端[1]。相较以往，这个时期的理智环境和致思路径都出现了显著的转变。例如，哲学所指涉的内容变得更加宽泛，关注的议题早已从中古世纪的神学及形而上学转向了涵盖自然、科学、政治、人性及宗教等基本问题的合集。但不可否认，无论新兴的哲学家们如何极力地挥别传统，哲学终究不存在断代。或许著名的阐释学者伽达默尔（Hans-Georg Gadamer, 1900—2002）所说的"历史意识"最为贴切地表达了这一点："历史意识的任务是从过去时代的精神出发理解过去时代的所有证据，把这些证据从我们自己当下生活的成见中解救出来。"[2] 故这种"历史性"不仅关涉传统，也意指当下。因此，当莱布尼茨以其艰苦卓绝的理智思考和艰深庞杂的理性主义出现在近代哲学早期时，我们便不得不将其放置在一个更为广阔深远的背景中来进行一番考察。

第一节 历史背景

毫无疑问，16—18世纪是一个理智全面革新的世代。从培根、伽利略的开创性著作到牛顿基本原理的成就，这个阶段对自然、人性以及基督教神学问题都呈现出众多激进且崭新的概念。若从历时的观点来看，近代早期这一跨越三个世纪之久的漫长进程可以被宽泛地分为三个阶段："首先是肇始于16世纪意大利的文艺复兴和德国路德引爆的宗教改革运动，这使人们见证了一系列古代先哲观点的重现，并通过古典思想的回溯形成了新旧观念的碰撞以及综合。第二个阶段则表现为17世纪对自然理解的里程碑式进步，它所促成的无疑是近代自然科学的开端。而第三阶段则是在牛顿数学模型下稳固建立的18世纪哲学。

---

[1] ［英］罗素:《西方哲学史》下卷，马元德译，北京：商务印书馆，2011年，第43页。
[2] ［德］汉斯·格奥尔格·伽达默尔:《哲学解释学》，夏镇平、宋建平译，上海：上海译文出版社，2004年，第5页。

第二章　莱布尼茨认识论的历史背景及理论渊源

正是借助于数学的确定性，人们逐渐削弱了对自然运作的神秘性理解。正因如此，此后阶段的哲学旨趣逐渐从理论哲学转向实践哲学。"① 而莱布尼茨认识论思想的形成正发生于这一历史背景与一系列的时代嬗变之中。

一、文艺复兴和宗教改革

德国哲学家卡西尔（Ernst Cassirer, 1874—1945）曾在《文艺复兴时期哲学中的个体与宇宙》（*Individuum und Kosmos in der Philosophie der Renaissance*, 1927）一书中将近代哲学的起源追溯至文艺复兴时期。且不论这种观点是否公允，但作为 20 世纪有关文艺复兴最具影响力的作品，卡西尔所表明的无疑是一种哲学的连续性，即 14—16 世纪（通常被称为中世纪晚期或文艺复兴时期或前近代过渡时期）与 17—18 世纪（通常被称为近代或现代早期）之间的某种思想关联。作为一名新康德主义者，卡希尔认为近代哲学的肇始应源自库萨的尼古拉（Nicholas of Cusa, 1401—1464）②，其理由是尼古拉首先提出了知识问题，并且对数学这一学科在分析自然世界中的功用给予了某种阐释。不仅如此，卡西尔还探讨了许多其他的重要思想家，如弗兰齐斯科·彼特拉克（Francesco Petrarca, 1304—1374）、马西里奥·费奇诺（Marsilio Ficino, 1433—1499）、蓬波纳齐（Pietro Pomponazzi, 1462—1525）以及伽利略（Galileo, 1564—1642）等③，并对文艺复兴时期有关自由、必然性和主客体问题的思想趋势做出了概述。然而，囿于"考据的相对贫乏"和"观点的时代性"，卡希尔的观念并未得到当今学界的一致认同。因而，最新有关文艺复兴的研究则将视角聚焦到了哲

---

① 参 Donald Rutherford 的观点。见 "Introduction", in Donald Rutherford (ed.), *The Cambridge Companion to Early Modern Philosophy*, New York: Cambridge University Press, 2006, pp. 7 - 8。
② 库萨的尼古拉是德国的数学家、哲学家和神学家，其主要成就在于他首次打破托勒密的地心说。
③ 弗朗奇斯科·彼特拉克是文艺复兴时期的第一个人文主义者，费奇诺和蓬波纳齐是意大利思想家，伽利略是意大利的数学家、物理学家和天文学家。

学的三大传统议题之上,即人文主义、经院哲学和新兴哲学①。

实际上,文艺复兴运动的爆发,源于和中古见解相反的近代思潮。之所以会出现"复兴"这种带有极浓复旧色彩的字汇,乃是因为在中世纪末期,基督教教会早已在虔敬动机的虚掩之下滑向了虚伪腐败的罪恶渊薮。因而,在希腊感觉主义的死灰复燃中,意大利的人文主义者们强烈呼求对人性的恢复。其中,彼特拉克可以被视为人文主义的最初引领者。对彼特拉克而言,他的初衷旨在复兴罗马文学,但是其后这场思想运动被重塑为一种独特的文化形式,以挑战经院哲学的教条主义霸权。彼特拉克认为,对古罗马文学的研究将有助于意大利社会的道德复兴和罗马文化的伟大回归。在这样的理智背景之下,人文主义者们纷纷开始将研究视角从古典时期的先哲投向了更多之前不为世人所熟知的思想家们。因此,不仅仅是亚里士多德思想,人文主义者们还搜寻、研究以及翻译之前被人们忽视的各种先哲著作,其中包括柏拉图派、伊壁鸠鲁派以及斯多葛派。人文主义者们甚至还鼓励对非基督教的研究,如犹太教、伊斯兰教和印度教,以及古代神学中的赫尔墨斯主义、奥菲斯主义和琐罗亚斯德教等。正因如此,有学者认为,从时代精神的角度出发,"文艺复兴和人文主义的哲学基础既不是深奥的亚里士多德主义,也不是神秘的柏拉图主义,而是感性的伊壁鸠鲁主义。这种主张追求现世幸福的伊壁鸠鲁主义尤其适合意大利人热情奔放的自由个性和才华横溢的艺术天才"②。因此,否认教会的权威成为了文艺复兴的核心特质,以至这种深受古希腊罗马文学影响的新兴文化形式在纯粹实践研究(如法律、医学以及机械艺术)和纯粹理论研究(如自然哲学、逻辑理论、形而上学以及神学)中选择了中立立场。"人文学科的研究范围致力于提升人复归到人类本身的意义和品质;而人文主义者则宣称对古典文化的研究可以使人们变得更好,更具道德,更加智慧以及更为雄辩。不仅如此,它还使行使权力成为

---

① James Hankins, "Introduction", in *The Cambridge Companion to Renaissance Philosophy*, New York: Cambridge University Press, 2007, p.2.
② 邓晓芒、赵林:《西方哲学史》,北京:高等教育出版社,2005年,第122页。

一种正当,并使人们成为更合格的公民。"①

然而,人文主义者的成功却并不意味着经院哲学的衰颓。在意大利,特别是帕多瓦和博洛尼亚大学(universities of Padua and Bologna),经院哲学甚至可以说正值第二个黄金时代②。除了逻辑学、形而上学、自然哲学以及心理学的发展,意大利的经院学者们还通过寻求更多正确的文本和翻译以恢复对亚里士多德的研究并回应来自人文主义者的各种挑战。这一时期的经院学者们显然并不认同人文主义者对"中世纪"概念的种种偏见以及敌视。同时,对中世纪传统的研究催生了各种基督教神学思想的衍生,如阿尔伯特主义、托马斯主义、司各脱主义和唯名论等。因此,无论是在文学、理智的层面,还是艺术和道德的范畴,文艺复兴都有助于修复近代文化以及信仰的衰颓。基于此,柏拉图主义、怀疑主义、伊壁鸠鲁主义以及斯多亚主义等各种变体都使人文主义者的观点和基督教信仰保持一致。总而言之,文艺复兴并非是对基督教的反叛,而是将被中世纪教会压抑至扭曲的人性以自然奔逸的形式释放了出来,并希冀借由古典文化的振兴重新实现基督教信仰的纯洁性。渐渐地,文艺复兴思想中的分裂性和多元性重塑了对彼时哲学议题的思考:哲学究竟是研究什么的学科?它是否应该遵循古代传统,追随先贤教诲,寻求一种深奥的形而上观点,为人们寻求普世的道德或是伦理观?还是应该仅仅作为一种文化形式,用话题和辩论来佐证思想,抑或像中世纪时期的大学教员,终身致力于将哲学转变为神学的婢女。正是源于各种多元思潮的碰撞,文艺复兴时期的哲学范畴在广度上得到了极大的扩展。如自然哲学就囊括了植物学、生物学、医学、光学、物理学和宇宙学等;同时,音乐、占星术、神秘主义、以及神学也得到了高度的关注;不仅如此,古典语言学、历史、文学、政治、诗歌、修辞学、圣经解释学以及天使、数学和卡巴拉科学都成了哲学家的研究对象。由此可见,在文艺复兴时期,人

---

① James Hankins, "Humanism, Scholasticism and Renaissance Philosophy", in The *Cambridge Companion to Renaissance Philosophy*, New York: Cambridge University Press, 2007, p32.
② James Hankins, "Introduction", in *The Cambridge Companion to Renaissance Philosophy*, New York: Cambridge University Press, 2007, p.4.

文主义者一方面希望哲学家们放弃他们对超越人类智慧的自诩，而将视角限定在人类的道德培养任务之上，但另一方面他们又反过来受到古典传统的熏陶，认为哲学应该传授一种隐秘的智慧，或是构成关于自然世界的秘密法则，并获取通向自然和神圣世界的途径。可以说，文艺复兴下的人文研究诠释着生命，带来了欢愉并滋养着虔敬，它使人们相信先哲的智慧遗产构成了人类思想的宝库。

另一方面，针对中世纪天主教会所鼓吹的善功得救以及以亚里士多德主义为基础的经院式的繁琐神学，对早期基督教虔敬精神的渴求渐渐表现为德国、瑞士等地改教家对纯洁信仰的有力呼召。以和莱布尼茨同为德国人的路德为例，他提出的"因信称义"旨在改变罗马天主教会的行为模式和组织体制，亦即一统天下的精神专制格局和"救赎"问题上因自由意志论而引发的实践恶果。为了应对教会权威，路德从信仰的个人关系出发，倡导"唯独信仰""唯独圣经"和"唯独恩典"，重新树立了《圣经》的至上地位以及对保罗教义的重申。在其中，律法主义和意志操纵完全消失了，人类除了有被接纳的需要，不可能有任何功德可言，神恩被简化到上帝与罪人的一种"位格共荣"。因此，在路德的神学中，人类的自然理性被彻底舍弃。可以说，基督教思想在历经了中世纪人类理性的逐渐上扬后，在宗教改革中又重新遁入了信仰的藩篱。因此，在路德神学以及随后的一系列宗教改革中，人类的自然理性是被贬斥和挞伐的。从某种程度上说，路德主导的用信仰反对善功，用《圣经》权威反对教皇权威的做法的确削弱了自然理性而宣告了信仰的胜利，并实现了对天主教的突破和反叛。然而，任何的创新与反叛都是"直觉的理性"或"理性的直觉"的产物，尽管其具有强烈的主观性和个体性，根源还是来源于人的深层意识。正是仰赖这种直觉，路德的宗教改革实质上并未中断旧有的逻辑连续和理论框架。所以从另一个角度来看，"路德恰恰又开创了一种与自然理性或经验理性迥然而异的思辨理性或辩证理性，开创了一种与英国人、法国人的实践自由（经济自由和政治自由）截然不同的德意志式的精神自由"①。而这

---

① 邓晓芒、赵林：《西方哲学史》，第123页。

或许也造就了莱布尼茨此后对思辨形而上学以及宗教哲学等问题的重视并倾尽一生著述立言的决心。同时,瑞士的加尔文将基督教中荒诞的、非理性的成分归之于上帝的奥秘,但其代表作《基督教要义》沿袭的却还是中世纪托马斯《神学大全》的形式。罗伯特·W. 格林(Robert W. Green)认为,"作为一种思想体系的加尔文宗,虽然他是从一种非理性的上帝观念出发,但是,它是以一种完全理性的方法形成的"①。不难看出,即使在宗教改革时期最纯洁敬虔的信仰畛域里,理性还是以独特的方式与信仰保持着张力。而恰恰在这种张力中,基督教思想才开始割开与中世纪文化的羁绊,迎来了新纪元。

总而言之,"文艺复兴(及其所产生的人文主义思潮)和宗教改革这两场运动被认为是西欧中世纪文化与近代文化的重要分水岭"②。但吊诡的是,这两场本以净化基督教信仰为初衷的运动却加速了后继启蒙主义以及民族主义思想的崛起,以至于宗教信念开始在一定程度上受到质疑。如自然神论经由斯宾诺莎(Benedictus Spinoza, 1632—1677)的泛神论演化为18世纪法国的"战斗无神论";法国"百科全书派"的无神论抨击更是在某种程度上撼动了基督教世界的历史根源和思想基础。所以,封建神学和经院哲学的桎梏反而促使得新兴的哲学家们逐渐跳脱了古代哲学的朴素性以及中世纪神学的晦涩性,并将自然哲学中流行的分析以及经验方法提升为哲学方法论,并由此开启了近代自然科学。

二、科学的发端和方法论的革新

实际上,"在文艺复兴时,自然科学还是哲学的一个分支"③。虽然后者素以思辨性闻名,前者惯以实验、测量和对自然秩序的数学式表达为基本特征;但从词源学来说,源自拉丁字汇"scientia"的"科学"

---

① 转引自李平晔:《宗教改革与西方近代社会思潮》,北京:今日中国出版社,1992年,第51页。
② 赵林:《基督教思想文化的演进》,北京:人民出版社,2007年,第126页。
③ [英] W. C. 丹皮尔:《科学史及其与哲学和宗教的关系》,李珩、张今校译,桂林:广西师范大学出版社,2009年,第126页。

(science)，原本指涉的就是知识的系统结构，而这也正是对哲学的传统理解。只是到了后来，随着弗朗西斯·培根（Francis Bacon，1561—1626）在《新工具》里呼吁科学要来一个伟大的复兴，以及笛卡尔（René Descartes，1596—1650）在《方法谈》中号召为了给科学打下牢固基础，必须破除旧有的意见，新兴的科学或哲学家们才毫不掩饰地在其著作中将自己塑造为理智革命的急先锋。革新的内核与新的调查方法和思维方式，所有这一切都在近代哲学和自然科学的张力中得以体现。最终，"以经验主义为支撑的知识结构和自然法则，和用以操控自然的崭新技术都使科学渐从哲学的系统结构中分离出来"[1]。因此，对自然理解的里程碑式进步形塑了近代早期哲学对基督宗教、自然世界、知识命题以及人类自身等问题的重新思忖。故此，"经院哲学无所不包的知识大厦"在各种新范式的冲击之下已风雨飘摇，"摆脱亚里士多德思想枷锁"的口号使得众多重要的理智突破都发生在科学的领域中。"以一系列科学院的建立为昭示，17世纪初期形成了分享和讨论自然哲学进展的风尚"[2]，以至于莱布尼茨曾发出这样的感叹："近来所有的哲学家们都希望用机械论的观点来解释物质事物。"[3] 由此可见，经院哲学存在的理智真空无法继续推进哲学论证，故"17世纪理性主义的产生和被人们称为'现代科学'的兴起是同时的并且有着密切的联系这一点是很重要的"[4]。在这种情况下，中世纪幽冥空洞的神学教条不得不让位于对自然世界的理智探究。因此，面对传统哲学中的推测方法在科学探求中的失效，关于哲学本身的目标问题，即元哲学问题——方法论问题便应运而生了。因为"科学知识不是对实体性的'原因'和'一般'的抽象思辨，不是对宇宙万物所趋求的'目的'的

---

[1] Donald Rutherford, "Innovation and Orthodoxy in Early Modern Philosophy", in Donald Rutherford (ed.), *The Cambridge Companion to Early Modern Philosophy*, p12.
[2] Donald Rutherford, "Introduction", in Donald Rutherford (ed.), *The Cambridge Companion to Early Modern Philosophy*, p5.
[3] Die philosophischen Schriften, Gerhardt, IV pp210-211, cited from *Cambridge Companion to Early Modern Philosophy*, Cambridge University Press, 2007, p67.
[4] ［英］G. H. R. 帕金森主编：《文艺复兴和17世纪理性主义》，田平等译，北京：中国人民大学出版社，2008年，"导论"，第7页。

第二章　莱布尼茨认识论的历史背景及理论渊源

玄思，而是对自然的事实样态及其量化关系的普遍性把握和描述"①。考虑到近代科学的发展形成于一个关键的转型时期，其核心之一就是方法论的问题，对人们而言，见证这种形塑的过程非常必要：因为在当代的科学方法中，归纳和假设演绎等方法被认为是司空见惯的认知模式，而在近代早期，这两种方法却经历着热烈的讨论。可以看到，现当代的方法论问题更多关注的是对科学发展的重构以及对方法论框架的大致描绘；而在 16 到 17 世纪里，并没有形成诸如力学或光学那样的固定模式以供参考。所以近代早期哲学家们关注方法论的初衷更多缘于他们想通过一种坚实可靠的范式来保证自然哲学或科学的探究，因为方法论问题不仅和自然科学的实质性进展相关，也和其他学科（如形而上学及神学）的背景紧密相连，因此"新颖的方法论模式"被大力提倡②，结果便是两种相对的倾向应运而生。一种是对亚里士多德的辩护，例如"回溯理论者"（regressus theorists）③，他们试图去阐释三段论演绎如何作为或部分作为发现问题的途径。而更主流的则是对亚氏的批判，持这种观点的人们认为，三段论演绎无法发现问题，如果纵览亚氏的哲学体系就会发现很多问题都建基在无用的方法之上。因此，对经院哲学中"不结果的书面知识"的批判使"发现的方法"成为 17 世纪哲学中的最前沿④，而其中的关键人物之一就是培根。

首先，培根的目的是想让自然哲学或科学成为一门实践性的、富有成效的学科。因此他强调了两个目标：其一在于清除人们意识中的先入之见；其二则是将意识导向富有成果的方向。培根认为人类意识中的各种自然倾向都应该在新方法确立之前予以摒弃——这也正是他

---

① 黄颂杰等：《西方哲学多维透视》，上海：上海人民出版社，2002 年，第 237 页。
② Stephen Gaukroger, "Knowledge, evidence and method", in Donald Rutherford (ed.), *The Cambridge Companion to Early Modern Philosophy*, p.39.
③ 回溯理论综合了从结果到原因以及从原因到结果的过程。这种特殊的联合是产生知识所必要的。尽管有很多变体，但所采用的方法通常有四个步骤：首先，通过观察得到"偶然的"知识；第二，通过对事实的归纳和证明，获得了对事实原因的"偶然的"知识；第三，通过反思的形式，掌握了原因和结果的一种必然性联系；最后，从必然的原因中证明结果。
④ Stephen Gaukroger, "Knowledge, evidence and Method", in Donald Rutherford (ed.), *The Cambridge Companion to Early Modern Philosophy*, p.46.

与先前世代思想家的区别所在。在培根看来,单单运用逻辑来进行科学的探索是远远不够的,人们所处的心理和认知状态才是问题的关键。因此在"种族假象"中,人类自身的内在意识造成了认识上的障碍:因为人的感觉是事物的尺度乃是一种错误论断,而"洞穴假象"中个人意识的异质性,"市场假象"中语词交汇的误解和"剧场假象"里对传统和体系的盲信,都将人类的理智本质暴露无遗。在培根看来,人类自堕落之后,理智天性不再完善且并未得以修复,因此克服自然倾向和激情才能免受假象的蒙蔽。一旦这样做了,人们就能追寻到发现的方法:运用归纳经验材料导出和形成公理,再用公理推导和引申新的实验用以"考察"或"试验"已获得的公理。在感性材料上升到理性公理的过程中形成对事物内在结构和规律的认识。相较于培根对科学方法的讨论,笛卡尔的贡献或许更为深远。如果将笛氏的方法与现代科学的实践标准进行对照就不难发现,当代的物理学家或科学家并不会从形而上学开始他们的探索,尽管他们也很可能在构建科学理论的过程中形成一定的形而上学假设。然而,笛卡尔在他的时代却依旧延续着对形而上学的钟爱。他认为人们应首先构建形而上学,因为只有形而上学知识才能统摄精神和物质并成为其他一切科学知识的基础。在这个层面来说,笛卡尔并不是那么具有革新性。然而另一方面,和经院哲学的玄思不同,笛卡尔又认为形而上学的"认知基础"(epistemic foundation)应该是对"常识"(common sense)的反思以及对日常自然世界的体验①,因此他十分强调"直觉"和"演绎"在思维确证中的重要地位。在《方法谈》中,他强调"凡是我们十分清楚、极其分明地理解都是真的"②,而这种对对象"直接的"、"清楚的"、没有任何疑虑的观念,产生于最简单、最快捷且最为普遍的思维之中。这和外在的经验不同,这是理性内在于人类的不可动摇的认知基础。借此,人们才能"按次序进行思考,从最简单、最容易认识的对象开始,一点点

---

① Desmond M. Clarke, "Descartes' philosophy of science and the scientific revolution", in *The Cambridge Companions to Descartes*, ed. by John Cottingham, Cambridge: Cambridge University Press, 2015, p272.
② [法] 笛卡尔:《谈谈方法》,王太庆译,北京:商务印书馆,2001年,第32页。

逐步上升,直到拥有最复杂对象的知识"①。

由此可见,培根和笛卡尔代表着科学方法探究的不同立场②。正如洛克在《人类理解论》中"赠读者"部分写到的"不过人人并不必都来当一个波义耳或是施丹汉。这个时代既然产生了许多大师,如大郝珍妮同无双的牛顿,以及其他同类的人;因此,我们只当一个小工,来扫除地基,来清理知识之路上所堆的垃圾,那就够野心勃勃了。"③ 可见新兴的自然哲学家或科学家们不再仅仅局限于高高在上的神职要员或者思想精英,他们宁愿充当科学道路上的建筑工或劳工角色。而这种近代科学意义上的规范性追求不仅促成了理智氛围的转变,还形塑了后继哲学家们诸如马勒伯朗士、阿尔诺、帕斯卡、斯宾诺莎和莱布尼茨等哲学家们关于物理世界、自然现象、意识和身体本质、上帝和人类关系的各种哲学反思。

三、数学学科的启示

纵观整个西方哲学史,对数学的"迷恋"可以说是一以贯之的④。历史上很多著名的哲学家,同时也都是数学家,如笛卡尔、莱布尼茨、帕斯卡、布尔查诺(Bernard Bolzano, 1781—1848)、怀特海(Alfred North Whitehead, 1861—1947)、希尔伯特(David Hilbert, 1862—1943)、弗雷格(Gottlob Frege, 1848—1925)、戈德尔(Kurt Gödel, 1906—1978)以及塔尔斯基(Alfred Tarski, 1902—1983)等。直到当代,几乎每个哲学家仍旧对数学给予某种哲学意义的关注。

而最早对"数"的抽象含义以及定形特征的见解源于古希腊的毕

---

① Descartes, *The Philosophical Writings of Descartes* (Vol I), trans. by John Cottingham, Robert Stoothoff and Dugald Murdoch, Cambridge: Cambridge University Press, 1985, p. 120.
② 前者主张知识的归纳,而后者主张知识的演绎。
③ [英]洛克:《人类理解论》(上册),关文运译,北京:商务印书馆,1983年,第13—14页。
④ Stewart Shapiro, "Philosophy of mathematics and its logic: introduction", in *The Oxford Handbook of Philosophy of Mathematics and Logic*, ed. by Stewart Shapiro, Oxford: Oxford University Press, 2005, p.3.

达哥拉斯学派。他们认为,"无定形的东西"不论是什么,都不足以解释万物的本原,而万物中所包含的数量关系却不仅可以解释具体事物,还可以解释抽象事物,而"毕达哥拉斯定理"的提出则进一步强化了"数"与"形相"分离的观念,从而使独立于经验图形的纯粹数学演绎成为可能①。但毕达哥拉斯所倡导的数学,毕竟更多地体现为一种超越感知世界的"思想范畴",因而还不具备学科意义上的规范性。到了柏拉图这里,他对数学的确定性也十分信赖。柏拉图将数学的本体论作为其形式论的模型,同时还将数学知识作为一般知识的模型。柏拉图的做法使得他直接淡化或忽视了从感官收集的信息,因此也为后来的理性主义传统奠定了思想基础,即理性主义者们通常热衷于将数学的方法论扩展到所有学科以及哲学知识之中。对他们而言,其目标就是效仿欧几里德的《几何原本》,为哲学原理提供公理以及明证。而亚里士多德对数学概念和对自然进程的理解从其《形而上学》E本中对"科学"类型的分类可见一斑②。其中,第三类"理论科学"(theoretical sciences)对事物的"如何"以及"为何"提供了解释。亚里士多德认为,理论科学中存在着两个变量:其一是科学现象到底是变动的还是不变的,其二是它们的本质或"存在"到底是独立的还是非独立的。在亚里士多德看来,"形而上学"关注的是不变的且独立的存在;"物理学"关注的是变动的且独立的存在,即一切自然现象;而"数学"处理的则是不变的且不能独立的存在,即人们发明的那些定量性抽象(quantitative abstractions),如数字(间断的量级)和几何形状(连续性的量级)③。因此到了17世纪的初期至中期,由于亚氏的追随者们坚持物理学和数学关注的是不同对象并拒绝在物理学解释中运用数学方法,这一阶段的核心问题便演变成了"如何保证在物理学领域实现定量的或是数学的规范性解释"以及"借鉴传统的实践数学原则并将其

---

① 邓晓芒、赵林:《西方哲学史》,第17—18页。
② [古希腊]亚里士多德:《形而上学》,吴寿彭译,北京:商务印书馆,1995年,第118—120页。
③ 除了第三类理论科学,亚里士多德还提出了实践科学(practical sciences)与创制科学(productive sciences),前者主要关注那些变动的、偶然的以及相对的事物;后者则强调人们生产或制作的东西。

第二章 莱布尼茨认识论的历史背景及理论渊源

纳入进自然哲学之中"①。

例如伽利略,他摆脱了之前一切的假设立场,将数学范式的天文学纳入自然哲学。他所提出的关于天体运动的见解,不论是和亚里士多德传统还是16世纪的宇宙学及天文学都有着天壤之别。伽利略试图发展一种机械性理论(其中首要的就是动力学),这使得哥白尼的"地动说"具有了自然哲学的意蕴,并颠覆了流行千余年的以托勒密"天动说"为基础的亚里士多德体系。而在力学方面,他为"运动"提供了第一个近代意义上的运动学处理方法,其中最为著名的是他提出并证明的有关自由落体和抛物运动的法则。在《关于两个新科学和数学证明》(1638)中,他以数学的形式呈现了虚空中的运动。既然物体在虚空中的运动是人们未曾经历也无法直接感触的过程,而物体运动的受阻却是经常遭遇的事情,且后者与前者不同,因此他的自由落体定律告诉人们,所有的物体在虚空中均匀地加速,而受阻时却截然不同。因此,伽利略对力学的建树已经使他"远远离开了经院派以人为中心的哲学","他要寻找自然现象间的数学关系……不管自然的理由是人类所能了解或不能了解的"②。随后,笛卡尔对数学的贡献则集中体现在他匿名发表的包含在《方法谈》中的小册子——《几何学》(La Géométrie, 1637)之中。正是源于代数和几何之间的特有关系,笛卡尔在这部作品里详细介绍了这种关于解决几何问题的开创性方案——他称之为"几何微积分"。具体而言,这种方法既提供了一种用于分析几何问题的创新性代数技术,又不失为一种理解曲线构造与其代数方程之连接的新颖方法,同时还是一种基于用于表示这些曲线方程程度的代数分类。笛卡尔在《几何学》中提出的解决问题的技巧以及数学模型的建立对近代早期的数学实践是异常新颖的,他所产生的非凡影响力使得牛顿(Isaac Newton, 1643—1727)和莱布尼茨得以在17世纪后期各自独立地发展了微积分理论。

---

① Stephen Gaukroger, "Knowledge, evidence and method", in Donald Rutherford (ed.), *The Cambridge Companion to Early Modern Philosophy*, pp. 49-53.
② [英] W. C. 丹皮尔:《科学史及其与哲学和宗教的关系》,李珩、张今校译,第114页。

因此到了牛顿时代，这位伟大的思想家除了在光学、机械学、力学、物理学以及宇宙学等方面建勋立业，他还以微积分的发明成就了他本人在数学方面的又一贡献。为解决运动问题所创立的，和物理概念直接相关的数学方法被他本人称之为"流数术"（method of fluxions and fluents）①。牛顿"将自古希腊以来求解无限小问题的各种技巧统一为两类普通的算法——微分和积分，并确立了这两类运算的互逆关系，从而完成了微积分发明中最关键的一步，为近代科学发展提供了最有效的工具，开辟了数学上的一个新纪元"②。以至于后来人们看到，与18世纪中叶就消散的笛卡尔主义者和莱布尼茨主义者之间的争端不同，牛顿主义者（Newtonians）与莱布尼茨主义者之间有关微积分以及空间问题的争论在18世纪的数十年中依然保持着哲学上的突出地位，并成为了法国启蒙运动中埃米莉·杜·凯梅尔（Emilie Du Châtelet, 1706—1749）的《物理学基础》（1740）的主要动力，更成为康德在18世纪70年代开展"批判哲学"的驱动力之一，并最终使其完成了《纯粹理性批判》。

总之，从狭义的方法论特征来看，数学的规范性和精确性使人们获得了物质不灭定律、力的相互关系定律以及化学亲和力定律等重大定律。由此宣告了关于可见的宇宙是从无中创造出来的神学理论以及其他各种神学传统的死亡，这些理论和传统牢固地根植于中世纪的神学思想和《威斯敏斯特教理问答》之中③。更为重要的是，从宏观的角度出发，数学所具有的形而上学特质又在认识论的层面开创了一条和经验主义相对的理性主义思路，因为在理解世界的认知过程中数学对于任何科学都是必不可少的。康德关于算术和几何是先天综合的论点是调和数学相关特征的英勇尝试。根据康德的观点，数学与空间和时间

---

① Jason Socrates Bardi, *Calculus Wars: Newton, Leibniz and the Greatest Mathematical Clash of All Time*, New York: Thunder's Mouth Press, 2006, p.v.
② https://baike.baidu.com/item/％E8％89％BE％E8％90％A8％E5％85％8B％C2％B7％E7％89％9B％E9％A1％BF/1119240?fr=aladdin&fromid=5463&fromtitle=％E7％89％9B％E9％A1％BF.
③ ［美］安德鲁·迪克森·怀特：《基督教世界科学与神学论战史》（上卷），鲁旭东译，桂林：广西师范大学出版社，2006年，第350页。

中的普通感知形式有关。从这个层面来看，数学应用于物理世界是因为它涉及人们感知物理世界的方式以及自然科学的基本结构和前提条件。数学知识是先验的，因此人们可以在没有任何特定经验的情况下发现这些预设条件。这就是数学得以应用的要点，因为人们不能以其他任何方式构造物理世界。由此，数学所发展出的抽象形式体系与逻辑系统并非为感官和经验所知觉和把握，这一切都使得有关因果性、物质、意识、知识以及宗教的根深蒂固的观念被予以重新评估或者修正，并为理性主义对抗经验主义提供了有力的理论依据和思想契机。也正因如此，莱布尼茨才以"理性主义者"的身份成为了数理逻辑以及符号学等学科的大师级代表，而形式逻辑的深刻印记在其认识论体系中也是有迹可循的。

第二节 理论渊源

对素有"人类百科全书"之称的莱布尼茨而言，他所关注的每一个问题不仅是其所处时代里各种思潮碰撞的结果，更是各种思想体系在历史长河中的表达及更新。因此，哲学史家们通常强调的思想"个体性"或"这个性"的东西，尽管针对的是某一时期所形成的哲学前沿问题，但究其根本，不同的哲学答案却依旧无法割裂彼此的亲缘关系[1]。莱布尼茨认知论的产生及其发展，也无疑反映出各种哲学传统的传承和流变。

一、形而上学传统

毫不夸张地说，西方哲学史的演进在某种程度上就等同于形而上学史的更迭。在"形而上者谓之道，形而下者谓之器"的二分中，便可窥见这种"求真""求知""求智"的思想脉络。而"形而上学"

---

[1] ［英］G. H. R. 帕金森主编：《文艺复兴和17世纪理性主义》，田平等译，"导论"，第1页。

(Meta-physics)这个字汇本身,表达的含义即是"物理学之后",它代表了一种对世界本原、始基、第一原因、终极实在的理智探求。尽管在希腊哲学时代,人们仍习惯于尊米利都的泰勒斯(Thales, BC624—BC547)为哲学始祖,但就形而上学而言,巴门尼德(Parmenides of Elea, BC515—BC450)才堪称西方哲学的真正奠基人,因为他一反米利都学派试图将自然物质视为万物本源的进路,明确提出了"存在"这个纯粹哲学性的概念,以至于黑格尔(G. W. F. Hegel, 1770—1831)《逻辑学》的第一个范畴就是巴门尼德的"存在"。而到了柏拉图,他的"理念论"则可被视为第一个完备的形而上学体系。无论是他在《斐多篇》中关于灵魂和相的相关讨论,还是在《国家篇》中通过太阳比喻、线段比喻以及洞穴比喻来强调相论的关键,抑或是《巴门尼德篇》中第一部分对相论的自我批判,其主旨都在于表明"相"或"理念"不仅是具体可感事物的根据或原型,更是它们追求的目标。

而作为形而上学的真正创始人,亚里士多德在《形而上学》第四卷中规定了第一哲学的研究对象为"作为存在的存在",而第五卷则讨论了"存在"以及"实体"等概念的含义,第六卷更进一步明确了"第一哲学"[1]。但是对于"更爱真理"的亚里士多德而言,他同时也在《形而上学》的第一卷展开了对其老师柏拉图的"理念论"的批判。在亚里士多德看来,"理念"作为"共相"或"形式",首先不应该独立于事物,而应该寓于事物之中;其次,论证"理念"存在的方法要么缺乏必然的推论,要么推导出的只是没有与之对应的东西,因而这种方法是不合理的;其三,如果"分有"的概念涉及"非实体"的东西,则"分有"不过是一种"诗意的比喻";最后,"理念论"轻视了感性事物,无益于人们的认知[2]。因此,亚里士多德后来检验了"实体"(ousia)的概念,并指出一个特定事物的"实体"来自"形式"和"质料"的结合。同时他也在《物理学》(184a10 - 16)的开篇规定,对于任何一门学科的研究(当然其中包括了物理学的研究对象),我们只有

---

[1] 张志伟主编:《形而上学读本》,北京:中国人民大学出版社,2010年,第49页。
[2] 邓晓芒、赵林:《西方哲学史》,第57—58页。

认识了一个事物的"本原、原因和元素",才能真正理解这一事物。

到了中世纪,神学家托马斯·阿奎那在亚里士多德哲学和基督教神学体系的综合下完成了经院哲学中的形而上学的理论建构。在这一阶段,实体中的"质料"被视为"纯粹的潜在"(pura potentia),这种"潜在"通过实体的"形式"呈现,所以质料不需要被赋予"量"(quantity)的规定性,而仅仅被"质"(quality)或"形式"(form)所规定。最终伴随着"质形论"的发展,"隐秘的质"等观念逐渐被经院哲学主导的神学辩护视为圭臬,并用以解释一切事物存在及变化的原因。可以说,阿奎那的理智努力实现了两个异质体系的彼此支撑。而统治近四个世纪的经院哲学的核心则涵盖了两个重要维度,即"亚里士多德主义思想在自然哲学理解中的有效性以及基督教神学在灵性层面上的启示性"[①]。

到了17世纪,围绕"实体"概念的形而上学探讨仍旧代表了一种"根植于亚里士多德的漫长哲学传统的连续",这是一种"关于宇宙的终极构成或实在的终极性质问题"[②]。然而,当新兴哲学家们面对自然物质世界的万千变化时,以"拷问一切权威甚至经典"的近代思想为发端,试图建立的是一种"知识统一性和连续性"的全新图景。17世纪的哲学家们逐渐注意到"隐秘的质"等传统观念对物质世界解释的失效,于是他们将经院哲学中不理智的元素予以摒弃,并将批判矛头直指亚氏的"真正的质"(real qualities)。他们认为,所谓"真正的质""尽管在修辞学上功效显著,但它却只具有论争的作用却不具实际含义"[③],自然的一切改变所遵循的必然是数学的法则。其中,笛卡尔的自然哲学正是利用了对亚里士多德主义不满的因素迅速成为直到17世纪60年代的主流观点[④]。因此,物质实体中"隐秘的质"开始让位于机械的物质观。

---

① Donald Rutherford, "Innovation and Orthodoxy in Early Modern Philosophy", in Donald Rutherford (ed.), *The Cambridge Companion to Early Modern Philosophy*, p.16.
② [英] 约翰·科廷汉,《理性主义者》,江怡译,辽宁:辽宁教育出版社,1998年,第82页。
③ Dennis Des Chene, "From Natural Philosophy to Natural Science", in Donald Rutherford (ed.), *The Cambridge Companion to Early Modern Philosophy*, p.73.
④ Dennis Des Chene, "From natural philosophy to natural science", in Donald Rutherford (ed.), *The Cambridge Companion to Early Modern Philosophy*, p. 75.

实际上，在笛卡尔之前，伽桑狄（Pierre Gassendi, 1592—1655）对古代原子论的复活，霍布斯（Thomas Hobbes, 1588—1679）在《论物体》中表明一般事物的原因是自明性的运动，以及伽利略用单一的数学性来描述物质等观点，都已然有着"新物理学"的意涵。但值得一提的是，由于笛卡尔思维范式的革新性，他依旧在近代哲学的思想演进中起着决定性作用。因此，"当亚里士多德自然哲学最终开始在大学里被替换时，它通常是被替换为笛卡尔哲学的一个版本"①。

首先，笛卡尔哲学存在着两个极为明晰的主题，即"新的自然世界的本体论和新的解释事物变化的方式"②。前者由"广延实体"（res extensa）、"精神实体"（res cogitans）及上帝构成；后者则以自然法则为担当。因此，造就中古时期与近代物质实体观的分殊就体现在笛卡尔仅仅将"广延性"定义为有形实体的本质。在《世界》里，笛卡尔表示"作为真正的物质，它是坚实的，它从我们所拥有的巨大空间的中心，平均地填充了所有的长度、宽度和高度"；在《哲学原理》中，他亦强调"物质或物体的本性，并不在于它是硬的、重的，或者有颜色的，或者以其他方式刺激我们的感官。它的本性只在于它是一个具有长、宽、高三量向的实体"③。因此，"物质性东西的本质是广延"。相较于传统亚里士多德将主动性归于事物的"质"，而被动性则关乎事物的"量"的做法，笛卡尔的观点的确有效地"排除了任何在物理解释中的主动性力量"④。不仅如此，他还排除了事物"质"的改变，并以局部运动，即"位置的改变"取而代之。所以，当笛卡尔将物质实体置入一个惰性的、被动的自洽世界的时候，其中必然投射出自身的宗教观：与机械论相一致的图景使笛卡尔视物质实体和精神实体为二元对立，因为"当他意识到需要在现象的层面、形而上的层面进行描

---

① [英] G. H. R. 帕金森主编：《文艺复兴和17世纪理性主义》，田平等译，第157页。
② Dennis Des Chene, "From natural philosophy to natural science", in Donald Rutherford (ed.), *The Cambridge Companion to Early Modern Philosophy*, p.75.
③ [法] 笛卡尔：《哲学原理》，关文运译，北京：商务印书馆，1959年，第35页。
④ Dennis Des Chene, "From natural philosophy to natural science", in Donald Rutherford (ed.), *The Cambridge Companion to Early Modern Philosophy*, p.75.

述时,他绝不允许在自然王国中存在任何因果性"①。更有甚者,他在《论人》中设想人类的身体与广延物质的创造是相似的,因此经院哲学用"灵魂"来解释物质身体的方式被替换为采用大小、形状以及运动的"机械性"概念②。可以说,以笛卡尔为代表的物质实体观的转变已全然迥异于中世纪形而上的魑魅世界——物质世界以规范性的方式清晰的展现在人类面前,为人类所获知。其次,以笛卡尔为代表的反经院哲学的实体观也清楚地体现在了新的认知方式上。笛卡尔反复强调"凡是我认识得清楚、分明的东西都是真的"③。他的实体判定标准"清楚明白"与亚里士多德传统中的"隐秘"形成了鲜明对比,其所主导的机械论哲学剔除了经院哲学中实体的神秘性解释。

但另一方面,近代的物质实体观却模糊了个体的自然种类和个体偶然性之间的区分:前者是必然的存在,而后者在没有被归入种属的时候是可有可无的。同时,物质实体机械性的"位置变化"虽然取代了带有目的论色彩的主动的"形式",但传统的"内在导向性"在某种程度上似乎却优于"孤立原则",因为人们所亲见的自然都是在某种内在指引下运动的,如种子自然地朝着成熟而生长。因此,新视野下的自然世界,虽然具有机械性特征,但井然有序的确定性却仍旧需要上帝的保证。《早期近代哲学剑桥指南》中提到,从"经院哲学的质料和形式"到近代"机械论的"物质观所出现的"转换是不均衡也是不完整的"④,从这个意义上讲,新兴的自然哲学在形而上学传统的感召下,哲学(或科学)的发展必然被吸纳进传统教条的框架之中,或许唯一的改变只在于对"上帝干预自然"的想法做出了一定程度的弱化。但不可否认的是,由笛卡尔所开创的对形而上学的声讨中,以"数学性模型"的"演绎性"引领了17—18世纪哲学家们对自然世界的全新理解,此后便造就了他们以各自不同的立场去看待神恩王国和自然王国

---

① [英] G. H. R. 帕金森主编:《文艺复兴和17世纪理性主义》,田平等译,第21页。
② Daniel Garber, "Descartes' physics", in *The Cambridge Companion to Descartes*, Cambridge: Cambridge University Press, 1992, p.290.
③ [法] 笛卡尔:《第一哲学沉思集》,庞景仁译,北京:商务印书馆,1986年,第69页。
④ Dennis Des Chene, "From natural philosophy to natural science", in Donald Rutherford (ed.), *The Cambridge Companion to Early Modern Philosophy*, p.67.

的关系,并发展出纷杂的诸多理论。诚如莱布尼茨在《新体统》中概述自己的思想发展时所说的,他一度被"机械地解释自然的美妙方式"吸引,而后又在 1686 年的《论哲学和神学中的正确方法》中表示:"许多有地位的哲学家们总是把物质的实质仅仅归之于广延,并由此得出一个物体的概念……这个概念不论对自然的现象还是对信仰的奥秘都不能公正处理"①。莱布尼茨"经过深思熟虑而回过头来之后,感到要仅仅在物质的或纯粹被动的东西里面找到真正统一性的原则是不可能的……因此不得不求助于一种可以说是实在的和有生命的点"②,并最终将自己的哲学立基在"实体"概念之上,建立了以"单子论"为核心,将单子视为"精神性"的认知主体的知识理论。这些都与形而上学之争脱离不了干系。

二、有神论图景

自基督教脱离犹太教的母胎并于 4 世纪成为罗马帝国的国教之日起,它就完成了由异端到正统的转变。然而,在基督教传播、发展并最终取得统治地位的过程中,神学与哲学的碰撞却是从未间断的。最初的教父哲学就形成于早期教父对信仰问题进行辩驳的回应之中。虽然持信仰立场的教父缺乏完备的哲学理论,但是当他们在建构神学理论的时候,却不自觉地以不同的方式去处理所知的哲学理论,或排斥(如德尔图良)、或求同存异以及改造利用(如克莱门特和查士丁等),而这就不免涉及很多哲学概念和思辨方法等哲学性元素③。因此,以理性的对话方式来表述以及论证基督教信仰的意图开始显现。到了西罗马帝国惨遭灭亡的 455 年,西方则又开启了长达五个多世纪的"黑暗时代"(6—11 世纪)。在这一阶段中,尽管文化倒退,智识蒙昧,但仍有少数思想家肩负着坚守信仰以及延续智慧火种的重任。如波埃修

---

① [德] 莱布尼茨:《莱布尼茨自然哲学著作选》,祖庆年译,北京:中国社会科学出版社,1985 年,第 34—35 页。
② [德] 莱布尼茨:《新系统及其说明》,陈修斋译,北京:商务印书馆,2002 年,第 2 页。
③ 赵敦华:《基督教哲学 1500 年》,北京:人民出版社,2007 年,第 56 页。

(Boethius, 480—525) 在困境中以《哲学的安慰》抒发了对人格神以及天命的信仰,爱留根纳 (J. S. Erigena, 810—877) 则用《自然的区分》实现了辩证法的开创意义,虽然二者的理论都在某种程度上被视为偏离基督教正统并过于仰仗理性,但在哲学与神学不分的时代,这种盘结和交织只能被视为有神论图景的必然。

时间推移至中世纪,经院哲学代表托马斯·阿奎那开始在哲学(理性)基础上重建基督教信仰,其中最著名的便是对"上帝存在"命题的"五路证明"。较之早期的"信仰寻求理解",阿奎那的证明方式则完全依托理性。在阿奎那看来,"作为认知上帝的基本方式之一,理性方法是与人类心灵的被造结构最为相宜的。始于感觉的理性认识,对于处在有形质料中的人类灵魂来说,无疑是合适的"①。因此,基于对理性的信任,他弱化了理性与有神论信仰的张力并将其转化为论证信仰的工具。这种带有强烈"神学内涵"的论证并不算是严格的"哲学论证",因为其中的"神学跳跃"是不言而喻的②。然而,我们应该看到,在"中世纪思想家的身上并无理性与信仰的分裂,却只见二者的和谐。存在即信仰,上帝即理性,本来没有矛盾"③。只不过为了能更好地彰显信仰的合理性和有效性,哲学或理性是行之有效的方式罢了。

到了近代,情况则完全不同,"哲学家并没有像僧侣那样组成一个阶层"④。如从事宗教事务的伽桑狄、马勒伯朗士 (Malebranche, 1638—1715) 和贝克莱 (George Berkeley, 1685—1753);身兼官职的培根、霍布斯及莱布尼茨;抑或是拒绝大学教职却以磨镜片为生的斯宾诺莎等,这些近代早期的哲学家们都以不同的社会身份来争取哲学思考的独立空间。在黑格尔看来,这种多样性意味着他们保持着与世界的普遍的、理智的联系,是世俗原则与自身取得和解的结果。因此

---

① 翟志宏:《论阿奎那自然神学的理性诉求及其近代反动》,《世界宗教研究》2006 年第 4 期。
② 翟志宏:《阿奎那存在证明的理性立场与神学内涵》,《人文杂志》2007 年第 2 期。
③ 赵敦华:《中世纪哲学研究的几个关键问题——读〈理性与信仰:西方中世纪哲学思想〉有感》,《北京大学学报》2007 年第 1 期。
④ [德] 黑格尔:《哲学史讲演录》(第四卷),贺麟、王太庆译,北京:商务印书馆,1983 年,第 15 页。

当其中的每一个人都声称自己是基督徒（斯宾诺莎除外）的时候，无疑暗示着信仰传统和神学论证依旧在此时占据着重要地位。因此，"与往昔传统决裂的激进观点需要被审慎看待"①，因为有相当一部分持保守立场的哲学家们仍然希冀去维系与先哲传统的连续性。他们所持守的基督教神学观念使其认为自然哲学（或科学）的发展是可以被纳入基督教理论的框架之内的。所以，激进革新和保守倾向的张力直接影响了这个时期宗教哲学的多元化趋向，以致出现了"人性范围内的宗教与宗教范围内的理性"②。最终，在宗教和哲学关系的这个问题上，近代早期的哲学家们据其立场被分为"兼容主义者"（compatibilists）和"非兼容主义者"（incompatibilists）两类③，而绝大部分的哲学家属于前者，他们包括伽利略、培根、笛卡尔、马勒伯朗士、伽桑狄、波义耳、莱布尼茨、洛克和牛顿等④。之所以被冠以这样的称号乃是因为在他们看来，自然哲学所带来的革新并不构成对基督教信仰的威胁，并且他们大部分都认同中世纪阿奎那对自然哲学和基督教神学综合的做法，认为理性和信仰是完全相容的。以伽利略和培根为例，前者以"日心说"成就了近代科学的伟大奠基却最终于1633年被宗教裁判所以"异端"思想裁决；后者以经验的方法成为经验论派的先驱和启迪者，并以"新方法"的提出而闻名于世。因此，在惯常的认知中，这两者实在很难与"兼容主义"划上等号。然而，在基督教有神论一统天下的近代早期，宗教观念仍是一以贯之的。正如卢瑟福（Donald Rutherford）所言："伽利略的科学立场不可避免地将他置于教会权威的对立面，然而他对科学理性的维护却依然基于《圣经》的基本真理

---

① Donald Rutherford, "Innovation and orthodoxy in early modern philosophy", in Donald Rutherford (ed.), *The Cambridge Companion to Early Modern Philosophy*, pp.14-15.
② 何光沪、任不寐、秦晖、袁伟时主编：《大学精神档案》（近代卷·上），桂林：广西师范大学出版社，2001年，"序言"，第2页。
③ 参 Donald Rutherford, "Innovation and orthodoxy in early modern philosophy", 载 Donald Rutherford (ed.), *The Cambridge Companion to Early Modern Philosophy*, p.31.
④ 这并不意味着所列举人物的神学观点都是正统。这种划分仅仅表示他们都是有神论者，并接受基督教信仰以及《圣经》的启示真理。

以及人性观的正统概念之框架。"① 而培根也同样如此,在宗教与新兴科学的调和中,他关注的是如何将自己的新观点与《圣经》中有关人类地位的阐释相一致的问题。而笛卡尔作为机械论的主要拥趸,虽然认为经院哲学中"形式"的神秘性无法媲美"数学法则"的演绎性和直观性,然而他却站在了支持天主教会的一端。所以笛卡尔的哲学体系被严格地限制在自然哲学和形而上学的范畴之内,他否认关于神学和政治学的新知识。从这些方面来说,笛卡尔可谓严格的"正统主义者"。而他最著名的追随者,法国的天主教神甫马勒伯朗士则将"理性的界限推向其逻辑的结论"②,这位偶因论者在其最重要的代表作《真理的探索》中"展现了他对两位精神导师(奥古斯丁和笛卡尔)的理论综合"③。马勒伯朗士虽然也支持机械论,但出于神学立场,他还是坚定地认为上帝是自然变化的唯一真正原因。值得一提的还有英国的经验论者洛克,他在大树理性权威的同时,也肯定信仰的地位。他承认上帝存在,是世界的创造者和宇宙秩序的安排者,但同时他还认同《圣经》是真理标准的看法,——假如一个命题符合它所说的启示,也应当被认为是真实的。可以说,"兼容主义者"们对信仰与理性所做的调和无一不是为了求得自然与神恩王国的统一。

另一方面,较之"兼容主义者","非兼容主义者"则要少得多。其中,他们又可以被细分为两类:一类像帕斯卡和培尔,他们发现了笛卡尔自然哲学中的反宗教兆头并立即予以了坚决的驳斥。他们虽然也接受科学的革新,但却始终认为宗教应该建立在信仰和启示之上,宗教与哲学的平等只能给基督教带来毁灭性的灾难。相较之下,第二类"非兼容主义者"虽也秉承启示宗教和哲学思辨的异质性,但他们却得出了更为激进的结论。这类哲学家们认为,17世纪流行的哲学观点已经开启了终结启示真理的发端,因而他们大多采取了"自然神论"

---

① Donald Rutherford, "Innovation and orthodoxy in early modern philosophy", in Donald Rutherford (ed.), *The Cambridge Companion to Early Modern Philosophy*, p. 22.
② Donald Rutherford, "Innovation and orthodoxy in early modern philosophy", in Donald Rutherford (ed.), *The Cambridge Companion to Early Modern Philosophy*, p. 29.
③ Steven Nadler, "Introduction", in Steven Nadle (ed.), *The Cambridge Companion to Malebranche*, Cambridge: Cambridge University Press, 2000, p. 3.

的进路，即上帝只参与创造，但不参与历史，甚至在这种理论的延伸之下，上帝成为了自然本身。他们抹杀了犹太先祖和《圣经》传统中的上帝形象，因此很多自然神论者或自然主义者均被视为"无神论者"而备受谴责①。其中，自然主义的观点在斯宾诺莎的著作中得到了最有力的表达。甚至有人认为"十七世纪关于上帝的哲学概念有着三种立场：理性主义者的上帝（the Rationalist God）（如莱布尼茨和马勒伯朗士）、意志论者的上帝（the Voluntarist God）（如笛卡尔），以及斯宾诺莎的上帝（the God of Spinoza）"②，因为后者的上帝不再是《圣经》中具有情感的亚伯拉罕的上帝，也不同于意志主义者眼中以意志决断操控世界的上帝，更不是理性主义者所认为的依照智慧目的有所选择的上帝。斯宾诺莎的上帝等同于自然。在斯宾诺莎看来，理性主义者的上帝遵循的关于真理和善的外在标准，实质上已经构成了对上帝全能和自由的一种限制，而"神乃万物本性与万物存在的第一且唯一的自由因"。不仅如此，他还视上帝为必然无限的存在。这种必然性和永恒性意味斯宾诺莎的世界不存在任何偶然性和自由意志。如果一切存在或运动都必然地来自上帝，那么源于上帝这个绝对本体的万物就和上帝本身不存在任何区别了，从这个角度看，斯宾诺莎解决了笛卡尔的身心二元问题。因为精神和物质作为上帝所具有的两种属性，本身就不存在对立，因为它们在本质上是完全相同的。然而，对斯宾诺莎的责难虽然集中在"泛神论"上，但他却并未把上帝从哲学中剔除。在《神学政治论》的序言里，他认为基督教《圣经》所揭示的并不是有关上帝的真理，而只是一系列道德禁令，他所寻求的是转变人们对道德标准基础的理解。因此，斯宾诺莎的独特性在于："他定义了启蒙运动背景下，一种坚定的形而上学自然主义的观点。"③

总之，有神论图景的全貌映射出的无非是对信仰和理性、神学和

---

① Donald Rutherford, "Innovation and orthodoxy in early modern philosophy", in Donald Rutherford (ed.), *The Cambridge Companion to Early Modern Philosophy*, p.33.
② Steven Nadler, "Spinoza, Leibniz, and the Gods of philosophy", in *The Rationalists: Between Tradition and Innovation*, Netherland: Springer, 2011, p.168.
③ Donald Rutherford, "Innovation and orthodoxy in early modern philosophy", in Donald Rutherford (ed.), *The Cambridge Companion to Early Modern Philosophy*, p.34.

哲学这一古老议题的再释。虽然近代的哲学家们日渐觉察到了科学革新和宗教信仰的张力,但两者根深蒂固的盘结却是无法挥之即去的。但另一方面,无论是对于兼容主义者还是非兼容主义者,意志主义者还是理性主义者,信仰的形式以及上帝的形象早已不同于中古大一统时代的幽冥感召了,因为"从最吊诡的观点来看,有一点是斯宾诺莎和莱布尼茨都认同的,即斯宾诺莎的上帝和笛卡尔的上帝更为接近。他们两者的上帝缺乏的是道德和心理的属性。换言之,上帝不具有护佑观念中的同人同性之特征。在斯宾诺莎看来,这正是美德(virtue);而在莱布尼茨眼中,这是致命的缺陷"①。

三、认识论立场的分野

从古希腊哲学开始,关于知识以及认知活动的探讨便初具雏形,其中,"经验主义倾向与理性主义倾向初步产生和分化"②。因此,相对于利用可感的自然物质说明世界本源,某些认识论者认为,理性主义倾向的论述最早可追溯至公元前6世纪的赫拉克利特,其所提出的"逻各斯"(logos)概念不仅将主观理性和客观规律进行了统一,更呈现出一种感官的可疑性。而毕达哥拉斯学派用"数"所建立起的抽象思维和思想范畴,以及爱利亚学派巴门尼德的"思维与存在的同一"和"真理"与"意见"的区分,无不展现出对感官的轻视以及对理性的信赖。接着,阿那克萨戈拉(Anaxagoras, BC300—BC428)的"努斯"(nous)进一步推进了精神和物质的分离。而智者派普罗泰戈拉(Protagoras, BC490—BC421)展露出的相对主义以及怀疑主义元素则撇开了世界本源问题,强调了人作为认知的"尺度"。最后,苏格拉底强调了美德的一般定义,并将"美德"视为知识。

到了柏拉图和亚里士多德时代,他们对知识问题的论述更为详尽

---

① Steven Nadler, "Spinoza, Leibniz, and the Gods of philosophy", in *The Rationalists: Between Tradition and Innovation*, p.181.
② 陈修斋主编:《欧洲哲学史上的经验主义和理性主义》,北京:人民出版社,2007年,第29页。

完备。柏拉图在《诺曼篇》《国家篇》《泰阿泰德篇》和《蒂迈欧篇》等作品中反复讨论了"知识与信念""知识与感官知觉"以及"虚假信念的可能性"等问题,对柏拉图而言,"由于他对感官总是抱有似信非信的缘故,知识的理念论就作为一种对'形式'体系的理解而保留下来"[①]。而亚里士多德却不像柏拉图这样深受感官价值论辩的影响,他试图以调和折中的方式联系感官和灵魂并旨在指出每类判断中的标准范例。他对逻辑学的贡献,更是以辩证的认知路径将客观事物的存在形式和主观思维联系在了一起。接着,随着希腊哲学与基督教的相遇,认识论中的宗教诉求日益彰显。到了中世纪时期,认识论的问题已经从对客观世界的认识转变为有关上帝的信仰命题。其中,因为"共相"问题极具神学内涵而一度成为这一时期认识论的主要问题。通常,实在论者(如安瑟尔谟)承袭的是柏拉图主义立场,认为"共相"独立于个别的客观实在,并构成个别事物存在的根据;而唯名论者(如阿伯拉尔、司各脱、奥康等)则遵循亚里士多德"第一实体"的观点,认为普遍性寓于可感事物之中,而抽象概念存在于思维和语言之中[②]。虽然"共相"争论的根源涉及的是关于"三位一体"教义的神学正统和教会权威,但实质上体现了经验主义因素和理性主义因素在经院哲学中的变体与延展。

到了近代,认识论问题则主要凸显在两个层面:其一表现为经验论与唯理论的明确分野;其二则是内在主义的发端。首先,经验论和唯理论这两种不同的认识论发生学形态体现着逻辑性的必然,因为这一时期哲学家的理智努力形塑了"对传统解释范畴的怀疑,使得认识论(相对于形而上学、伦理学、政治哲学以及神学)在近代早期哲学中受到了格外的偏爱"[③]。其中,培根、霍布斯、洛克、贝克莱以及休谟为经验论的典型代表;而笛卡尔、斯宾诺莎、莱布尼茨则通常被划

---

① [英] D. W. 海姆伦:《西方认识论简史》,崔建军译,北京:中国人民大学出版社,1987年,第12页。
② 托马斯·阿奎那作为温和的实在论者虽断言"共相"是独立的精神实体,但又强调这一客观实在存在于个别事物之前、之中和之后。
③ Donald Rutherford, "Introduction", in Donald Rutherford (ed.), *The Cambridge Companion to Early Modern Philosophy*, p.3.

归为唯理论者。例如,作为经验论的开创者,培根是在寻求自然科学发展的初衷下展开对人类成见和认知假象的清理与澄清。他详细地探讨了发现的程序及方法,简言之,他在感性材料的归纳考察中,通过"三表法"的分析和推理从而得到普遍性的公理知识。所以总体上看,培根"经验论"思想的本体论前提是"建立在常识基础上的唯物主义,而经验论和唯物主义间的复杂关系在培根这里并未展开"①。后继者霍布斯的经验论体系显然是对培根思想的系统深化。和培根不同的是,霍布斯所研究的科学对象集中在"物体"这个范畴上(其中包括自然物体和人造物质)。他明确地将"广延性"赋予物体,且认为物体的产生和特性"是我们能够认识的"。霍布斯相对强调理智推理的作用,因此他的经验论体系既不是科学的方法论,也不是一般意义上的认识论,而是对自然物体和人造物体的认识本身——一种实际的科学知识体系的建构。而到了洛克,对认识论先于形而上学和伦理学的立场使他认为,一切关于人类知识的本性、界限以及实体、天赋观念等问题的争论,都必须建立在对人类理智运作过程和机制的分析之上。其中,洛克以"白板说"对"天赋观念"所提出的分析和批判最为卓著,他在《人类理解论》中用大量的篇幅清算了人们在思想和认识上的混乱,并且从经验主义者的立场对观念的来源、产生、类别及其与事物的关系进行了梳理和澄清。洛克对人类知识普遍性的寻求,对知识客观性和真理性标准的探讨,无不体现了希腊传统中的"经验"观念:"如果认识论是关于知识和证明的研究,那么对于经验论者来说,知识和证明或多或少地和经验相关。"② 当然,后期的经验主义者休谟,不仅进一步反驳了实体性的主体存在,而且还继承了洛克对人类理智探究优先性的态度,并把对人性的研究看作一门基础性学科,但这位彻底的经验论者,却最终使经验论终结于不可知论。

另一方面,唯理论的兴起则以笛卡尔为典型代表。其哲学基石"我思故我在"(Cogito ergo sum)的提出无疑标志着理性时代的到来。

---

① 黄颂杰等:《西方哲学多维透视》,第240页。
② Stephen Hetherington (ed.), *Epistemology: The Key Thinkers*, New York: Continuum, 2012, p.111.

笛卡尔理性演绎的"基点"首要在于"自明性的直觉公理或命题",随后便是建基在这些命题之上的演绎和推理。笛卡尔的信念是要为哲学或整个知识大厦建立一个确实可靠的基础,因此,当他排除了一切"浮土和沙子",并对所有的事物进行怀疑之后,他发现了"我在怀疑"("我在思维")本身的不容置疑性,自此人类思维或意识的自确证得以完成。然而,由于笛卡尔囿于基督教思想框架,作为本体论原点的上帝和作为认识论原点的"我思"之间却存在着无法消解的矛盾。因而,当彻底的唯理论者斯宾诺莎出现时,他便将上帝转化为本体论和认识论上双重意义上的逻辑起点[1]。在斯宾诺莎对知识的分类中,只有第四类从事物的本质来考察事物而得来的知识才能帮助人们"直接认识一物的正确本质而不致陷于错误"[2],而这种寻求认知真理的方法则须以"真观念"为依据:"真理既然无须凭借标记,但只须具有事物的客观本质,或者换句话说,只须具有事物的观念就已经足够驱除任何疑虑。"[3] 斯宾诺莎不认同理智的推理历程,而强调"反思的知识"或"观念的观念"。最终,在斯宾诺莎那里,上帝实现了本体论和认识论的"基点"统一。

毫不夸张地说,这一阶段经验论和唯理论的各自发展可谓复杂纷呈。但无论是经验主义抑或理性主义,基本都是从人的认知能力即发生学意义来考察认识的起源、范围及客观有效性的。这种哲学层面的认识论试图回答的是"你如何知道"的问题,且"注意力更多的集中在认识辩护而不是知识上"[4]。加之近代早期理智背景中基督教信仰的深根盘结,哲学认识论的内核实质上仍旧无法脱离人类认知能力和宗教信仰的关系问题。最终,认识主体就以"信念论"的体现形式,通过其信念和心灵状态表现着外部世界和为信仰辩护。纵使如洛克与笛卡尔分属经验论和唯理论的两端,但他们仍旧在当代视角下被视为古典认识

---

[1] 黄颂杰等:《西方哲学多维透视》,第248页。
[2] [荷] 斯宾诺莎:《知性改进论》,贺麟译,北京:商务印书馆,1986年,第27页。
[3] 同上书,第30页。
[4] [美] 约翰·波洛克、乔·克拉兹:《当代知识论》,陈真译,上海:复旦大学出版社,2008年,第14页。

第二章 莱布尼茨认识论的历史背景及理论渊源

论中的"双塔"(twin towers)或"源泉"(fountainheads)①,表现为一种"内在主义"的形式。

首先,就"内在主义"(internalism)而言,它是一种"在传统认识论中起支配作用、以自我为中心的"学说。按照这种观点,"认识论的任务是构造某种来自内部,来自个体的优越性地位的信念原则或过程。……如此一来,客观最佳性并不能使信念原则成为正确的。只有当信念原则是在内部'可以确认'的状况下,它才是正确的"②。因此,内在主义强调的是心灵过程的本质要素。故,认识主体的内在状态一方面涵盖了"确证的资料与内容",其中包括"感性印象""理性直观""经验"与"信念"等;另一方面也涉及"进行确证的认识活动及其条件":如"正确的认识过程""相信""知识的标准"等③。所以,作为内在主义的发端,笛卡尔和洛克首要强调了内在确证的义务。对两者而言,责任和义务构成了有关信念的核心。例如,笛卡尔在《第一哲学沉思集》的"沉思四"中表示:"如果我对我没有领会得足够清楚、明白的事情不去判断,那么显然我是我把这一点使用得很好,而且我没有弄错。可是如果我决定去否定它或肯定它,那么我就不再是像我应该做的那样去使用我的自由意志了。"④ 而洛克在《人类理解论》中也说道:"造物主所以给(人)以那些分辨的能力,正是要使他应用它们,免于错误的。"⑤ 所以,他们都认为通过认知责任来规范信念才能获得正确的认识,人们需要在确证信念的过程中实现对自身内在能力的控制与相应责任。

其次,在内在主义的统摄下,古典认识论源头还体现出了基础主义的特征⑥。所谓"基础主义",在某种程度上可视为"解决知识上

---

① Alvin Plantinga, *Warrant and Proper Function*, Texas: Oxford University, 1993, preface, vi.
② Alvin Goldman, "The internalist theories of empirical knowledge", in *Midwest Studies in Philosophy*, 1980, p.5.
③ 陈嘉明:《知识与确证:当代知识引论》,上海:上海人民出版社,2003年,第130页。
④ [法]笛卡尔:《第一哲学沉思集》,庞景仁译,第62页。
⑤ [英]洛克:《人类理解论》,关文运译,第687页。
⑥ "内在主义"的基本表现形式为"基础主义"与"一致主义",它们论证的都是有关信念之间的关系问题,或是有关信念之间确证上的结构问题。

'回溯论证'问题的产物"①。在当代认识论的视野下，基础主义通常被比喻为"金字塔"，即"在知识命题（信念）中，作为基础的命题（信念）支撑着处于上面的命题（信念）"②。这种理性主义方式强调的是信念或知识的确证性特征以及命题的"基础性"与"非基础性"的地位区分。不得不承认，一个现代人往往从娘胎里就传承了这一"经典模式"③，并成为他（她）后来认识世界、观察问题的基本方式。以理性主义者笛卡尔的"我思"推演为例，"怀疑"作为武器在扫除了知识大厦的"浮土与沙子"之后，"我思"便完成了人类思维的自确证；而后，"我思"便作为基础演绎出了"我""上帝""世界"等一系列观念。这种建立在心灵内在状态的信念或逻辑命题，以其确定的、不可怀疑的基础性地位使其他的非基础性信念获得了确定性；而对于经验主义者洛克来说，他也认同绝大部分知识都是依靠演绎和中介观念的，只不过人们需要借助"理性"的力量来识别命题之间宽泛的逻辑关系。一旦"理性"校准了人类"意见"，知识的长真性与确定性就可以得到保障。总之，"基础主义"的主张涵盖了论证区分中的基础的与非基础的信念，同时也断定了基础信念的存在，因为只有这样，才能使确证的基本形式即回溯论证成为有效的，而不至于陷入无限的回溯过程之中。

认识论源远流长，从古希腊时期对认识途径的探讨到中世纪经院哲学中经验与理性因素的滋长，再到文艺复兴至近代经验主义和理性主义分化的延续，近代认识论所关注的问题之广、方向之新，都无不挑战着古典时代和中世纪的哲学主流。在这样的背景之下，认识论借由对人类知识条件和限制所作出的理智探究而成了哲学的核心问题。因此，有关知识的构成，怎样使知识得到保证，通过什么样的方式发现知识，以及以什么方法来确保对知识的合理性等议题都必然影响着

---

① 陈嘉明：《知识与确证：当代知识引论》，第183页。
② Ernest Sosa, "The raft and the pyramid", in Linda Martin Alcoff (ed.), *Epistemology: The Big Questions*, Oxford: Blackwell Publishers, 1998, pp.188, 199.
③ 这是当代改革宗认识论代表人物普兰丁格的观点，虽然普兰丁格是站在批判传统认识论的立场上，但他还是承认了"基础主义"模式在传统中的重要性。

莱布尼茨认识论体系的建立。因此，当莱布尼茨深处如此纷杂的理智洪流时，他一方面推动着各种学科的进展，从物理学、力学到语言学，从法学体系到二进制数学；另一方面他又自称"爱上帝者"，并希望借由认识论出发，将"神学、伦理学和理性"结合在一起，以达到对"上帝的伟大和圆满性"的深刻认识。不仅如此，他既坚定地站在理性主义的立场捍卫着"天赋观念"，另一方面却又对知识的起源、认知主体、过程及有神论信仰进行了艰苦卓绝的调和与更新。种种思想的革新与信仰的坚守不可避免地形塑了莱布尼茨宗教认识论的深度与广度。

第三章

莱布尼茨认识论中的基础与主旨

作为理性主义的继承者，莱布尼茨的贡献可以和洛克之于经验主义相媲美。虽然他毕生关注形而上学，但其认识论却更包罗万象。当洛克用《人类理解论》对人类的认知能力和知识范围做出详尽考察后，莱布尼茨却认为，洛克虽然提出了外部世界对人类思想内容的影响，但他却忽略了认知本质的问题。换言之，经验论者对认知本质的无能体现为对灵魂认知的缺乏。因此，当莱布尼茨选择用《人类理智新论》去逐一回应洛克的时候，乃是因为他意识到，只有灵魂才拥有观念和感觉，知识的来源必须寓于灵魂之中。不仅如此，莱布尼茨还以"单子论"的形而上学体系赋予灵魂以自主性和自足性。故，人们在接近灵魂（精神实体）中也了解了自身，所以灵魂的主动性可以帮助人们形成清晰自明的原初观念。总之，莱布尼茨的认识论和知识问题紧密相联，只有首先明确两者的关联，才能厘清其认识论的基础及其本质。

第一节 作为认识论基础的形而上学

自亚里士多德的形而上学或"第一哲学"提出对"实体"或"存在"的追问以来，对世界本源问题的探究就再也没有停止过。这种"一切存有所依赖的最后本源"萦絮在形而上学的整个发展历程之中。而莱布尼茨"首先作为一位形而上学家"[1]，不免陷入对这一传统问题的思量。同时，莱布尼茨的哲学整体上又带有某种综合性的特质：在宗教观上，表现为他对天主教和新教调和的希冀；在形而上学上，从溯源古希腊对柏拉图和亚里士多德思想的兼收并蓄，延伸至对中世纪经院哲学"实体形式"的引用和复辟；再到认识论上，他更是以新的高度和层面应对和挑战了洛克的"白板说"，并提出了"天赋观念潜在说"等理论。种种广纳无疑可以理解为莱布尼茨在构建哲学体系中的

---

[1] ［德］莱布尼茨：《神正论》，段德智译，北京：商务印书馆，2016年，"英译本导论"，第1页。

第三章 莱布尼茨认识论中的基础与主旨

反复锤炼，但若要对其认识论思想追本溯源，还是应该回到莱氏的形而上学建构之中。

一、实体理论

通常说来，莱布尼茨于 1686 年所著的《形而上学论》被认为是其形而上学体系之首次且完整的表达。在莱氏进行哲学思辨的早期文脉中，清晰的显现出这种体系的独创性，因为所有的原则都是围绕着"实体"概念展开的。有意思的是，在莱布尼茨对"实体"的概念和原则进行首次阐释之后，他又逐次对之进行过修正。这诚然可以解释为一位伟大哲学家从青涩到成熟的思维过程的转变，但从根本来看，"实体"概念却一直是莱布尼茨形而上学的核心所在，因为他曾宣布"实体概念是了解深奥哲学的关键"[①]。因此，从实体观可以窥见其形而上学的思想内容，并求得对知识问题更深刻的把握。

实际上，《形而上学论》对现当代人而言多少带有一丝"怪诞"的气息[②]，因为它全篇充盈着对上帝与受造物关系、恩典问题、奇迹的性质、恶的起源，以及灵魂不朽等问题的讨论[③]，而这在 17 世纪中期的欧洲却再寻常不过。因为当时大部分持"兼容主义"的哲学家出于对真理的追求，都试图促成基督教信仰和科学精神的融合，莱布尼茨也不例外。甚至可以说，此部作品的初衷在某种程度上正是源于他本人的神学委身，因而他意欲寻求的是一种既能满足新旧教双方信仰又符合特伦多会议（The Trent Council）精神的方法去解决棘手的神学问题[④]。其中，对"实体"的提出和阐述也贯穿始终——因为这是关于一

[①] 转引自费尔巴哈：《对莱布尼茨哲学的叙述、分析和批判》，涂纪亮译，北京：商务印书馆，1985 年，第 30 页。

[②] Christia Mercer and R. C. Sleigh, Jr, Metaphysics, "The early period to the discourse on metaphysics", in Nicholas Jelly (ed.), *The Cambridge Companion to Leibniz*, Cambridge: Cambridge University Press, 1994, pp.66-67.

[③] G.W. Leibniz, *Philosophical Essays*, trans. by Roger Ariew and Daniel Garber, New York: Hackett Publishing Company, 1989, p.35.

[④] 特伦多会议是指罗马天主教廷于 1545 年到 1563 年间召开的大公会议，属于罗马教廷内部的觉醒运动之一，其目的是为了抗衡路德宗教改革所带来的冲击。

切实存之所以存在和事物之本质的问题。

1676年,莱布尼茨以自白口吻写到:"形而上学本应该是以最精切的定义和证明来完成的,但是既然它并没有和我们已接受的概念形成太多的冲突,所以也就没有这个必要了。正因如此,我的形而上学体系是易于被接受的;而且一旦当它被证实,或者是人们随后更深入地研究它,他们自己就会得出必要的结论。不仅如此,一个独立思考的个人可以随后向这些人们展示对这些(原则)的理性思考方式。因此在我的形而上学体系中,对于理解那些权威性的智者们也是大有裨益的,因为他们的理性方式和我如此接近。"① 因此,对莱氏形而上学的理解既不能满足于他所提供的表面定义和证明,也不能轻易接受他对其他哲学家的论断。相反地,只有在定义的表象之下面挖掘出更为基本的假设,我们才可能达到他所谓的"理性思考问题的方式"。所以,基于早期文脉的复杂性以及他对"实体"观点阐述的反复修正,其形而上学哲思可以大致归结为以下数条:

1. "自足性原则"(The Principle of Self-sufficiency,简称PS),意指存在S当且仅当其属性的完满原因在S自身的本质中找到时,它才是"自足的"。

2. "实体的自足性原则"(The Principle of Substantial Self-sufficiency,简称PCS),"严格来说,对于任何存在S,它具有的属性P,且当P的完满原因在S的本质中找到时,则说P是存在于S中的"。

3. "实体的主动性原则"(The Principle of Substantial Activity,简称PSA),意指"一个存在S当且仅当它通过自身(per se)存在时,它就是实体。同时,这个存在S当且仅当它活动的原因是来自它自身的性质时,S是通过自身(per se)存在的"。

4. "充足理由原则"(The Principle of Sufficient Reason,简称PSR),意指"一切存在都有其存在的充足的理由"。

5. "圆满性原则"(The complete reason),它针对S的如下情况:

---

① G.W. Leibniz, *Samtliche Schriften und Briefe*, in *German Academy of Sciences*, Berlin: Akademie Verlag, 1923-, Volume VI, iii, p.573.

第三章 莱布尼茨认识论中的基础与主旨

（1）它是存在 S 的必要和充分条件；（2）当人们很容易理解为什么 S 和它的相反情况不一样时，S 是自明的；（3）对于 S 全部的陈述构成了对 S 全部完整的解释；（4）同一类事物不需要理由。以上的"圆满性原则"和"充足理由原则"则蕴含着其他的假设①。

可以说，这些最初的形而上学假设和原则暗示了宇宙及其创造者的存在。它们使这个世界呈现为主动的、自足的实体，且这些实体的本质构成了其自身的原因。因为自然界的整个序列可以还原为这些最根本的属性，所以世界被视为可被理解的以及可被解释的。早期的莱布尼茨认为并没有必要去为这些理论进行辩护，因为他的形而上学已经建立在对神圣智慧和理性的信仰以及对亚里士多德哲学中能动实体自足性的信赖之上。

而到了中晚期，也就是莱布尼茨哲学的成熟阶段（1686—1714年）②，他的形而上学则以《新系统》（1695年）和《单子论》（1714年）为主要代表：前者以"过渡性的"功用完成了对早期和晚期思想的联接；后者则是其成熟体系的核心③。在《新系统》中，莱布尼茨首先强调了"实体"作为"力"的原则以及"真正的统一"的基础性作用："我发现实体的形式的本性在于'力'，跟随'力'而来的是类似知觉和欲望的某些东西"；"我了解那些形式和那些灵魂，同我们的精神一样，应该是不可分割的……因为任何一个具有真正统一的（简单的）实体，唯有通过奇迹才能有一个开端和终结"④。其后，他又将"前定和谐"（pre-established harmony）学说提升为对"实体"总体性

---

① 以上参考了 Christia Mercer 和 R. C. Sleigh, Jr 的观点，见"The early period to the discourse on metaphysics", in Nicholas Jelly (ed.), *The Cambridge Companion to Leibniz*, pp. 71-74。
② 以 1686 年为分水岭，莱布尼茨的研究者们往往更倾向将注意力投向 17 世纪 80 年代以后，并认为这是莱布尼茨哲学的成熟期。而我国著名的莱布尼茨研究专家段德智先生也在《莱布尼茨哲学研究》中认为，莱布尼茨的哲学思想发展轨迹从 1676 年到 1716 年可分为四个阶段，即早年（1676—1686 年）、中年（1686—1704 年）、壮年（1704—1714 年）以及老年（1714—1716 年）。
③ Donald Rutherford, "Metaphysics: the late period", in Nicholas Jelly (ed.), *The Cambridge Companion to Leibniz*, 1994, p. 124.
④ ［德］莱布尼茨：《关于实体的本性和交通》，《莱布尼茨自然哲学著作选》，祖庆年译，北京：中国社会科学出版社，1985 年，第 66—67 页。

理解的结果①,而实体最初的"主动性原则"则支撑了"灵魂对自身状态负责且不被身体影响"这一特点。因此,《新系统》为其形而上学体系提供了第二个不可或缺的观点,即每一实体都自然地"表达"(express)或"表象"(represent)世界上发生的一切,结果便造就了实体的自身状态和外部事物间的直接相关性:"上帝如此创造了灵魂或任何其他的真实的统一体,以致一切都必须从其中发生,在它自己的外在的本质中,即具有关于其自身的完全的自发性,又具有与外在于它的事物的完全一致。"② 因此,无论是《新系统》的标题还是文本本身,都将"前定和谐说"提升为一种理论解释,一种不仅针对灵魂和身体如何进行沟通的解释,也是对两者如何进行联合的解释,更是对两者联合之合理性的解释。

而到了《单子论》,有关单子的探讨则将对实体的思考推向了顶峰③,"莱布尼茨的实体学说从本质上讲没有别的,也就是他的单子论"④。所谓单子,如莱布尼茨所言:"单子并非别的什么东西,而只是包含于复合体中的单一实体。单一实体,即不含多个部分的东西。"⑤ 所以,单子呈现的"单一性"或"单纯性"就是其形而上学思想的反映。同时,在物质观上,虽然莱氏"否定了物质现象和意识对象之间的本质区别和对立"⑥,但也正因如此,他恰恰又完成了单子和物质的联结,因为"单子既是不可分割的,所以它们不可能是物质的。然而,除非单子能够体现在我们周遭所见的物质现象和运动之中,否则没有任何意义。因此单子必须有一个物质身体(material body),通过其运动(motion)以表达其主动性;通过其受动表达其被动性。如果

---

① *Die Philosophischen Schriften von Leibniz*, ed. by Gerhardt, C.I, 4, reprinted Hildesheim: Olms, 1962, p.126.
② [德] 莱布尼茨:《关于实体的本性和交通》,《莱布尼茨自然哲学著作选》,祖庆年译,第72页。
③ Donald Rutherford, "Metaphysics: the late period", in Nicholas Jelly (ed.), *The Cambridge Companion to Leibniz*, p.132.
④ 段德智:《莱布尼茨哲学研究》,北京:人民出版社,2011年,第145页。
⑤ [德] 莱布尼茨:《单子论》,朱雁冰译,北京:生活·读书·新知三联书店,2007年,第481页,第1节。
⑥ 段德智:《莱布尼茨哲学研究》,第163页。

没有身体，就不会有任何受动（be acted upon），如果没有受动，就没有任何感知可言"①。至此，形而上学意义上的单子就和认知范畴下的感知行为搭建在了一起。正是这样，形而上学的思想内容才能作为奠基或是主导来统摄其他领域学说的建构。

二、形而上学对认识论的统摄

我国的莱布尼茨研究专家段德智先生在《莱布尼茨哲学研究》中，将莱氏的哲学体系划分为了三大板块，即本体论（形而上学）、认识论以及道德学（伦理学）。他认为，形而上学的原则因在其体系中享有"元哲学"的地位，故对其体系中的次级原则具有明显的统摄功能或支配作用②。的确，莱布尼茨哲学中的两大基本特质：一个是"作为一切事物与一切事物之间的联合（union）与交流（communication）的普遍和谐的观念"，另一个是"对莱布尼茨日后创建的单子论来说具有核心地位的极不寻常的点"使得有关世界的实在以及人类知识的繁复性和多样性复归了统一③，但也必须承认，形而上学统摄下的一切类似灵魂的"实体"在莱布尼茨这里都具有了知觉和欲望，因此它勾连起了认识论乃至宗教认识论的理论桥梁。

首先，莱布尼茨形而上学的核心——"单子"，以及每一独立实体都是整个宇宙世界的微观表象的提法是他与文艺复兴哲学相遇时所提出的，这引发了他的理念论倾向④，也为日后的理性主义或唯理论的认识论立场奠定了基础。众所周知，莱布尼茨之所以被视为唯理论的追随者首先在于他对天赋观念的拥护。在《人类理智新论》的前言部分，他就公开表示了对洛克"白板说"的反对："我们（指他自己和洛克）的差别是关于一些相当重要的主题的。问题就在于要知道：灵魂本身

---

① R.T.W. Arthur, *Leibniz*, Cambridge: Polity Press, 2014, p121.
② 参见段德智:《莱布尼茨哲学研究》，第 119—120 页。
③ Maria Rosa Antognazza, *Leibniz: An Intellectual Biography*, Cambridge: Cambridge University Press, 2009, p.44.
④ 在此只讨论形而上学对认识论的整体影响，"单子"概念的理论渊源会在下一节集中论述。

是否像亚里士多德和《理智论》的作者所说的那样，是完完全全空白的，好像一块还没有写上任何字迹的板（Tabula Rasa），是否在灵魂中留下痕迹的东西，都是仅仅从感觉和经验而来；还是灵魂原来就包含着多种概念和学说的原则，外界的对象是靠机缘把这些原则唤醒了。我和柏拉图一样持后面一种主张。"① 然而，和笛卡尔的"天赋观念"不同的是，莱布尼茨又创造性地提出了"天赋观念潜在说"，这指的是"观念与真理"并不是作为一种"现实"先天地存在于人们的意识之中，而是作为一种"倾向、禀赋、习性或自然的潜在能力天赋在我们心中。赫尔库勒的像就可以说是以某种方式天赋在这块石头里了，虽然也必须要加工使这些纹路显出来"②。正如精神性的"单子"所具有的认知能力并非从一开始就是清楚明白的，但其具有主动的"潜在能力"本身就表达了一种对形而上学、逻辑学以及数学这样的必然性真理的充分信赖。正因如此，即使缺乏外界的触媒或刺激，单子或心灵本身也并非空无一物，而是具有完全的认知能力。所以一切存在的始基必然归于精神，而非物质。因此，"实体"或"单子"成为其形而上学的核心，而单子的感知和欲望也成了认识论中的认知起点。

其次，莱布尼茨形而上学中关于必然真理的"矛盾原则"以及关于偶然真理的"充足理由原则"为两种知识的划分提供了一种认识论乃至信念上的合理性。人们是否能够在理性范围内实现对知识的达成，这本身就是一个值得探讨的问题。例如，经验论者就严格地将人类知识以及认知能力限制在经验以及外物的刺激之下，而莱布尼茨所确立的形而上学原则（"矛盾原则"和"充足理由原则"）却对知识的确定性加以了先在的肯定。他称"矛盾原则"为"理性的原初真理"③，即人们通过"直觉"——如人们认为一个东西非常清楚——就知道它是真的。因此，作为原初真理，它是不能被证明的。实际上，这个原则在知识的每一证据概念中都有暗示，对矛盾原则的证明本身就是对它的宣称。因此，矛盾原则是通过呼吁直觉而实现的，也是人们接受逻辑和

---

① ［德］莱布尼茨：《人类理智新论》（上册），陈修斋译，"序言"第3页。
② 同上书，"序言"第7页。
③ G.W. Leibniz, *Philosophical Essays*, trans. by Roger Ariew and Daniel Garber, p.321.

第三章　莱布尼茨认识论中的基础与主旨

数学有效性的理由。如果接受了它，那么就必须接受矛盾原则。换言之，推理是对这一原则的应用，否认它则相当于否认任何推理的可能性。

而"充足理由原则"则"在一个更世俗的层面被应用"①，它指涉的是为何一个事物是此而不是彼，为何一个事件发生了而不是其他。换言之，一切存在以及事件都有原因。可以说，充足理由原则暗示了对一切存在物的理解需要建立在对整个宇宙的理解之上，正如莱布尼茨写到："每一个物体可感觉到世界上所发生的一切，以致一个看到这一切的人便能够在每一个个体身上了解在一切地方所发生的事，甚至了解已经发生和将要发生的事。"② 因此，"我"的存在与整个宇宙是相关的，上帝创造了"我"而不是别人的这个选择和上帝创造这个世界的选择是同一的，反之亦然。最后，因为只有上帝才能对事物的无限链条有完整的认知，所以人们完全可以肯定，任何事情都有足够的理由，但人类却不能完全把握这些原因的细节。莱布尼茨这样的处理一方面使他的单子论走向了唯理论的极致；而另一方面，两种知识的区分和联系却综合地体现了上帝的全智和全善，并且使世界的客观有效性最终统一于前定和谐。因此，"从他剥夺自然科学知识的普遍性来看，又可以说他限制了理智能力的适用范围，从笛卡尔和斯宾诺莎的唯理论立场有所退却。最后，在关于两种知识的最终根据和客观有效性的论证中，莱布尼茨向我们再次证明了近代唯理论的基督教根源"③。

总之，莱布尼茨形而上学对认识论的统摄并不单纯地意味着前者的优越性或首要性，这种统摄毋宁在于形而上学体系及其原则对认识论立场以及原则的主导和渗透。正因如此，莱布尼茨在形而上学以及认识论中对矛盾原则、充足理由原则和圆满性原则等均有涉及，可以说，它们两者的关系并不是一种单向的线性关系，而是一种比这要复杂得多的多向性的互蕴互补的关系④。

---

① Franklin Perkins, *Leibniz: A Guide for the Perplexed*, New York: Continuum, p.15.
② [德] 莱布尼茨：《单子论》，朱雁冰译，第 61 节，第 493—494 页。
③ 黄颂杰等：《西方哲学多维透视》，上海：上海人民出版社，2002 年，第 250 页。
④ 参阅陈修斋：《莱布尼茨哲学所根据的基本原则及次级原则》，见《陈修斋论哲学与哲学史》，北京：人民出版社，2009 年，第 297—298 页。

第二节 作为认知主体的"单子"

关于认识对象、认识途径、认识方法及真理标准问题的讨论从未止息。无论是古典哲学家对自然本原的追索,还是中世纪神学家对终极实存的神性探讨,抑或近代早期哲学家们对现实世界的研究,人类作为认识主体的地位从未被撼动,因为理智和知觉本身作为人类的意识现象,处于认识活动的中心。如果没有认识主体,就没有认识活动本身,更遑论知识的传承。然而,在莱布尼茨的认识论中,最具特殊意义的非"单子"概念莫属。因为他不但将单子视为构成万物的始基,更将人类特有的知觉现象赋予了单子。可以说,"莱布尼茨的认识论,是他的'单子论'体系的一个组成部分,无非是关于人类灵魂这种'单子'如何凭其较其他动物等所具有的更清晰的'知觉'即'察觉'或'理性'来反映宇宙万物的学说而已"①。

一、"单子"概念的渊源

"单子"概念是莱布尼茨形而上学的核心。在这个体系中,"单子"即是他所言的"简单实体""不可分的点"或"形而上学的点",而这些都是他力图解决人类"两大迷宫"时所做出的理智思考②。实际上,在相当长的一段时间里,莱布尼茨都徘徊在近代机械论实体观和经院哲学的实体形式中,他既对经院哲学中的隐秘概念颇有微言,又不满于机械论物质观,认为机械论物质观无法解决"连续性"和"不可分的点"的矛盾。最终,在神秘主义思想影响下,他完成了"实体的形

---

① [德]莱布尼茨:《人类理智新论》(上册),陈修斋译,"序言"第39页。
② 莱布尼茨在《神正论》"前言"中写道:"有两个著名的迷宫,常常使我们的理性误入歧途:其一关涉到自由与必然的大问题,这一迷宫首先出现在恶的产生和起源的问题中;其二在于连续性和看来是其要素的不可分的点的争论,这个问题牵涉到对于无限性的思考。"见段德智译本,"前言"第61页。

第三章　莱布尼茨认识论中的基础与主旨

式"的改造,将构成事物的真正单元视为和灵魂一样的精神性实体。众所周知,百科全书式的莱布尼茨在阅读方面可谓杂家。在机械论大行其道的17世纪,霍布斯、伽森狄以及笛卡尔将非物质的精神实体从物理学领域中剔除,并将其建立在有形实体的物质属性即广延之上时,莱布尼茨却秉承了亚里士多德"质形论"的传统——将有形实体和精神实体进行综合,希望以此展现出现代人引以为傲的想法实际上都是源于先哲亚里士多德主义。然而,纵使亚氏的哲学影响了莱布尼茨"实体观"的立场,但若要在理智的宫殿登堂入室,柏拉图始终是一位绕不开的精神导师。因此莱布尼茨研究专家卢瑟福(Donald Rutherford)表示,"莱氏的哲学系统尽管综合了很多的来源,但柏拉图思想却形成了莱布尼茨作为哲学家的自我理解的核心"[1],故在《人类理智新论》中,莱布尼茨就开宗明义的表示自己"比较接近柏拉图"且"不得不比较深奥难懂和比较抽象一点"[2]。

首先从思想根源上看,莱布尼茨对柏拉图思想的承接体现在他对"现象"(appearance)和"实在"(reality)的区分,这一区分实质上受到了本体论中关于"自足存在"(self-sufficient existence)之必要条件这一问题的影响[3]。鉴于此,莱布尼茨认为真正的实在就是简单的、类似灵魂的单子,而所有物质只不过是现象,或是"半真实的"。延着这条思路,他认为现象与实在的区分涉及现实中的现象基础。在他的形而上学体系中,真正的终极实在既然不可能是有广延、有部分的物质事物,则只能是"没有广延""没有部分"的精神性的简单实体。因此,具有"良好基础"的物质现象从优先的精神实体中才能获得存在。

其次,从逻辑发展上看,莱布尼茨和新柏拉图主义中的神秘元素也有着非常紧密的联系,普罗提诺的影响尤为明显。威尔逊(Catherine

---

[1] Donald Rutherford, "Leibniz and mysticism", in Allison P. Coudert, Richard H. Popkin & Gordon M. Weiner (eds.), *Leibniz, Mysticism and Religion*, Springer-Science + Business Media, B.V., 1998, p.24.
[2] [德]莱布尼茨:《人类理智新论》(上册),陈修斋译,"序言"第2页。
[3] Donald Rutherford, "Leibniz and mysticism", in *Leibniz, Mysticism and Religion*, p.25.

Wilson)就曾表示,"普罗提诺也许是莱布尼茨思想上的近亲"①:第一,在神圣理智的问题上,莱布尼茨十分认可新柏拉图主义的观点,他相信普罗提诺的理解,即"每个意识都内在地包含着一个理智世界",这个世界包括上帝对自身的理解以及创造的可能性。因而莱布尼茨也认为"正是上帝的理智才造成了永恒真理的现实"。第二,和普罗提诺一样,莱布尼茨也相信"流射"(emanation)是受造实体的起因。所有的灵魂和意识都是由上帝创造的,莱布尼茨在《单子论》中写到:"唯独上帝是原初单一体(Ur-Einheit)或原初单子(Ur-Monada)。一切被创造或者衍生的单子都是他的产物,可以说它们是通过神性之无瞬息间断的闪光产生的——只是这闪光受到了本质上有限的创造物的接纳能力的限制。"② 因此,人们之所以在理智上能回应上帝,是因为人类已经接受——并持续接受——作为神圣理智的"流射"或"流溢"。第三,莱布尼茨和普罗提诺都对本体论中意识(灵魂)和广延(物质)的二分法予以反驳。二者都以直观的方式将物质归因于意识,因而意识的联合意味着物质主义的消亡。

最后,在莱布尼茨的学术轨迹里,他还与一种在 16 世纪中期流行的基督教喀巴拉思想有着紧密联系。这一思想的代表人物弗朗西斯·墨丘利·范·海尔蒙特(Francis Mercury van Helmont)。他所持的观点认为,物质不是真正的实体,仅仅只是一种对原初精神实体的修正(modification)③。他将事物形容为"呆滞的""死亡的""收缩的""沉睡的",而这一切都源于一种"缺失":"我们不承认神圣本质是可分的,但我们却非常尊重联合。造物主首先创造了无数的精神,在与这个至高者的合一中,最高的等级就是完满,所以上帝是完满。……而这些微粒,是外在于物质世界而造,它们虽不能拥有神圣本质,但却是由神圣本质产生、构成和创造的。因此,收缩被视为沉睡或死亡。

---

① Stuart Brown, "Some occult influences on Leibniz's Monadology", in *Leibniz*, *Mysticism and Religion*, p. 6.
② [德]莱布尼茨:《单子论》,朱雁冰译,第 47 节,第 490 页。
③ *Kabbala denudata*, 2 vols, Sulzbach, 1677, 1684; rpt. Hildesheim: Georg Olms Verlag, 1974, I, pt. 2, pp. 310 - 311.

第三章 莱布尼茨认识论中的基础与主旨

而至于觉醒,就有许多上升或下降的等级。死亡就是对上帝最远的背离;而最高的就是和上帝的联合(当然完全的联合是不可能的)。"① 显而易见,这和莱布尼茨在 1690 年左右关于单子和物质的观点非常契合,他只是将海尔蒙特的比喻合理化了。相比"呆滞""沉睡""死亡"的描述,莱布尼茨将这些基本概念转换成了更易于接受的哲学性词汇,即物质象征着被剥夺的状态。单子是"统一的"和"能动的",他们有"知觉",可以"思考";而物质是"被动的""惰性的""不能穿透的"。因此,在 1714 年的《单子论》中,所有的单子都被莱布尼茨赋予了知觉;唯一不同处只在于知觉的清晰程度,如他所言:"只要我们在我们的知觉中没有从中产生着强烈刺激的清晰而又相当突出的东西,我们便总是处于麻木状态。这在事实上就是完全单纯的单子之状态。"② 总而言之,单子概念的产生折射着莱布尼茨的形而上学与神秘主义传统下的神哲学思想的交织。

二、"单子"的特性

莱布尼茨的《单子论》是受萨瓦亲王之邀写就的,是其成熟时期哲学体系的观点表达。如果按照罗素的解读,"单子论"至多算作其逻辑学的一种表达。因此,一种典型观点认为,单子论的形而上学体系和方法论不过是他数学和物理学的一种"应用"③。然而,对实体问题的提出和建构却贯穿在莱布尼茨毕生的哲思之中——因为这是关于一切实存之所以存在和事物本质的问题。所以,单子论体系不仅起源于传统哲学与新兴自然哲学,即经院哲学亚里士多德的"形式"观点和"机械论"之间的角力,更源于莱布尼茨对形而上学及神学上的委身。可以说,这个体系"承担着个体性(individuation)与随附性

---

① *Kabbala denudata*, 2 vols, Sulzbach, 1677, 1684; rpt. Hildesheim: Georg Olms Verlag, 1974, I, pt.2, p.312.
② [德]莱布尼茨:《单子论》,朱雁冰译,第 24 节,第 485 页。
③ G. Solomon, "Leibniz' monads: a heritage of gnosticism and a source of rational science", in *Canadian Journal of Philosophy*, 1980, p.10.

（supervenience）的属性。这些'形而上学的点'在每一个事物完整地分裂后都能被找到，在这种异构的单纯性形而上学中，单子的属性为整体性提供了最为终极的原生基础（subvenient base）"①。因此，当莱布尼茨意识到机械论物质观的缺陷，即"连续性"和"不可分的点"或"整体"与"部分"的矛盾后，他开始了对"实体形式"的复归。而伽桑狄这样的原子论者在强调"不可分的点"的同时却失掉了事物的"连续性"；反之，如笛卡尔或斯宾诺莎，他们则在肯定了"连续性"后又否定了"不可分的点"。

所以，在确立了单子的实体性之后，莱布尼茨便着手对单子的特性进行细致的阐述。首先，莱布尼茨将单子视为上帝创造的奇迹，一切被创造的或者衍生的单子都是上帝的产物。"它只能通过创造而开始，因被消灭而中止"②。因此，所有的生物"从严格的意义上看没有完全的新生，绝没有灵魂脱离驱体的、完全的死亡。我们称之为生育者实际上是发展和增长。同样，我们称之为死亡者是收缩和减少"③。所以，单子是没有部分的精神性实体。同时，"一切单一实体或被创造的单子都可以被称为灵魂"④，从这个特性中便引申出莱布尼茨对"灵魂不死"教义的秉承，而单子作为认识主体，也就是人类的理性灵魂开始认识活动的基础。

第二，"单子没有使某种东西能够藉以进出的窗口。……不论实体还是偶然的东西都不可能从外部进入一个单子之内。"⑤ 这意味着单子之间相互独立且互不依赖的同时，它们与现象世界也不存在实质的联系。但问题在于，如果内在封闭性是单子的本质属性，那么实体单子又如何在认知过程中充当表象世界和反映宇宙的角色呢？世界的和谐一致与能动性又是如何形成的呢？作为一名唯理论者，莱布尼茨在解决这个问题时，在有神论的框架下援引了一切单子的共同起源——最

---

① Glenn A. Hartz, *Leibniz's Final System: Monads, Matter and Animals*, New York: Routledge, 2006, p.47.
② ［德］莱布尼茨：《单子论》，朱雁冰译，第 6 节，第 481 页。
③ 同上书，第 73 节，第 496 页。
④ 同上书，第 19 节，第 484 页。
⑤ 同上书，第 7 节，第 481 页。

高的单子即上帝的存在。在莱布尼茨看来，单子虽然与现实世界以及其他单子没有物理意义上的相互作用，但它们却有着理念上的联系，它们之间的和谐能动都是由上帝保证的。上帝在创造单子的时候也规定了它们的秩序，这种秩序使得每一单子具有关于同一个宇宙的知觉。单子之间理念上的联系就这样得到了保障：上帝在规定某一单子未来发展变化的程度和过程的同时，还考虑到了其他单子变化的程度及过程，最终，所有单子的发展变化都能够和谐一致地进行。这种在创世之初就已被规定好的单子间理念或形而上的联系，被莱布尼茨称为"前定和谐"。因此，"每一个单子都是能表象的，同时也是宇宙的表象。每一个单子全部本身就是一个总体，本身就是一个完整的世界。不过这种表象还不是一个意识到的表象；那些赤裸裸的单子本身也同样是宇宙，区别就在于这个宇宙或总体在单子内部的发展。在单子中发展着的东西，同时也与其他一切发展处在和谐中；这是唯一的和谐……如果我们完全认识了一粒沙，就可以从这粒沙里理解到全宇宙的发展"①。

第三，由于莱布尼茨视单子为精神性的实体，因此它不具有物理的广延性，如此一来，单子就失去了量的规定性。同时，莱布尼茨还通过"不可辨别者的同一性"观点认为"在自然界中绝没有两个完全一样的本质"，"每个单子甚至必然有别于其他任何一个单子"②，所以，单子没有量的区别，只有质的区别。同一性原则通过分析和论证，一方面以完全的概念分析作为逻辑论证的基础，另一方面蕴含着形而上学和神学内涵。正如上帝这一最高单子，"（他的）圆满性要求他的一切行动都符合他的智慧"③。正如每个人对事物的认知都会有自己的表达，这个原则使得认知主体的多样性得以确保，同时也对认识对象的异质性作出了更为清晰的判别。最后，"单子都经受着变化，甚至可以

---

① ［德］黑格尔：《哲学史讲演录》第四卷，贺麟、王太庆译，商务印书馆，1983年，第181页。
② ［德］莱布尼茨：《单子论》，朱雁冰译，第9节，第482页。
③ ［德］莱布尼茨：《莱布尼茨与克拉克论战书信集》，陈修斋译，北京：商务印书馆，1996年，第39页。

说这种变化一直在每一单子中进行着"①，而这种变化的动力则来自灵魂属性中的知觉和欲望："那造成从此一知觉到彼一知觉的转换或者过渡的内在原则的活动，可以称为欲望（Begehren）。固然，欲求并非任何时候都能够圆满达到它所追求的完整观念；但是，它每次总有所得，并达到新的观念。"② 至此，莱布尼茨的单子论体系就和认识论产生了联系，它们不仅不能割裂，更是彼此的体系支撑：正是因为作为认知的主体的单子具有这样一系列特征，人们才能在考察认知能力的过程中引入精神性的灵魂、知觉以及觉察等概念，从而使认识论和本体论相互统一。

三、"单子"与认知

从根本上说，认识起源于认知主体的思维活动。所谓认识，只能是人的认识。因此，当近代早期的哲学家们，无论是经验论者还是唯理论者展开他们对认识论问题的分歧之前，对认识主体的探究就显得非常必要。实际上，这种对人类精神活动性质的研究古已有之，从灵魂作为意识之承载者的观念开始就已见端倪。例如，柏拉图认为灵魂居于"理念世界"的时候，就已对理念有了认识③；而亚里士多德则将灵魂视为蜡块，他认为思维对象会在认知主体即灵魂的认识过程中留下痕迹；到了中世纪，神学家阿奎那在考察人类灵魂的能力时进行了三种类型的区分：作为理智前奏（praeambula）的能力、理智能力以及欲望能力④。同时，阿奎那还特别关注了感觉能力，尤其在讨论外感觉时，他强调了视觉的"最富于精神性"与触觉"最具物质性"的对照。"阿奎那的这样一种外感觉理论显然促成了西方认识论史上由'视觉中心论'向'触觉中心论'的转变。"⑤ 如洛克的感觉论，至少就其注重

---

① ［德］莱布尼茨：《单子论》，朱雁冰译，第 10 节，第 482 页。
② 同上书，第 15 节，第 483 页。
③ 北京大学哲学系西方哲学史教研室编译：《古希腊罗马哲学》，北京：商务印书馆，1961 年，第 191 页。
④ ［意］托马斯·阿奎那：《神学大全》，第一集，第六卷，段德智译，北京：商务印书馆，2013 年，第 95—97 页。
⑤ 同上书，第一集，第一卷，段德智译，"序言"第 32 页。

第三章 莱布尼茨认识论中的基础与主旨

触觉而言，应该说是与阿奎那的感觉论一脉相承的。因此这种观点不仅对认识论，也对物质观的形成产生了重大影响。而至近代，由于机械论物理学的盛行，经验主义者开始倾向于物质性身体与精神性灵魂的融合，例如洛克在关于认识主体的人的学说中就包含着二元论的成分①。所以，当理性主义者莱布尼茨出现时，他的认识论思想无疑重新否认了物质身体的实体性，从而树立了精神性单子的实体地位。因此，单子所具有的知觉和欲望能力是以单子或灵魂为认识主体开展认识活动的前提。

首先，每个单子都具有的知觉和欲望的能力体现出了精神生活即认识活动中的被动性和能动性。所谓"知觉"表现为单子以其自己的观点"反映"宇宙的能力："同一座城市从不同侧面看总是呈现出异样。"②虽然这种有限"知觉"的能力只能窥见宇宙大全的一隅，但正是源于观点的不同，才使得单子间彼此区别的"量"的规定性获得了个体属性；而"欲望"则是单子产生变化的"本原"，在"欲望"的推动下，虽"并非任何时候都能够圆满达到它所追求的完整观念；但是，它每次总有所得，并达到新的观念"③。因此，单子的内在属性肯定了认知活动的内在性、多样性以及连续性。因为每个单子被上帝创造的瞬间就被赋予了知觉，只不过这种知觉千差万别，但之后随着欲望的驱使，单子的认识活动得以继续推进。

其次，由于单子的"知觉"清晰程度不同，莱布尼茨又将单子分为了三种类型或等级：最低级的是无清楚意识的单子（或赤裸裸的单子），它所对应的是无机界和植物界，它的知觉等级是微知觉；第二种较高等级的单子是灵魂（或动物灵魂），所对应的对象是动物，其知觉等级表现为感觉、记忆以及想象；第三种更为高等的单子是心灵（或理性灵魂、精神），它对应的是人和天使等，知觉等级体现为理性。"如果我们要将从上面所阐明的一般意义上知觉着和欲求着的一切东西称为灵魂，那么，一切单一实体或者被创造的单子都可以被称为灵魂。

---

① 陈修斋：《欧洲哲学史上的经验主义和理性主义》，第166页。
② ［德］莱布尼茨：《单子论》，朱雁冰译，第57节，第492页。
③ 同上书，第15节，第483页。

可是，由于自觉的感知稍高于朴素的知觉，所以，对于只拥有朴素知觉的单一实体而言，'单子'或者'隐泰莱希'这个一般的名称也就足够了。相反，'灵魂'这个名称只留给那些知觉比较清晰且伴有记忆的单子。"① 所以，在莱布尼茨的认识论中，他不仅秉承了人类理性灵魂的传统，更在知觉等级中加入了"微知觉"这一范畴。因为单子的知觉是可双向变化的：不仅可以由不清晰变得较为清晰，也可以由较为清晰变得不清晰。因此，认识主体的知觉等级不仅形成了一个"连续性"的不间断的序列，"微知觉"甚至成为一切意识的起点，因为"我们所知的一切都是由我们的本性发展而来的，就是说它是通过反省，通过对以前无意识的知觉加以意识而获得的。因此，一切归根到底就依赖于无意识的知觉，这种知觉的可能性被洛克所否认，而其必要性却为莱布尼茨所证实"②。

最后，莱布尼茨还认为人类理性灵魂具有感知和观念的功能。值得一提的是，这里的感知和单子的内在知觉是不同的，感知的立场虽和经验论者的观点一致，即也认同人类的感知是由外部世界引起的，但莱布尼茨却认为灵魂预先为所有的知觉提供了材料，"我们可以说灵魂本身是它自己的直接的内在对象"③，因此，他修正了经验论者所持守的"凡在理智之中的无不先在感觉之中"（nihil est in intellectu, quod not prius fuerit in sensu）的准则，并将知识的来源规定为寓于灵魂（理性）之中。同时，在莱布尼茨看来，观念是表达事物本质和性质的直接对象。虽然他是一个先天论者，但和笛卡尔不同的是，他并不认为所有存在于灵魂中的内容都是清楚的或清醒的："因为灵魂是一个小宇宙，在其中的清楚的观念是上帝的一种表象，而那么混乱的观念是宇宙的一种表象。"④ 由此可以看出，由单子或灵魂展开的认知活动不仅和自然界的宇宙产生联系，也和神恩界的上帝有着关联。所以，单子与

---

① [德] 莱布尼茨：《单子论》，朱雁冰译，第19节，第484页。
② Bertrand Russell, *A Critical Exposition of the Philosophy of Leibniz*, New York: Routledge, 2005, pp.157 – 158.
③ [德] 莱布尼茨：《人类理智新论》（上册），陈修斋译，第82页。
④ 同上书，第82—83页。

第三章　莱布尼茨认识论中的基础与主旨

认识的关联体现了本体界与现象界的和谐。莱布尼茨把同时具有客体性和主体性的人的本性抽象为单子，用无限的单子构成了万物的始基。因此，单子也就是人的意识。同时，"莱布尼茨还通过单子的能动性和辩证发展反映了认识主体的能动性和辩证发展，从单子的封闭性和神创性中必然地引申出天赋观念"①，这便是其认识论的基础和实质。

第三节　知识的意义与范围

诚然，莱布尼茨的形而上学是以单子论为核心，围绕着实体、连续律以及前定和谐等问题展开，同时，他的认识论又旨在从唯理论的立场探讨知识的相关问题，但值得注意的是这两者并非彼此独立。因为"离开了莱布尼茨的'知觉'（一方面是作为认识能力的知觉能力，另一方面是作为认识活动的知觉活动）学说，我们便既无从深入地理解莱布尼茨的单子论，也无从具体深入地理解莱布尼茨的连续律和前定和谐说，甚至也无从深入理解莱布尼茨的物体哲学和现象主义……同时，离开了莱布尼茨的本体论思想，离开了莱布尼茨的单子论、连续律和前定和谐学说，我们便很难对莱布民茨的认识论思想有任何深入的了解"②。所以，即使站在认识论的角度，《人类理智新论》中所体现出的两者的联合与统一依旧是非常明显的：首当其冲的便是莱布尼茨关于意识本质的争论，它充分提供了对洛克进行批判的主要动力，并构成其认识论中最普遍的主题。可以说，"莱布尼茨对认识论所做的最大贡献正在于他对天赋观念做出的详尽精细的辩护。进一步说，对天赋知识的坚守必须被视为一个更普遍主题的根基，即知识的拥有和知识的基础"③。

---

① 韩越红：《从单子特性看莱布尼茨对知识主体的探究》，《昆明理工大学学报（社会科学版）》2004年第3期。
② 段德智：《莱布尼茨哲学研究》，第209页。
③ Nicholas Jolley, *Leibniz and Locke: A Study of the New Essays on Human Understanding*, Oxford: Clarendon Press, 1984, p.162.

一、观念和知识

自笛卡尔开启了近代理性主义的思潮以求得知识大厦的坚实基础，人类思维的自确证便成为了解决认识论问题的一个途径。换言之，认识论的问题和观念的确定性联系在了一起。实际上，笛卡尔虽然主张就观念本身来考察，当其不和外物联系时就不可能为假，但在观念的区分上，他还是分为了三种类型，即"天赋的""外来的"以及"虚构的"①。所谓外来的，指的是知觉的源头来自认识主体之外的东西，如"听见的声音""看见的太阳"以及"感觉到的热"；而虚构的指的是"心灵的虚构和捏造"，如美人鱼或飞马等不存在的东西；至于天赋的，则来自自身的本性。但在天赋观念中，只有"清楚明白"的知觉才是确知知识真实性的最终基础。因此，在笛卡尔看来，"真知识"（genuine knowledge）的标志就在于我们对事物有着"清楚明白"的观念，而这种观念是上帝赋予人们的，是先验的，是天赋的。在莱布尼茨这里，他保持了唯理论的立场，因为他也"倾向于强调与感觉作用相反的理智的作用，认为真正的知识是由理智提供的知识，因为只有在理智中才有知识所要求的确实性，而且，只有依靠理智方面独特的训练才能获得并保持知识"②。因此，在对天赋观念、数理形式以及认识有限性等本质问题的处理上，他和经验主义者洛克是绝对对立的。而《人类理智新论》的首卷章节就是回应"人心中是否有天赋观念"这一问题的。

在经验主义者洛克看来，所谓"观念"，就是"一个人在思想时理解中所有的任何物象"，如"幻想（phantasm）、意念（notion）、影像（species）、或心所能想到的任何东西"③。因此，观念是人类认识思维能力的一种体现。而"我们的知识只有关于观念"，换言之，"知识就

---

① ［法］笛卡尔：《第一哲学沉思集》，庞景仁译，北京：商务印书馆，1986年，第37页。
② ［英］D. W. 海姆伦：《西方认识论简史》，崔建军译，北京：中国人民大学出版社，1987年，第44页。
③ ［英］洛克：《人类理解论》，关文运译，第5页。

第三章 莱布尼茨认识论中的基础与主旨

是人心对两个观念的契合或矛盾所生的一种知觉"①。显然，洛克在这里体现出了一种内在主义的特征，即对心灵本质的强调，使认识主体的内在状态涵盖了确证的资料与内容。但是回到知识的源头问题，他显然又转向了经验主义的立场："我们的全部知识是建立在经验上面的；知识归根到底是导源于经验的。"可以看到，洛克虽承认了对观念的知觉，但他却反对"天赋观念"，认为其既无必要也无可能，在实践上更是毫无裨益。接着，在经验的分类上，洛克又主张"外部经验"和"内部经验"的区分，前者是由客观事物作用于感官构成，这形成了知识的绝大部分；后者指涉的是心灵反省时的各种内在观念，如思维、知觉、怀疑、信仰、推理等。所以洛克总结道："我们因为能观察所知觉到的外面的可感物，能观察所知觉、所反省到的内面的心理活动，所以我们的理解才能得到思想的一切材料。这便是知识的两个来源；我们所已有的，或自然要有的各种观念，都是发源于此的。"② 值得注意的是，正是由于这种区分，洛克让自己陷入了理论困境：如果他承认了在感觉活动之余也存在心灵的内在活动，那么心灵就不可能如他所言是一块白板了。所以，莱布尼茨在切中了这一要害后便对"白板说"进行了批判："也许我们这位高明的作者（即洛克）意见也并不完全和我们不同。因为他在用整个第一卷来驳斥某种意义下的天赋知识之后，在第二卷的开始以及以后又承认那些不起源于感觉的观念来自反省。而所谓反省不是别的，就是对于我们心里的东西的一种注意，感觉并不给予我们那种我们原来已有的东西。既然如此，还能否认在我们心灵中有许多天赋的东西吗？因为可以说我们就是天赋予我们自身之中的。"③

但是，如果莱布尼茨仅仅以唯理论的立场重申天赋观念，他至多只是对笛卡尔式的理性主义的重复。但实际上，在处理观念和知识起源的问题上，他对天赋观念的阐述再一次显现出其调和主义的特征。

---

① ［英］洛克：《人类理解论》，关文运译，第515页。
② 同上书，第68页。
③ ［德］莱布尼茨：《人类理智新论》（上册），陈修斋译，"序言"第6页。

因此,"天赋观念潜在说"不仅用以"消除笛卡尔天赋观念学说中存在'观念的天赋性'与'观念的自明性'之间的悖论"①,也在一定程度上吸纳了经验主义的精髓。莱布尼茨将观念视为一种"禀赋"(dispositions)并将之应用于观念天赋性的辩护。早在1686年的《形而上学论》中,他就表示:"我们的灵魂无论以何种本质或形式,当它在思考如何呈现自身的时候,都会有这样的倾向。我相信在性质、形式或本质这些问题的表达上,灵魂的这种禀赋就是一个事物的恰当观念,它是内在于且一直内在于我们自身的,无论我们是否想到它。"② 而到了《人类理智新论》,他对"禀赋"或"潜在性"做了更为精确的描述:"如果在这块石头上本来有些纹路……而赫尔库勒的像就可以说是以某种方式天赋在这块石头里了,虽然也必须要加工使这些纹路显出来,和加以琢磨,使它清晰,把那些妨碍其显现的东西去掉。也就是像这样,观念和真理就作为倾向、禀赋、习性或自然的潜能天赋在我们心中,而不是作为现实天赋在我们心中的,虽然这种潜能也永远伴随着与它相应的、常常感觉不到的某种现实。"③ 所以,莱布尼茨在天赋观念问题的处理上,并没有将所有的观念都归置入"完全先天的"范畴,因为他所提及的"禀赋"和"机能"(faculties)或"能力"(capacities)等概念并不完全等同。如果注意到物质的潜能,人们就能轻易地理解这种区分。例如,面对一个大锤,一张桌子可能会被锤子锤坏,但这并不足以说明桌子本身是脆弱的。因此我们对"易碎性"的分析必须来源于对刺激物(stimulus)本质的言说,这才能激发出潜在的可能性。所以,莱布尼茨在回应洛克的立场时,将物质的和心理的潜能进行了串联。一个物质对象坏掉了并不一定意味着它是脆弱的;同样的,我们对某一事物所产生的偶然想法并不意味着我们对这个事物拥有着完全天赋的观念,刺激物才是潜能实现的限制④。所以莱布尼

---

① 段德智:《莱布尼茨哲学研究》,第246页。
② G. W. Leibniz, *Philosophical Essays*, trans. by Roger Ariew and Daniel Garber, p. 58.
③ [德] 莱布尼茨:《人类理智新论》(上册),陈修斋译,第7页。
④ S. Brown, "The light of the soul: theories of ideas in Leibniz, Malebranche and Descartes", in *Analytic Philosophy*, 1994, 35(2), pp. 104 – 106.

茨一方面坚持人类先天的认知禀赋，另一方面也承认了后天的认识实践即刺激，只有这样，观念才能在主客体的互动中形成知识并完成认识的推演和前进。在莱布尼茨看来，潜在的天赋观念既是知识的来源，也是其理性主义的一块基石。

二、知识的等级

在近代，一切证明认知是可能的主张都在试图评估经验和理性在获得知识中的地位和作用。而知识本身，作为认识论的真正焦点，它所回答的则是"知识是什么"的问题。因此，知识的等级实际上体现为一种认知规范，它不仅指导着人们关于认知合理性的形成和更新，更奠定了知识结构的基础。

实际上，对知识等级或区分的探讨古已有之。无论是柏拉图用"想象""信念""了解"以及"理解"这四个等级来划分知识的确实性程度，还是亚里士多德将知识等同于科学划分出关注改善生活的"实践性科学"（practical sciences）、关注生产或制作的"创制性科学"（productive sciences）以及关注事物何以如此的"理论性科学"（theoretical sciences）[1]，都说明了知识体系的区分历来是认识论的重要环节。到了以认识论为主导的17—18世纪，对知识的等级的区分变得更加系统和精细。例如，在经验主义者洛克的《人类理解论》中，他提出知识的对象就是观念，并认为"一切知识无非是两个观念之间是否契合一致的关系的知觉"。基于这种相关性，他将知识划分为四个层次："同一性或差异"（identity and diversity）、"关系"（relation）、"共存或必然的联系"（co-existence）以及"实在的存在"（real existence）[2]。同时，在知识的确实性层面，洛克又按照不同来源和"明确性及可靠性"程度，将知识分为三个等级："直觉的知识""解证

---

[1] Stephen Gaukroger, "Knowledge, evidence and method", in Donald Rutherford (ed.), *The Cambridge Companion to Early Modern Philosophy*, p.50.
[2] ［英］洛克：《人类理解论》，关文运译，第515页。

的知识"以及"感觉的知识"①。所谓"直觉知识"指的是人的心灵不需借助其他观念和推论证明,并对两个观念契合与否的直接觉察,如"白非黑",这类知识因强调"知识的不可抗性"被视为第一等级,因为除此我们"并不能想象自己还能达到更大的确定性";而"解证的知识"作为"次一级的知识",则需借助其他观念来推证两个观念的契合与否,如数学证明等,这类知识涉及"知识的推论且每一步都带有直觉的确实性"。洛克认为这两种知识涵盖了特殊存在的感性知识,"如果缺乏了这两种中的任何一种,则我们不论怎样确信它,它总不是知识,只是信仰或意见"②。但是,"解证的知识"却因其包含着观念中介,有时不免会为谬误留下空间:"在冗长的演绎中,因为所用的证明太多,所以人的记性不易永远把这种知觉迅速地、精确地保留起来,因此解证的知识不及直觉的知识那样完全,而且人们往往把谬论当做解证。"③可见,直觉的知识在洛克的认识论中已经具有了基础主义范式的雏形。最后,在"人心运用于外界特殊的有限存在时",洛克又添加了"感觉的知识",这是一种最直接的用感官实现的"与物象的接触",它虽只具有或然性,但因其强调与外物互动的真实感受,因而作为人类生活的可靠指导,也可以被归入知识之列。总之,洛克虽然在"观念"的分层和"知识"的等级上进行了不同维度的阐释,但实质上,"知识的对象就是心理图像以及这图像间的关系,而这些图像的判断生成本身就是观念呈现出的概念"④。从经验主义的立场出发,观念的关系归根到底还是经验中获得实存之物的关系,因此不存在非感官的呈现和外在于经验世界的理解,观念起源于经验,它们的范围被限制在这个事实里面。

而莱布尼茨针对认知的等级问题,在1684年《关于知识、真理和观念的沉思》的开篇段落中有着这样的表述:"我想要对我自己所建立

---

① [英]洛克:《人类理解论》,关文运译,第520—528页。
② 同上书,第527页。
③ 同上。
④ P.J.E. Kail, "Locke, Berkeley, Hume: epistemology", in Stephen Hetherington (ed.), *Epistemology: The Key Thinkers*, New York: Continuum, 2012, p.114.

第三章 莱布尼茨认识论中的基础与主旨

的关于观念和认知的不同种类及标准进行一个简要的解释。在我看来，认知既是模糊的（obscure）也是清楚的（clear），清楚的认知既是令人困惑的（confused），也是明白的（distinct）；明显的认知既是不充分的（inadequate）也是充分的（adequate）；同时它既是符号的（symbolic）又是直觉的（intuitive）。如果它既是充分的又是直觉的，那么它就可能是最完美的那一个。"① 在此，莱布尼茨是站在相同的认识论立场上接受和回应洛克的"直觉知识"的。但是到了《人类理智新论》，莱布尼茨则用"真理"的等级替换了知识的等级。他是以明确的理性主义立场反驳着经验主义的知觉论。实际上，"经验"之所以为"经验"，是因为经验本身无法察觉事物的本质联系。所以，莱布尼茨在对知识即真理问题的等级划分上更加细致：首先，在基于直觉认识的层面上，他区分了"原始的真理"和"派生的真理"，前者源于知觉，后者源于推证。接着，"原始的真理"又被进一步被分为"理性的真理"和"事实的真理"，前者为必然，其反面不可能；后者是偶然，反面是可能的。正如他本人所言："由直觉所认识的原始的真理，和派生的真理一样也有两种。它们或是属于理性的真理之列，或是属于事实的真理之列。理性的真理是必然的，事实的真理是偶然的。"② 最后，莱布尼茨又在逻辑的层面上区分了真理的"必然性"和"偶然性"。可以说，理性主义鼻祖笛卡尔在强调"我思故我在"时突出的是逻辑和直觉的必然，而莱布尼茨的超越之处则在于他对原初的直觉知识的否定。他在对洛克的回应中提及这个问题时说到："我们永远可以说，我存在这个问题是最自明的，因为它是一个不能用其他命题证明的命题，或者毋宁说是一条直接的真理。而说我思故我在，这真正说来并不是用思想来证明存在，因为思想和在思想是同一回事；而说我在思想，已经是说我在了。……那我们就可以说，我存在这个命题是一条公理，并且无论如何我们可以肯定这是一条原初的真理，或毋宁说是在复杂名词中得出的一种最初的认识，也就是说，这在我们知识的自然秩序中来

---

① 转引自 Marcelo Dascal (ed.), *Leibniz: What Kind of Rationalist?*, Netherlands: Springer, 2008, p. 214。
② ［德］莱布尼茨：《人类理智新论》（下册），陈修斋译，第 421 页。

理解是最初的被认识的陈述之一,因为很可能一个人从未想要到明确形成这个命题,但它对他来说却是天赋的。"① 这样一来,"一条真理究竟是必然的还是偶然的,并不是像通常人们所设想的那样,在于它究竟是来自直觉的或反省的还是来自推证的或感知的,而是在于它究竟是关于本质的还是关于存在的"②。从这个意义上说,莱布尼茨是在近代背景下真正理解了柏拉图理念论的第一人。

三、知识的起点

在认识论的立场上,近代早期的哲学家通常被分为唯理论和经验论两大阵营。莱布尼茨之所以被视为笛卡尔的追随者并立于理性主义者之列,主要源于他对"天赋观念"的拥护。在《人类理智新论》的前言部分,莱布尼茨就公开表示了他对洛克的反对:"我们的差别是关于一些相当重要的主题的。问题就在于要知道:灵魂本身是否象亚里士多德和《理智论》作者所说的那样,是完完全全空白的,好像一块还没有写上任何字迹的板,是否在灵魂中留下痕迹的东西,都是仅仅从感觉和经验而来;还是灵魂原来就包含着多种概念和学说的原则,外界的对象是靠机缘把这些原则唤醒了。我和柏拉图一样持后面一种主张,甚至经院学派以及那些把圣保罗(《罗马书》第二章第十五节)说到上帝的法律写在人心里的那段话用这个意义来解释的人,也是这样主张的。"③ 因此,对于寻求知识的方法,两种知识立场大体可以表现为归纳和演绎。

对于演绎的方法,笛卡尔确立了"我思故我在",即他通过思想的对象显现着意识,再通过"我思"的原则维护着想象的虚妄,并使"我思"具有了不可置疑性。莱布尼茨对笛卡尔的认同也在于此。在莱氏看来,这非常契合他对理性真理及事实真理的区分:前者有关同一律或矛盾律;后者则具有"我思"的意涵,这意味着当我在思考的时

---

① [德] 莱布尼茨:《人类理智新论》(下册),陈修斋译,第490—491页。
② 段德智:《莱布尼茨哲学研究》,第295页。
③ [德] 莱布尼茨:《人类理智新论》(上册),陈修斋译,"序言"第3页。

第三章　莱布尼茨认识论中的基础与主旨

候，我即刻就是有意识的。所以，莱布尼茨的事实真理加上笛卡尔的"我思故我在"，可以构成事实的原始真理①。然而，虽同样赞同理性演绎，二者寻求知识的方法还是存在着些许差异。首先，莱布尼茨反笛卡尔主义（anti-Cartesianism）的论调体现在对寻求真理原则的回应上，即"一生中尽可能地把所有事物都来怀疑一次"②。在《谈谈方法》的原则四里，笛卡尔说道："我们最初的怀疑是关于感官和想象之事物的存在。"所以在确知笛卡尔最终会对感觉或物质事物的存在提供证据后，莱布尼茨即刻的反映就是宣称这种怀疑主义的不可避免性。"为了寻求任何其他的真理或事实而不是徒劳无功，怀疑主义者们不可能有其他的要求"③，因此莱布尼茨认为怀疑的方法仅仅只是吸引眼球的噱头。在他看来，为了达到知识的确定性，非同一性公理的证据比笛卡尔式的怀疑要高明得多："笛卡尔怀疑一切的宣言或许会形成这样的一个概念，即我们必须要在一个原则中探寻理性，如果笛卡尔希望他的原则得到最佳的执行，那么他就应该证明这些科学原则。"④

不仅如此，莱布尼茨和笛卡尔的理性主义的最大区别还体现在知识的产生和"清楚明白的观念"的相关性问题上。还是在《谈谈方法》里，笛卡尔继"我思故我在"后认为："我就作一般地考察，看看一个命题必须具备什么条件才是真实可靠的，因为我既然已经发现了一个命题，知道它是可靠的，我想就应当知道它何以可靠。我发现，'我想，所以我是'这个命题之所以使我确信自己说的是真理，无非是由于我十分清楚地见到：必须是，才能想。因此我认为可以一般地规定：凡是我十分清楚、极其分明的理解的，都是真的。"⑤ 不难看出，笛卡尔用直觉和演绎取代了形式的有效性，他将直觉定义为"清楚、精细

---

① Nicholas Jolley (ed.), *The Cambridge Companions to Leibniz*, New York: Cambridge University Press, 1994, p.177.
② [法] 笛卡尔：《哲学原理》，关文运译，北京：商务印书馆，1959 年，第 1 页。
③ C. I. Gerhardt (ed.), *Die Philosophischen Schriften von Leibniz*, Vol. 4, Berlin: Weidmann, 1875–90; rpt. Hildesheim: Georg Olms Verlag, 1965.
④ 同上.
⑤ [法] 笛卡尔：《谈谈方法》，王太庆译，北京：商务印书馆，2000 年，第 28 页。

的意识概念，它如此容易明显，以至于我们在理解的时候没有任何可怀疑的空间"①。因此，认知起点的达成只有一种模式，即直接的看见、意识的洞见，或是直觉。而对于对莱布尼茨来说，他认为人们大部分的思考都是"盲目的"或"符号的"，它们无处不在，且在代数和算数中的使用最广。因此，莱布尼茨认为，除非对观念中的"清楚性"标准给予明确说明，否则这个原则便无效。而通过逻辑分析和用定义说明何为"清楚性"是两种截然不同的进路："至于余下的，如几何学者常用的逻辑规则，作为真理判断的标准是不应该受到轻视的……当一个证明遵守了逻辑中的形式规定，这个证明才是合理的，尽管它没有必要时刻遵循经院哲学中的三段论形式，但是只有通过这种形式，我们才能得出关于某一论证的结论。"② 因此，"笛卡尔对旧演绎法的改造主要在于对演绎的出发点（理性直观）的确定，而莱布尼茨的主要贡献则在于对演绎过程本身（三段论）在形式化和精确化的推进"③。

莱布尼茨将激进的形式理性作为知识方法的根源。他认为只要"一般科学"和"通用字符"的基础还没有完成，计算或形式逻辑的方式就应该充当主导。虽然逻辑通过自身解决不了任何问题，但这并不意味着它们可有可无。通过逻辑或形式来保证真理非常必要，它既能通过一系列现成的知识原则找出线索或暗示，也能决定哪些原则会导致矛盾且并应该予以摒弃。而这正是计算或形式逻辑的独有意图。因此，当人们面对知识方法的争议时，形式逻辑可以帮助解决问题④。更进一步说，莱布尼茨的形式逻辑或理性不是抽象的中世纪的空洞逻辑，他在知识方法的确定性上首要关注的是每个人自身认知的合理性。正如他的单子论体系规定了每个单子对世界表象观点的不同，因此每个认识主体在认知中都多少存在着差异，但是莱布尼茨不在意这些差异，在他看来，正因人类与上帝同构，所以人类理性也具有神圣的合理性，

---

① S. M. Nadler, "Deduction, confirmation, and the laws of nature in Descartes's principia philosophiae", in *Journal of the History of Philosophy*, 1990, 28(3).
② G IV 425 – 26: L 294
③ 陈修斋：《欧洲哲学史上的经验主义和理性主义》，第282页。
④ Heinrich Schepers, "Leibniz's rationalism: a plea against equating soft and strong rationality", in Marcelo Dascal (ed.), *Leibniz: What Kind of Rationalist?*, p.17.

第三章　莱布尼茨认识论中的基础与主旨

只不过上帝这个最高的单子比人类这些相对较低的单子要完美。因此，作为理性主义者的关键，这既是他对传统的遵循，也是他在知识方法寻求中对确定性的建立。毫不夸张地说，笛卡尔的怀疑方法论清算了经院哲学"赞成和反对"的方法论，并建立了"我思故我在"的演绎基础；而莱布尼茨则以对逻辑和形式理性的确信突破了近代的理智困境：在经验和理性中，"只有理性能建立可靠的规律，并指出它的例外，以补不可靠的规律之不足，最后更在必然后果的力量中找出确定的联系"①。

第四节　知识与真理

真理观作为和认识论紧密相连的环节，体现着人们对认识过程的不断反思：信念为认识提供了确信知识发生的前提，观念为知识提供了基础和来源，而认识的终极目标却在于寻求一种为真的可供人类共同遵循的真知识。实际上，以巴门尼德对认识进行的"真理"和"意见"的划分为开端，朴素的"客观真理观"的已现雏形。这类真理以"唯一性"的特征要求人们以客观的标准对认识加以判别，柏拉图的理念论正是这类真理的初步表达。然而，在希腊怀疑主义的撼动下，客观真理观被随后中世纪基督教的启示真理观所取代。而到了近代，随着自然哲学和科学的兴起，在客观经验和天赋理性的两极张力中，主体真理观日益凸显："一方面，主体真理观企图论证人的认识乃是唯一以必然性为基础的，并认为这一基础是人的真理认识的可靠依据。另一方面，当人们在理性主义大旗下宣告真理时，都相当自信地认为已经把握了必然性。"② 因此，如陈修斋先生在近代哲学中提及真理观的问题时写到："认识的目的就是要求达到真理，因此解决什么是真理和怎样或能否获得真理的问题，在一定意义下也就是认识论所追求的最

---

① [德] 莱布尼茨：《人类理智新论》（上册），陈修斋译，"序言"第6页。
② 谢文郁：《基督教真理观与西方思想史上的真理观》，载许志伟主编：《基督教思想评论》第三辑，上海：上海人民出版社，2005年。

终目标。这就说明了真理观问题在以认识论为中心的近代哲学中的重要地位。我们看到，在经验派和理性派的争论中所涉及的认识问题，并不是不论什么认识的问题，而是关于真知识也就是关于真理的问题。"①

一、真理的标准

鉴于经验论者和唯理论者在认识论发生学意义上的明显差异，他们对真理标准的分野也是显而易见的：经验论者通常认为判定知识真理性的标准必须诉诸经验的检验和证明，即关于对象的"摹本"。因此总体来说，客观性是经验论真理观的主流。如培根，作为经验论的先驱，就认为知识是"存在的映象"，其真理性之标准不在于逻辑或感觉，而在于客观的实践，即实验。然而，由于近代经验论和唯理论的划分绝非壁垒森严，依旧有不少经验论者在理论建构上游移，并将知识的真理性归之于感觉或者观念。如洛克在《人类理解论》中第四卷第五章对"真理"进行总论时提到："真理就是各种标记（观念或文字）的正确分合"，这种分合"是属于命题的。命题分为两种，一种是心理的，一种是口头的"②。因此，在洛克这里，直观知识及证明知识的命题仅与观念有关，其真理性标准仅在于命题中观念的范畴是否融贯一致；而至于涉及经验事实的特殊命题，洛克则判定它们与事实相符的标准在感觉本身。故此，洛克不仅未能在经验论的立场中完成对真理标准的客观认证，反而在观念统摄下的心理和口头命题中滑向了意识的内在性和主观性判定。相较之下，以天赋观念和先验主义为基石的唯理论者，则认为真理的标准即在真理自身。他们或是如笛卡尔般在形而上学基础上认为真理是自明的，其"清楚明白"的特性就是区别于谬误的可靠标志；或是如莱布尼茨般在逻辑学意义上将知识的真理性视为其自相融贯而无矛盾。因此，针对真理的标准问题，莱布

---

① 陈修斋：《欧洲哲学史上的经验主义和理性主义》，第287页。
② [英]洛克：《人类理解论》，关文运译，第566页。

第三章　莱布尼茨认识论中的基础与主旨

尼茨的认识论体系无疑再次印证了他自身对形而上学、知识理论甚至是逻辑体系进行融合的初衷。

首先，在对洛克的回应中，莱布尼茨尖锐地指出："（观念的）符合，或者不符合，真正说来也不是人们用命题所表示的东西。……这里涉及的是完全特殊方式的一种符合或不符合。因此我认为（洛克的）这个定义完全没有说明问题所在的要害之点，（因为）您的朋友们总喜欢把本质、物种、真理弄成名义的。"[①] 在莱布尼茨看来，"把真理放在观念的对象之间的关系上比较好，这种关系使一个观念包含或不包含在另一个观念之中。这完全不依赖于语言"[②]。从这里，首先可以看到莱布尼茨真理理论中的"观念包含"立场，此立场意味着所有真正的命题既具有"同一性"又可以通过"同一性"的分析而被还原。在范畴类的命题中，"同一性"有着这样的形式：A 是 A，A 不可能是非 A。"还原"则是通过定义的使用来进行术语分析，或者通过等同术语的替换来实现命题的原始形式。因此，在没有明显同一性的真理中，概念包含理论意味着真理基础在于对命题形式逻辑的建构。其中，只要它和命题的真理相关，那么命题的联合和否定就可以通过简单的逻辑运算得到[③]。由此，莱布尼茨通过逻辑形式的明确性给予了真理以明晰确切的标准。

其次，在"观念"的问题上，他又树立了激进的反语义学立场。莱布尼茨一方面驳斥了洛克，另一方面也和同为理性主义者的笛卡尔相对。在《指导心灵的原则》中，笛卡尔认为人们熟悉的很多"简单性质"的观念是不可能通过分析被还原成更为简单的观念的。对笛卡尔而言，形状、广延、运动以及存续本身就是简单明晰的，这些观念间的原初必要含义不能以观念的联合或否定来实现。因此。笛卡尔并不认为观念间可以完成简单性质的联合。而对于莱布尼茨，他将真理定义为观念的包含，但却认为"这完全不依赖于语言"。这种立场的意

[①] ［德］莱布尼茨：《人类理智新论》（下册），陈修斋译，第469页。
[②] 同上书，第470页。
[③] Robert. M. A, *Leibniz: Determinist, Theist, Idealist*, Oxford: Oxford University Press, 1994, p.65.

义在于"以简单的观念为呈现并形成的命题,其真理性或谬误之区别完全不依赖于对象,甚至也不依赖于性质。它们的区别仅仅在于命题的逻辑结构,以及观念自身的内在逻辑。从这个意义上说,真理不是语义学的,而是有关命题的纯粹语法属性"①。此观点折射出了这样的意涵:如莱布尼茨所强调,所有的观念在本质上都是由简单观念所构成。那么,为了确定一个命题 P 为真,是否上帝也需要通过命题中简单观念所呈现的性质确知 P 的逻辑结构?同时,假设上帝凭直觉完成了对 P 的完整分析,其中每一个简单观念都是以符号的连贯和唯一性为表现,那么上帝则可以在不知道符号意义的情况下判断命题的真伪。当然,莱布尼茨的宗教哲学立场使其认为上帝的全智确知每一个命题中的简单观念;但是上帝关于命题之真理或谬误的知识则全然不依赖这种分析。而对于人类,则需要在确保"实在世界的关于简单观念的对称"之基础上完成知识命题的判断。因此莱布尼茨接着说道:"(这)是我们和上帝以及天使所共同的;而当上帝为我们显示出一个真理时,我们就获得了那在他理智中的真理,因为虽然就圆满性及广阔程度来说,在上帝的观念和我们的观念之间有无限的不同,但却永远的确是在同一关系中彼此相符合的。因此是应该把真理放在这种关系中,并且我们可以把不以我们的乐意与否为转移的真理,和我们所发明而认为是好的表述加以区别。"② 因此,莱布尼茨在命题真理性的标准问题上跳出了简单的经验或理性的二分,他强调的是形式逻辑在谓语逻辑解释中的优势,尽管这种形式并不确定;但是在形而上学的基础上,他以真理的包含理论作为"个体性""可能世界"以及上帝创造的源头,并以此确定了上帝理智的完满及造物主与受造物之间的区别。

二、真理的划分

在当代哲学认识论中,真理问题的讨论大致围绕四个宽泛的范畴

---

① Robert. M. A, *Leibniz: Determinist, Theist, Idealist*, Oxford: Oxford University Press, 1994, p. 66.
② [德] 莱布尼茨:《人类理智新论》(下册),陈修斋译,第 470 页。

进行：句子（说话的方式）、陈述（断言）、信仰（判断或思想）以及命题。这些范畴间的重要区别对于复杂的真理理论的理解非常重要。真理的持有者以涵盖任意一种类型来断言"X 为真"的做法似乎不太现实，因为真正的真理理论是以分离的形式呈现，即当 X 要么是真的句子，要么是真的陈述，要么是真的信仰或要么是真的命题的时候，X 为真。整体性的理论旨在凸显真理意义不仅仅是一个分离，而是为了使所有的子概念联系在一起形成一个单一的可解释的立场。为了达到这个目标，其中一种方式是通过选择一个真理持有者的类别并将其和子概念结合在一起作为基础的概念，而将其他视为派生的。那么这个基础的概念必须具备一些特征，且它本身不含有任何真理。而派生的真理则需要以此为基础，且必须和真理的持有者保持确定的关系[1]。因此，当代的认识论对作为真理持有者的信念表现出格外的兴趣：是信念本身包含着对错，还是真理价值从其他更为基础的真理价值中派生出来，这实际上也是真理划分的一种体现。

在近代早期，经验论和唯理论在真理问题上的分歧和争论在本质上虽然对"思维与存在的一致以及思想自身的逻辑一贯""各执一端"[2]，但其中也暗含了对信念真性问题的确证。因此，在真理划分的问题上，除了单纯对知识立场问题的合流与延伸，也涉及一些信念因素。例如，洛克在《人类理解论》中将记忆中的真理分为"人心可以确知的观念间的关系"的真理和"人心只记得自己的确信却不能记得其证明"的"信仰的真理"，虽然后者介于"意见"和"真知识"之间，但在"适当思考之后……它仍然不缺乏完全的确定性，而且实际上，仍然是真正的知识"[3]。由此可见，在真理的划分问题上，洛克一方面承认了知识的真理性在于观念与客观事物相符合，另一方面又认为一般的抽象知识如数学和道德原理来自与外部事物无关的内在确信，因而它们的真理性只是对任何观念间的一致或不一致的一种认识。所

---

[1] Ilkka Niiniluoto, Matti Sintonen & Jan Wolenski, *Handbook of Epistemology*, Netherlands: Springer, 2004, p.331.
[2] 陈修斋：《欧洲哲学史上的经验主义和理性主义》，第 312 页。
[3] ［英］洛克：《人类理解论》，关文运译，第 518—519 页。

以洛克实际上是将真理本身,即观念和事物的符合与真理的逻辑标准或首尾一贯混为一谈了。

而莱布尼茨关于真理问题的思考,学界曾一度以罗素《对莱布尼茨哲学的批判性解释》中的观点为主流,即"莱布尼茨的哲学几乎就是从逻辑学派生的"。但是在考察哲学和逻辑学的关系之前,必须要厘清"逻辑"这个词汇在语境中的具体含义。实际上,罗素并没有在有效的推论结构中考察逻辑;相反,他只考虑到了命题和真理的本质。而对莱布尼茨而言,真理理论假定了命题的性质:所有命题,无论是明确的还是隐晦的,都是建立在"主—谓"形式的一种有效推论上[①]。因此,在基于直觉认识的层面上,莱布尼茨区分了"原始的真理"和"派生的真理",前者源于知觉,后者源于推证。接着,"原始的真理"又被进一步被分为"理性的真理"和"事实的真理",前者为必然,其反面不可能;后者为偶然,反面是可能的。所以,段德智先生针对莱布尼茨的真理分类指出,由于一些学者对于莱布尼茨的认识论和真理观片面理解,他们往往只将理性真理和事实真理理解为真理划为的唯一形式,这种做法是不符合事实和肤浅的。因此,"在莱布尼茨真理观的内在结构中,这里所说的真理只不过是一种处于表层结构上的知识,只不过是一种'间接知识',其源头或根据则在于前面我们刚刚解释过的那样一种直觉的或反省的'原初的真理'。这样两类真理的主从关系,在莱布尼茨的著作中是交代得非常清楚的。莱布尼茨不仅如我们在前面所指出的,把由直觉或反省认识的原初真理理解为我们的推证的前提和对象,而且还在事实上把由推证认识的理性真理和事实真理理解为原初的理性真理和原初的事实真理的一种变形"[②]。

当然,在这两类真理的划分中,有两个原则也是不容忽视的,即"矛盾原则"和"充足理由原则"。这两大原则的意义在于给真理的包含概念原则提供了依据,前者帮助人们"判定包含矛盾者为假,与假的相对立或相矛盾为真";后者让人们明白"只要没有充足理由说明其

[①] G. H. R. Parkinson, "Philosophy and logic", in Nicholas Jelly (ed.), *The Cambridge Companion to Leibniz*, Cambridge: Cambridge University Press, 1994, p.199.
[②] 段德智:《莱布尼茨哲学研究》,第292页。

为此而非彼——任何事情都不能被认为是真正存在着或者生存着的，任何论断都不能被认为是真实无妄的"①。但是在认识论的层面，莱布尼茨并没有给予这两个原则以一致的论述，有时矛盾原则只是必要的假设；有时莱布尼茨又认为矛盾原则和其他的原则都应该是天赋的。但无论如何，一切对真理分类的回应都应回到莱布尼茨最初的立场："在每一个真正的命题中，不论是必然的还是偶然的，普遍的还是唯一的，谓词的概念就应该包含在主词之中。"② 而这是建立在对理性能力以及世界和上帝创造合理性的信任之上的：所有的概念都可以被拆分为基础的和未下定义的概念。通过这种方式，真理被视为主语对谓语的包含，这既区分了必然真理和偶然真理，也将个体定义为完整的概念并以此来解释自己的主张。因此，每个个体转变成了从自己观点来反映整个宇宙的单子。

莱布尼茨的真理理论是其知识理论追求的终极目标。逻辑的运用揭示了思想与现实的结构；借由真理问题，莱布尼茨还延展出了偶然真理基于上帝的意志这一思想。基于此，他进一步发展了"可能世界"的理论，并借此来对人类的自由以及神圣的正义辩护。莱布尼茨认识论的实质，在于意识和精神能够思考，形成概念，具有理性，最终发现必然真理。

---

① ［德］莱布尼茨：《单子论》，朱雁冰译，第 32 节，第 487 页。
② Letter to Arnauld, 14 July 1686, G I1 56: p.62.

第四章

莱布尼茨认识论中信仰理性化的应对和辩护

虽然知识是哲学认识论中的核心概念，但知识的可能性问题却极易引发争议：因为知识是否具有客观性、普遍性、必然性以及不可纠错性等疑问无不影响着知识的有效性。在近代早期，因为自然科学的革新和实验方法的冲击，使得哲学认识论对宗教产生了一种批判的倾向：在前者看来，宗教信念在本质上也应该和其他的知识类型一样，需要通过证据而呈现出命题为真的状态。因此，如果将没有证据支撑的宗教信念判定为真，哲学认识论者则认定这种信念是不可靠的。换言之，主观性的操控一旦取代了证据的引导，信念的跳跃或信念合理性的问题就会在倡导证据主义立场的哲学认识论中产生疑问。而对于宗教认识论者而言，他们却认为宗教信念论证中所面临的诘难正是源于哲学认识论者的困境：因为基督教思想家对人类的认知能力所抱有的是一种"消极态度"（low view），而他们对神学或宗教信仰所采取的却是"高阶立场"（high view）①，这也促成了宗教认识论在信念合理性中呈现出的一种应对和辩护趋势。因此，当莱布尼茨作为一名既深处哲学家阵营并深爱哲学真理的认识论者，又肩负着使命并试图促进教派联合及普世宗教的外交人士，他必然会受惠又受制于两者的张力。所以在面对自然神学命题时，他遵照哲学认识论的传统，以理性进行证明和重构；而另一方面，在理性论证所无法达成的启示神学中，他又以辩护性的策略对奥秘问题进行解读和阐释。总之，这位理性主义者竭力将宗教宣称及神学命题全部纳入认识论框架的原则、标准及方法之中，以求得宗教信念的知识地位，而这也正是莱布尼茨在信仰理性化过程中所做的应对以及辩护。

第一节　理性主义之核

在17—18世纪，欧洲的理智图景一方面受惠于自然科学的兴起，

---

① Kevin Diller, *Theology's Epistemological Dilemma: How Karl Barth and Alvin Plantiga Provide a Unified Response*, Westmont: Inter Varsity Press, 2014, p.13.

第四章 莱布尼茨认识论中信仰理性化的应对和辩护

另一方面却又受制于人文科学的停滞。在笛卡尔以"怀疑的"方法清算了经院哲学"赞成或反对"的理论范式,并建立起不可动摇的"我思"之认知基础后,莱布尼茨也同样以理性主义者的身份坚守在唯理论的阵营。在他看来,理性不仅突破了这一时期的理智困境,更适合于将其运用于物理学、形而上学、认识论以及神学等所有领域。因此,他对信仰合理性问题的思考是与理性主义哲学互为交织的。

一、神圣理性和人类理性

虽然用理性的方式来建构基督教神学是由阿奎那在中世纪引领的风潮,但"理性神学"(rational theology)的真正出现却是伴随着对宗教纷争的历史性反思,才得以在17世纪早期变得日渐清晰的[1]。新的"理性神学"思想,无论是启蒙于柏拉图主义的理智主义源头,还是培根的"实验科学",抑或笛卡尔、伽桑狄等人的新兴自然哲学,他们均热切地提倡"理性"。因为只有理性才能最终成为自然王国以及神恩世界可理解性的逻辑基础。更为重要的是,"理性"还为基督教哲学假定了一种自然法则与核心教义间的直接相关性。因此,出于对自然世界的本质理解以及对基督教义的根本共识,近代早期的种种哲学作品无一不以"理性"思想为基调,"尤其在后笛卡尔哲学阶段,神恩世界与自然领域一样都被认为是处在彻底的有序规则之下的"[2]。也正因如此,基督教传统中的奇迹以及护佑观念遭到了越来越多地否认甚至攻击:如笛卡尔的追随者马勒伯朗士认为,上帝欣然接受的秩序全然以笛卡尔哲学中的自然秩序为体现;而斯宾诺莎则废除了自然与恩典间的二分法,从而彻底否认了奇迹的可能性。而莱布尼茨,作为"理性主义"哲学的代表,不仅早已对"理性""合理性"及"可理解性"等概念做

---

[1] C.R. Raven, *Natural Religion and Christian Theology*, Cambridge: Cambridge University Press, 2011, p.12.
[2] Stuart Brown, "The regularization of providence in post-cartesian philosophy", in Robert Croker (ed.), *Religion, Reason and Nature in Early Modern Europe*, Springer-Science + Business Media, B.V., Springer Science, 2001, p.2.

出了积极充分的阐释,他还更为彻底地拒绝了"上帝曾以特殊意志行事"或"时刻准备出于更重要的理由而中断一般法则"的想法。因此在莱布尼茨的"理性神学"中,上帝演变为一个完全宪政性的神祇,他甚至认为神学应该是法学的一个种类①。这种隐喻反映了莱布尼茨对上帝本质的看法——上帝以理性的永恒法则统辖万物,而法则却完全独立其意志。因此,上帝的神圣理性或神圣智慧成为莱布尼茨思考理性问题的又一重要维度——既然神圣理性中存在着永恒真理,所以理性首先代表着神圣的智慧本身。鉴于此,神圣理性必然涵盖了构成真理联结的一切人类知识。而神圣理性和人类理性两者间的关联和区别,则关系着知识的确定性以及信仰命题的认识论地位等问题,如人们究竟在何种程度以及范围内可以透过自身的理性去实现知识的达成以及认定宗教命题为真的状态,又或者是人们到底在怎样的理智"鸿沟"中受限于自身的理性而和上帝呈现出霄壤之别。

实际上,关于神圣理性和人类理性的同构性与差异性,莱布尼茨的立场是相当明确的。对于前者,他明显受到了亚里士多德有关理性灵魂的观点的影响。在亚氏看来,人类的灵魂包含了两个部分:其一是受动或被动的理性,其二是能动或创造的理性:前者依赖于人的肉体,以感觉、知觉和记忆为基础,并以外界事物为对象;而后者作为一种思想能力,既不依赖于感觉、知觉和记忆,也不涉及外界事物,它既是思者又是思维对象,因此这种理性不依附人的肉体,是永恒不朽的,这即是"神性"②。因此莱布尼茨认为,人类只有凭借"神圣的"和"能动的"理性才能获得"至上的"或"神圣"的知识,人类理性和神圣理性必须是同构的。只有这样,人类凭借上帝赋予的潜在天赋观念才能在知识的起源上并非"白板一张",进而天赋的理性能力才能帮助人们实现认知活动。所以,人类理性是上帝置于人类的"自然之光",它作为上帝恩典,和其他一切恩典一样,使得上帝将自身显现给

---

① Stuart Brown, "The regularization of providence in post-cartesian philosophy", in Robert Croker (ed.), *Religion, Reason and Nature in Early Modern Europe*, p. 5.
② [古希腊]亚里士多德:《灵魂论及其他》,吴寿彭译,北京:商务印书馆,1999年,"绪言"第16—17页。

第四章 莱布尼茨认识论中信仰理性化的应对和辩护

人类:"在我们的意识中,不仅有一种能力,也有一种知识的倾向,从中可以获得天赋的知识。因为所有必然真理并不来自经验和感官,而是来自内在之光的证据。"①

而另一方面,人类又无法避免"神圣理性"与"人类理性"间的差异性,因为莱布尼茨也说,"既然我们所具有的这部分理性在于依然存在于腐败堕落状态的我们身上的自然之光,则它便与理性整体相一致,而不同于上帝身上的那部分理性,一如一滴水不同于大海,或者说一如有限不同于无限"②。这种差异性产生于作为造物主和受造物的上帝和人类之间,它是形而上的、先验的,同时也是必然的。总之,莱布尼茨在形而上学以及认识论中处处渗透着这种同构性和差异性。不仅如此,他还用形而上学中的"两大理性原则"对神圣理性和人类理性间的关联进行了更为深入的探究③。

首先,在理智世界中,他赋予了"矛盾原则"以更为明显的重要性。在《论自由和可能性》里,莱布尼茨写道,"所有关于可能性或本质的真理,以及一件事物的不可能性或必然性都基于矛盾原则"。因此,"所谓可能的就是可以想到的,那就是为了使'能够'(can)一词不出现在一个专注思想(an attentive mind)所理解的关于'可能的'的定义中;而所谓不可能,就是不可能的"④。而"专注的思想"指涉的正是上帝的思想,因为莱布尼茨曾明确表示:"上帝就是能全然察觉任何东西的(存在)。"当然,这种提法和传统上将上帝视为全知、全能、全善的做法一致,因而并不鲜见。但是,莱布尼茨所强调的神圣理性却意义非凡。第一,对莱氏而言,"可能性"是在上帝理智中构想出来的。具体来说,"可能性"被视为与上帝理智相一致或上帝本身的理智想法。根据矛盾原则或同一性关系得出的"可能性"定义,仅适用于上帝理智

---

① G.W. Leibniz, *Philosophical Essays*, trans. by Roger Ariew and Daniel Garber, New York: Hackett Publishing Company, 1989, p.285.
② [德]莱布尼茨:《神正论》,段德智译,北京:商务印书馆,2016年,第61节,第153页。
③ 这两大原则分别是"矛盾原则"和"充足理由原则":前者定义了逻辑的可能性和必然性,而后者则被用来帮助逻辑在可能性中做出最佳选择。毫无疑问,莱布尼茨的"理性"本身就可以通过这两大原则得到体现。
④ G.W. Leibniz, *Philosophical Essays*, trans. by Roger Ariew and Daniel Garber, p.19.

中所涵盖的无限的复杂观念。而根据复杂观念或思想是由其简单成分所构成的逻辑原则，莱布尼茨又假设了一种绝对简单的成分或形式。他写道，"有一种必要的简单形式"①，并且"由于它们的简单性，没有什么是可以被形式言说的"。他还强调这些简单形式是"不可分解"以及"不可定义的"②，因此，"人类不能知道它们是什么——它们是我们将要返回的原点"③。有趣的是，莱布尼茨却将这种简单形式归属于上帝的属性："上帝是所有绝对简单形式的主体"④，"上帝的属性是任何一种简单形式"⑤。因此，"可能性"才和上帝的理智相一致。

其次，由于上帝的简单形式是独一无二的，所以每一个单独的形式都不同于其他。在莱布尼茨的形而上学及认识论体系中，如果没有这样的假设，就不可能解释可能存在的个体之多样性以及它们间的共生关系，而这对于"可能世界"的产生是非常必要的。因此，独特的简单形式构成了可能性的前提，如若没有这个基础，莱布尼茨将无权建构他的理论，即每个个体都有一个完整的概念（《形而上学论》第13节），并且它们分散于神圣理智的可能世界中的每一角落。

再次，上帝作为"一切完美的主体"和"一个全知的存在"，他必然对各种简单形式间的组合进行着考量。因此复杂概念或可能性出现在他的理智中，如莱布尼茨所言，"上帝以无限多的方式思考无限之事"⑥。因此，莱布尼茨的可能性概念以各种方式假定了简单形式和它们的理智组合。所有这些心智构成的一致结果被视为逻辑可能性，而不一致的结果则被视为不可能。

最后，在神圣领域的认知中，莱布尼茨认为，上帝的思想暗含着反复的反思。这一点可以简单地归纳如下：思考意味着反思，反思意味着反复的思考。关于第一点，莱布尼茨写道："一个必然的存在作用

---

① G.W. Leibniz, *Samtliche Schriften und Briefe*, in *German Academy of Sciences*, Berlin: Akademie Verlag, 1923- , Volume VI, iii, p.514.
② 同上书，第572、590页。
③ 同上。
④ 同上书，第519页。
⑤ 同上书，第514页。
⑥ 同上书，第515页。

第四章 莱布尼茨认识论中信仰理性化的应对和辩护

于自身,或者说他在思考。因为思考不是别的,而是为了感知自己。"[1] "思考是对自身的一种内部活动,是一种反思和感知。"[2] 他甚至声称"上帝理解一切是因为他作用于自身"[3]。但是在此存在一个疑问:如果上帝在思想或作用于自己,那么他思想的内容是什么?上帝在感知自身时,他感知到了什么?对此,莱布尼茨也给出了解释:"心灵永远不会忘记任何东西,因为心灵是坚不可摧的。运动,一旦发生,必然继续。思想,或自我感知,即作用于自身的行为,必然继续。"[4] 可见,上帝思想着有关自身的一切简单形式,并对这些观念进行进一步的反思。上帝思想着思想,以致无穷。由此可以看出,"可能性"位于概念的领域,并被看作是在上帝思想中的想法。更确切地说,"可能性"被视为上帝理智中始终一致的观念。这些观念根据复杂的思想或概念得到解释;同时,复杂的概念预先假设了简单的元素,以便在复杂概念的术语之间保持一致性关系。因此,"(莱布尼茨)对可能性的探讨是这样一种方法,在上帝思想就是'可能性'的这个层面上,莱布尼茨是概念论者(conceptualist),这表明'可能性'既不是实体也不是存在物的可能状态;而在脱离可能性的时间观念以及存在物的固有能力的意义上,他是逻辑性的(logical);而在现实基础的假定中,即上帝意识及其简单属性的意义上,他则是一个现实主义者(actualist)"[5]。

另一方面,既然神圣理性可被视为通过以所有方式组成所有简单形式并产生所有可理解的概念,即作为纯粹的形式组合方案,那么对于人类理性而言,所做的无非是试图发现并部分地呈现这些概念,这无疑构成了另一个不同意义的理性向度。因此,人类理性和上帝理性间的明显差异在于人类必须使用符号和语言来表达和运用概念。不仅

---

[1] G. W. Leibniz, *Samtliche Schriften und Briefe*, in *German Academy of Sciences*, Volume VI, iii, p. 587.
[2] 同上书,第493页。
[3] 同上书,第463页。
[4] 同上书,第588页。
[5] Ohad Nachtomy, "Leibinz's rationality: divine intelligibility and human intelligibility", in Marcelo Dascal (ed.), *Leibniz: What Kind of Rationalist?*, New York: Springer, 2008, p.79.

如此，人类还须使用实例来证实纯粹形式的普遍结构。所以，受造物的人类理性存在着两种限度：首先，人类既不能掌握简单的形式，也无法掌握复杂的概念。在莱布尼茨的组合术中，他假设了简单及复杂概念均只适用于上帝的理智能力。在第一个限度中，即掌握简单观念的困难，与莱布尼茨对符号表达的看法相关：作为受造物，人类无法直接感知真正的简单元素，所以必须指定简单的符号或字符来代表它们。与字母表中的字母或自然数字一样，这种简单性构成了任意表达系统的基础。同时，莱布尼茨还认为，表达的可能性取决于概念和符号间的相似结构，即同构。建构符号的方法和顺序必须符合上帝思想中的复杂观念的方法和顺序。然而，由于这种表达观需要结构相似性，因此单一性就无法呈现。因为根据定义，简单元素是不具备结构的。而针对第二个限度，莱布尼茨认为这源于人类意识的限制。考虑到这些限度，莱布尼茨早期的"普遍文字"曾一度被视为最佳方案，因为它一方面假定了绝对可理解概念的神圣理性，另一方面又反映了人类试图表达和接近这些概念的尝试。在这个意义上，概念可理解性的一致性假设对于两种理性的理解是共通的。只不过在神圣语境中，这是毫无疑问的，而在人类语境中，它必须表现为一种通过符号和字符来处理的艰巨任务。

总体而言，神圣理性和人类理性间的关系呈现为一种互补的而非对立的关系。它们分别源于上帝思想中的概念形式结构以及人类在实际科学背景下展现和使用这些概念的需求。这两种理性模式的互补体现了莱布尼茨关于"理性"思索的复杂性和微妙性。

二、形式化理性和智慧性理性

在保罗·赫尔姆（Paul Helm）所编纂的《信仰和理性》一书中，他首先对"理性"一词做了概要性的介绍。在赫尔姆看来，最狭义的"理性"等同于逻辑推理的规则，这其中包括了归纳以及演绎。而这些规则负责"记载"（record）、"例示"（tabulate），以及在一定程度上"解释"（explain）、"扩展"（extend）和"捍卫"（defend）纯粹形式的

第四章　莱布尼茨认识论中信仰理性化的应对和辩护

理智程序,因而狭义的理性无疑具有"形式化"(formal)特征。从这个意义上说,信仰与理性的主要问题体现为:在有关信仰的逻辑争论中,究竟什么样的前提是可以被接受的?① 如果对应赫尔姆第一种狭义的形式化理性,想必无人能比莱布尼茨对"形式"的"无误性"表现出更大的信赖。莱布尼茨在《人类理智新论》中讲到,洛克对"三段论是理性的重大工具和运用这种功能的最好手段"表现出极大的"怀疑",洛克一度认为三段论只具有"修辞学的华丽辞藻掩盖下的虚妄性"②。面对这样的讥诮,莱布尼茨给予了明确的反驳,他主张"三段论形式的发明是人类心灵最美好,甚至也是最值得重视的东西之一。这是一种普遍的数学,它的重要性还没有被充分认识,并且其中包含着一种不谬性的技术"。这种"不谬性"或是"确定性"体现为"形式的论证","因为它们的推理的形式都是已预先经过推证了的,以致我们靠得住不会受骗弄错"③。为了进一步阐明自己的观点,莱布尼茨以形式的代数(algebra)为例:代数可以(暂时地)脱离其应用或实例并允许采取自身的形式,其最终的程序规则被认为是无误的。根据算术的方法,不管人们插入什么整数,$a(b+c)$ 始终都等于 $ab+ac$。因而,人们可以信赖这种"形式主义"(formalism)。这种由"数学家们树立的榜样"使得"人类已经认识到通向确证之路的某些东西"④。他认为只有以"和数学原理同样的方法"对知识主张进行评估、批判和改进,人们才能在一切知识(形而上学、物理学、伦理学乃至神学)中寻求到信念的起点以及普遍性。不仅如此,莱布尼茨还认为独立于实例的形式化理性对人类知识的研究大有裨益,因为"形式"远远超越了洛克等人坚持的经验的或后验的抽象。因为"只要您想到事物的相似性,您就想到了某种不止于此的东西,而普遍性无非就在于此"⑤。

---

① Paul Helm (ed.), *Faith and Reason*, Oxford: Oxford University Press, 1999, introduction, pp.4-5.
② [德] 莱布尼茨:《人类理智新论》,陈修斋译,北京:商务印书馆,2016年,第587页。
③ 同上书,第588—589页。
④ [德] 莱布尼茨:《发现的技术》,载《莱布尼茨自然哲学著作选》,祖庆年译,北京:中国社会科学出版社,1985年,第21页。
⑤ [德] 莱布尼茨:《人类理智新论》(下册),陈修斋译,第597页。

可以说,"形式"的发现为莱布尼茨对整个宇宙的理解增添了某些东西,这就是除了个体经验事物的可比较性之外,还提供了一种可构想的"理智结构"(intelligible structure)①。

由此,对自主性和可分离性的洞见使得莱布尼茨执着于形式化理性,其所带来的知识增长的重要性以及对笛卡尔直觉观点的反对都为形式化理性增添了魅力。然而不可否认的是,考虑到洛克对莱布尼茨形式理性的"中肯"怀疑:它只有助于在单独的一个例子中看出证据间的联系,而心灵没有它也一样容易地看出甚至也许能更好地看出这种联系,莱布尼茨在放大形式逻辑效用的同时也回应了洛克的观点:"说心灵永远很容易看出结论,这是不会这样的,因为人们有时看到(至少在别人的推理中),那结论中首先是有可疑之处的,要是没有看到那推证的话。通常人们用一些例子来证实这些结论的正确,但这办法不是永远十足可靠的。"② 实质上,莱布尼茨意识到了理性和经验间的微妙张力,因此他才重复了早期对笛卡尔的批判,那就是一个人由于主观确信所生发出的所谓"清楚明白"的观念有可能导致谬误。"莱布尼茨通过两个几何学的例子警示那些将图像作为证据的做法,因为借助于感官的想象力必然容易陷入由感官所带来的困惑。"③

莱布尼茨批判了欧几里德公理中"两条直线只能相交一次"的说法。他认为人们若仅借感官的想象力,其结果绝不允许人们作出"两条直线相交多次"的描述。但实际上,这对科学而言不能成为正确的"基础"。因为如果任何人仅凭借想象去呈现观念间的联系,那么他便没有充分获知真理的来源;同样地,曲线渐近线的例子显示,没有经过严格数学训练的人在想象的权威下,无疑会相信两条渐近线最终必然相交,然而几何学家所提供的结果却表明,永不相交的线是存在的,它们被称为渐近线。因此,形式化理性所赋有的本质不仅引导着人们

---

① E. Rofle Grosholz, "Locke, Leibniz and Hume on form and experience", in Marcelo Dascal (ed.), *Leibniz: What Kind of Rationalist?*, p.171.
② [德]莱布尼茨:《人类智新论》,陈修斋译,第592页。
③ E. Rofle Grosholz, "Locke, Leibniz and Hume on form and experience", in Marcelo Dascal (ed.), *Leibniz: What Kind of Rationalist?*, p.172.

第四章　莱布尼茨认识论中信仰理性化的应对和辩护

联结数字和图形的推理，也帮助人们游移在"有限性"和"无限性"的知识推论中。莱布尼茨认为，"具有'无误性'特点的理性信念既能帮助人们摆脱主观的确信或想象，又能使其免受感官的侵扰，其"盲视性"（blindness）正是值得推崇的根本，因为它们能帮助莱布尼茨断言有限事物和太大、太小或太'遥远'而无法直接描述事物的合理性结构关系（rational structural relations）"①。这种狭义层面的理性为莱布尼茨考虑神学问题做出了准备性的示范：任何仅凭感官的"确信"和后验的"证据"方式都是不充分和不完善的；而来自直觉或信仰的确信又无异于主观的自我强化。在莱布尼茨这里，形式化理性的无误性和经验的对照存在着细微的张力，他既没有像笛卡尔一样完全交付直觉，又不像洛克一样一切依赖经验。因此，形式化理性为莱布尼茨的信念起点提供了一种可行性尝试，虽然它更多的指向知识问题，但它还必然将伴随着理性的另一层含义为信仰和理性的一致做着初始的准备。

同样还是在《理性与信仰》中，赫尔姆认为，从另一个更为"实质的意义上"（substantive sense），"理性"指涉的是经典传统中的智慧累积，它以特定的核心信念或态度以及伦理或理智价值表达自身，因此这种理性本身就兼具了认识论意义：种种智慧的宣称都用于获知理性真理，而犹太-基督教框架下的理性秉承的正是这一路径，它将基督教的启示以及知识转变为智慧的顶点，即真哲学②。所以，莱布尼茨同样就理性的"智慧性"层面呈现了自己的立场。还是在《人类理智新论》中，他指出，"不仅是判断的原因，而且还是真理本身的原因"，理性可被我们称为"先天理性"；而"事物方面的原因"则是"真理方面的理性"，这即是"为什么原因本身，特别是目的因，之所以常常被称为理性的缘故"③。因此，"理性"一词在词源学上的本意是"理由"或"原因"；而另一种用以"联系真理的功能"或"推理的功能"，也被称为"理性"，

---

① E. Rofle Grosholz, "Locke, Leibniz and Hume on form and experience", in Marcelo Dascal (ed.), *Leibniz: What Kind of Rationalist?*, p. 173.
② Paul Helm, *Faith and Reason*, introduction, pp. 4–5.
③ [德] 莱布尼茨：《人类理智新论》（下册），陈修斋译，第 584 页。

"这种功能在我们这尘世间只有人才真正具有"①。在莱布尼茨看来，人类的灵魂——即精神——与禽兽的灵魂的区别正在于理性的清楚性及深刻性："只有理性才能建立可靠的规律，并指出它的例外，以补不可靠的规律之不足，最后更在必然后果的力量中找出确定的联系，就能对事件的发生有所预见，而禽兽则只归结到这种影像的感性联系。因此，证明有必然真理的内在原则的东西，也就是区别人和禽兽的东西。"②

实质上，这表达的不过是对《神正论》中将"理性"定义为"各种真理的联结"的另一种阐释③。因为如若理性不是首先被理解为"不可侵犯的联结在一起的真理"，而仅代表人们的"意见"或"观念"，那么必然促成人们根据惯常行为来判断事物的恶劣。可以说，将理性定义为"对真理的不可侵犯的联结"远不是否定理性在判断表象时所起的作用，而真正是为这种判断提供一种坚实的基础并将其作为先验的合法化程序。这种程序将纯粹的永恒真理的知识作为一切人类认识的原初起点。同时莱布尼茨还秉承传统，将严格的"真正的理性"从"受玷污的理性"中区分开来；但和培尔对理性的诋毁不同，莱布尼茨的区分是为了让人们更好的洞见"好的"理性（即神圣理性或是原罪之前的人类理性）与"坏的"理性及谬误来源（即原罪之后的人类理性）的真正差别。显然，后一种理性因其完全迥异于神圣理性，从而导致了信仰者们不得不通过信仰的方式与之对立。的确，正如恶的现象出现于人类理性对某些事件表象的判别。因此，这种理性与其说是"看似合理"的理性，毋宁说是一种理性的滥用，因为人类将自身限制在通常发生的事例中来进行判断，而不考虑激发这种秩序选择的终极原因，也就是说，不依据任何先验的基础。总而言之，莱布尼茨虽然有时在《神正论》中使用"腐坏的理性"（corrupted reason）一词，但理性的真义对他而言就是与神圣理性的同构——人类理性并非被原罪玷污，而只是由于其灵魂的腐败而被"掩盖"。因此，理性既不应该只

---

① [德] 莱布尼茨：《人类理智新论》（下册），陈修斋译，第584页。
② 同上书，"序言"第6页。
③ [德] 莱布尼茨：《神正论》，段德智译，第1节，第94页。

在理论的层面判断正误,也不应该在实践的层面判别善恶。它等同于一切作为观念的真的和善的纯粹知识,将判别现象和证明现象的两种功用都置于真理的纯粹联结之中①。因此,和柏拉图的理念相同,莱布尼茨总结道,理性首先也是最重要的是"纯粹的和单纯的"②,它"不同于经验","而仅仅同那些不依赖于感官经验的真理相关";它不仅代表了人类认知真理间联结的能力,实际上本身就构成了这种联结。不得不承认,在宗教信念的问题中,莱布尼茨始终试图建构一个具有神学基础的有关普遍和谐的概念——其中,"亚里士多德的主张是基本性的,而柏拉图的理念论则负责对它进行提升"③。

三、弱理性主义和规范性理性

如果能像初代基督徒那样,将理性和信仰、哲学和神学进行彻底分离,无疑是一种一劳永逸的美好愿景。然而,伴随着中世纪哲学式信仰论证的传统延续以及近代自然科学的革新和发展,18世纪的,哲学家应用理性或经院哲学,或者说,哲学家将神学中的辩证法或修辞分析和理性逻辑联系起来的做法还是颇为流行的。另一方面,启蒙运动和"百科全书派"又造就了"《圣经》批判"的思潮;路德宗对"唯独启示""唯独恩典""唯独圣经"的立场则激发了古代贬抑理性的极端信仰主义以及《圣经》阐释和上帝之道的无限权威。因此,这一时期,理性和信仰的张力更甚从前,而莱布尼茨正是在这种芜杂的思想处境下呈现出规范理性和弱理性主义的两种趋向,用以解决人类认知的可能性以及信仰合理性等问题。

所前所示,莱氏毕生涉猎甚广。但无论是早期的学术浸淫,还是后期的外交生涯,他都迫于天主教的影响而致力于新旧教派的联合。

---

① Andrea Poma, *The Impossibility and Necessity of Theodicy*, New York: Springer, 2012, p.64.
② [德]莱布尼茨:《神正论》,段德智译,第1节,第95页。
③ Maria Rosa Antognazza, *Leibniz: An Intellectual Biography*, Cambridge: Cambridge University Press, 2009, p.45.

因此，理性与信仰的调和是他一以贯之的目标。然而，他在处理两者关系时所做的理智思考并非是一蹴而就的，其间历经着微妙的转变。有一点常常被人忽视，就是他和路德宗之间无法割裂的关联使得他在信仰理性化的过程中表现出一种摇摆①。因此有评论言："相比神秘主义和理性主义间的张力，路德主义和理性哲学间的张力在莱布尼茨这里似乎更加深刻。"② 对路德而言，当他以一种辩论性质的"十字神学"完成了革新，并形成了对亚里士多德传统的反驳，他实际想要表达的是任何试图以自然理性去理解奥秘的企图都是一种非信仰的行为。不论是通过圣餐变体说的形而上学还是通过修辞学的其他方式，路德都坚定不移地拒绝着自然理性做出的认知判断，而仅仅召唤上帝之道。本着这一精神，《奥格斯堡信纲》从1530年开始就以伪奥古斯丁"人类的一切理性都不适合理解神圣事物"为立场，激起了理性和信仰问题的新一轮争论，而这恰恰成为了莱布尼茨弱理性主义的先声。

起初，"理性次于信仰（圣经）权威"的路德宗立场还是多少影响了莱布尼茨。在1683年的一篇阐述理性和启示的文章中，莱布尼茨清楚地写到："我们信仰的基础不是人类理性，而应该是上帝的自我启示。这才和我们的弱点以及神圣的智慧相称。因为人类思想的黑暗如此巨大，以至于我们无法找到任何可依确定或依赖的东西，即使是在冗长的理性认识的链条中（a long chain of reasonable considerations）……因此，当任何一种事物以一种荒谬傲慢的方式来指引虔信时，便不会有什么使新手畏惧宗教多于任何其他的事物；通过这样的过程，一个人只要抛弃了信仰权威、《圣经》之名或是教会，伪善和放纵便会滋长。"③ 由此可见，鉴于《圣经》启示的神圣本质，莱布尼茨一方面肯定了教会的历史见证，另一方面他也意识到教会的重任。在

---

① 莱布尼茨于1646年出生于靠近维腾堡（被喻为"路德之城"）的莱比锡城，并在圣尼古拉的路德教会受洗。同时，他的母亲也是位虔诚的路德新教教徒。
② Ursula Goldenbaum, "Leibniz as a lutheran", in Allison P. Coudert, Richard H. Popkin & Gordon M. Weiner (eds.), *Leibniz, Mysticism and Religion*, Springer-Science + Business Media, B.V., 1998, p.169.
③ G.W. Leibniz, *Samtliche Schriften und Briefe*, in *German Academy of Sciences*, Volume VI, iii, pp.269–270.

第四章 莱布尼茨认识论中信仰理性化的应对和辩护

他看来,这是一种循环:基督徒需感谢教会对《圣经》信仰权威的维护,而他们的虔信正因为《圣经》也如此教导:"正如哲学家们在充分观察的基础上,不会在建构假说时逃避自然理性,反过来,他们也不会回避从这些假说所推导出的现象。所以我们有了这个圆环的开端和结尾:它就像一个见证,教会宣称《圣经》是完全无误的,反过来,一个导师会推崇《圣经》和教会传统。最后作为教导者,教会决定了《圣经》之教规。"①

随后,在同年的教会联合中,莱布尼茨又认为启示和理性、宗教和哲学之关系应该在历史的语境中被定义。他以社会学的方式对不同的社会阶层进行了区分,并认为在知识或宗教命题中,即使是同一个词汇或术语,对于工人、奴隶、受教育者或知识分子的意义也是不尽相同的。不仅如此,他还在《对宗教的反思》中表示,作为基督徒,承认信仰真理,即《圣经》的基础,以及对传统的虔敬和理性的正确应用都应当是对基督教信仰真理的一种认知责任。其中,厘清理性和启示的秩序才是信仰的首要基础。于是,莱布尼茨渐渐意识到,理性与信仰相对立的观念是值得被推敲的。因为他认为,理性的标准并不意味着《圣经》权威的削弱或二者相对立,理性中透射着神圣秩序以及上帝的启示之道。从这个立场上看,莱布尼茨在对理性的运思路径中渐渐摆脱了弱理性主义,站在了路德的对立面,因为路德一直将上帝之道视为人类理性的危机。莱布尼茨却在《神正论》的序言中阐释了《哥格林多前书》的第一章第20节:"既然《圣经》警告我们说,上帝的智慧在人的面前是愚蠢,既然圣保罗认为耶稣基督的福音对于希腊人而言是愚蠢,对于犹太人而言来说是个绊脚石,则毫无疑问,我们也就应该当作如是的理解。因为,毕竟一个真理不能同另一个相矛盾。理性之光,也和启示一样,都是上帝的赠品。"② 从这个阶段开始,他逐步树立了规范性理性的认知立场。

最终,莱布尼茨不仅从宽泛的认识论框架处理了理性与信仰的关

---

① G. W. Leibniz, *Samtliche Schriften und Briefe*, in *German Academy of Sciences*, Volume VI, iii, pp. 271—273.
② [德] 莱布尼茨:《神正论》,段德智译,第29节,第126页。

系,还以规范性的认知角度阐释了宗教分歧的相关问题。在他看来,与其说教派分歧产生于对信条的不同见解,倒不如说一切有关神学或信仰的对立均建立在粗浅的哲学理解之不完善性中。因此,他认为解决问题的方式既不是《圣经》里的相关经文,也不是将基督教信仰转变为使各个教派都满意的宣言,而应该在于对人们、对每一个哲学前提所犯错误的分析,这可以使神学以及信仰的系统化得以普及。因此,相较于指责对方是异端的做法,莱布尼茨的期望是,所有的理智努力都必须建立在基督教之爱的核心问题之上。这警醒着基督徒通过先给予对方先见,然后再引导他们走向真理之路。而实现这种教派差异的普世之爱的方式只能哲学性质的或是理性的,因为只有关于共同真理的问题才适用于所有的作为理性存在的参与者。通过这种规范性理性,莱布尼茨所谓的"可信性动机"(motives of credibility)得以呈现于理性法庭面前:"可信性动机"代表着信念的生发,这使理性为信仰留下空间成为可能①。"这种信仰不再是简单的'信仰主义'(fideism),而是一种与轻信极为不同的信念(belief)。如果信仰的起点是接受经文中所包含的由教会传统所流传的启示教义,理性的第一个基本任务是用哲学、文本批评以及历史的工具去证实《圣经》的真实性(authenticity)和传统的忠实性(faithfulness)。这即是理性初步的任务,它不直接处理与启示相关的内容。"② 因此,莱布尼茨后来总结道:"重要的理性隐藏于上帝的智慧中,当博学以及著名的基督徒看到必须以各种可能方式及武器和伪善斗争的必要性时,上帝就允许理性渐渐变得和信仰盘结在一起。"③ 只有信仰的哲学性基础(即规范性理性)才能解决宗教分歧以及为宗教联合的目标打开大门,也只有基于此,理性才能在终

---

① "可信性动机"是莱布尼茨在《神正论》第1节就提到的,他表示信仰"依赖于那些看到过奠立在启示基础之上的奇迹的人的经验",以及"那种流传至今的值得信任的传统"。见段德智译本,第1节,第95页。

② Maria Rosa Antognazza, *Leibniz on the Trinity and the Incarnation: Reason and Revelation in the Seventeeth Century*, trans. by Gerald Parks, London: Yale University Press, 2007, pp. 19 – 20.

③ G. W. Leibniz, *Samtliche Schriften und Briefe*, in *German Academy of Sciences*, Volume IV, iii, p. 270.

极的意义上达到和信仰的一致性。

第二节 自然神学的理性重构

莱布尼茨在秉承了阿奎那理性神学的传统后，便将关于上帝存在这类自然神学的命题归为"天主教证明"的首要问题。在莱布尼茨看来，尽管人类理性与神圣理性存在差异，但理性始终最大程度地助益人们获取宗教信念中的某种确定性。换言之，自然神学中"上帝存在"的命题与"超理性"的启示奥秘不同，前者不能仅仅依靠不证自明的信仰传统或是先验的可信性动机，还是需要一些理由或证据的。而在理性论证方面，莱布尼茨则以自己的版本"完善"了所有关于上帝存在的四种传统证明：本体论的，宇宙论的，从永恒真理出发的，以及设计论证明①。总之，"虽然四种方式提供的论证都相当重要，但本体论和宇宙论证明却体现了莱布尼茨对自然神学所做的最为不朽的贡献（most enduring contributions）"②。如他自己所言："我相信上帝的观念也是这样，我主张他的可能性和存在是以不止一种方式证明了的……我也相信几乎所有用来证明上帝存在的办法都是好的和可以有帮助的，如果我们把它们弄完善的话，我也完全不同意人们应该忽视从事物秩序得出的那种证明。"③

一、对本体论证明的完善

首先，作为大众熟知的本体论论证最初见于早期实在论者安瑟尔

---

① 在本体论中，它依旧承接了对上帝存在的"先验性概念"；在宇宙论中，他通过因果关系得出偶然事物的存在是基于上帝这样一个必然存在者的事实；而永恒真理则宣称，既然存在着必然真理（如数学），那么也必定有"绝对的或形而上学的必然存在，即上帝"；最后，莱布尼茨认为宇宙构成的程度及体现的秩序都暗示了一位神圣存在者设计了一切。
② David Blumenfeld, "Leibniz's ontological and cosmological arguments", in Nicholas Jelly (ed.), *The Cambridge Companion to Leibniz*, Cambridge: Cambridge University Press, 1994, pp.353-354.
③ ［德］莱布尼茨:《人类理智新论》（下册），陈修斋译，第529页。

谟，这位被喻为"经院哲学之父"的坎特伯雷大主教在《宣讲》中做了如下论述：即使是一个愚顽人，他心中也会有一个最完满的东西的观念；最完满的东西无所不包，当然也就应该包括存在；因此最完满的东西存在。这个最完满的东西就是上帝，因此上帝存在。简言之，此版本的本体论折射了一种"能够解释一切的最高原则必然达到了观念与存在同一性"的认知范式，"这种仅依赖于概念的分析而不依赖于经验事实的进路体现为从信仰到信仰的进程，因为证明的前提（关于上帝概念的定义）和证明的结论（上帝存在）都是信仰，而安瑟尔谟做的仅仅只是用辩证法将两种信仰联系起来"①。不难看出，虽然安瑟尔谟突破了教父哲学时期强调奥秘、排斥理性的传统，但由于"观念与存在必然同一"的认知缺陷，还是遭遇到同时代（如僧侣高尼罗）乃至后世哲学家们（如休谟、康德等人）的批判。但不论怎样，以安瑟尔谟为先驱的本体论证明开启的是对有关"上帝存在"命题合理性论证的决心和示范，只不过"这不是一种保持自律在它自身之中的思考，而是一种通过神律而进入到心灵与神的根据之间的关系的思考"②。

而本体论的第二阶段则源于"近代哲学之父"笛卡尔③。毋庸讳言，近代的理智环境发生了本质的改变：在后期经院哲学向近代哲学的迈进中，肇始于意大利的文艺复兴由"复兴古典传统"逐渐发展为"拷问一切权威甚至经典"的先头兵，并最终导致了"17世纪试图建立知识统一性和连贯性"的全新理念④。笛卡尔也正是在为知识大厦寻求坚实基础的过程中确立了"我思故我在"这一第一哲学原理。这种对思想和存在的自确证是其认识论体系的核心。他所做的尝试则是以"基础主义"（foundationalism）去回击"怀疑主义"。在笛卡尔看来，人们所有的知识都始于一些"自明的信念"（self-evident beliefs），这些

---

① 赵敦华：《中世纪哲学研究的几个关键问题——读〈理性与信仰：西方中世纪哲学思想〉有感》，《北京大学学报》2007年第1期。
② [美] 保罗·蒂利希：《基督教思想史》，尹大贻译，北京：东方出版社，2008年，第151页。
③ 张志刚：《宗教哲学研究：当代观念、关键环节及其方法论批判》，北京：中国人民大学出版社，2003年，第34页。
④ [美] G. H. R. 帕金森主编：《文艺复兴和17世纪理性主义》，"导论"，第4页。

第四章 莱布尼茨认识论中信仰理性化的应对和辩护

信念并不被他人证实而依旧能为除"我"之外的知识提供证明。故此,为了确保对外部世界的认知,笛卡尔确立了自明的信念以表明其"资格"的确定性和广泛性①。因而当我们进一步意识到"我"的存在的不完满并产生了"更完满的实体"观念时,出于逻辑的必然,我们便能确知上帝的存在:"有许多例子必须结合在一起,即使大多数人把它们视为偶然且没有注意到它们间的关系:例如命题,'我在,因此上帝存在'(I am, therefore God exists)。"② 可见,笛卡尔的本体论体现的是一种将"存在"规定为上帝"属性"的进路。换言之,上帝既是"最完满实体",那么也就必然拥有"存在"的属性。同时我们还看到他在《沉思集》中对上帝观念的进一步阐述:一切有关上帝存在的"先验"或"后验"证据,都无法逃离"上帝"这个观念本身的应用,因为"按照真正的逻辑规律,绝不要问什么东西是否存在,如果首先不知道它是什么的话"③。可见,在缺乏对认知对象"清楚明白"的观念时,我们是无法将作为命题论证中的"存在"确定为上帝的。因此,确认上帝的观念才是其存在所需证明的首要前提。所以笛卡尔坚持认为"我们以上帝的观念来证明上帝的存在是有很大好处的",因为通过推断上帝的存在,也同时让我们知道了他"是"什么。所以,相对于安瑟尔谟的经典形式,笛卡尔的论证被视为"本体论论证第二发展阶段的基本特征"④。

而作为理性主义的后继者,莱布尼茨对本体论证明到底作出了怎样的改进和完善呢?在《人类理智新论》中,他首先表明了自己的态度:"虽然我是主张天赋观念的,特别是主张上帝的天赋观念,但我并不认为笛卡尔派从上帝的观念得出的那种证明是完善的。……笛卡尔

---

① Peter Markie, "The Cogito and its importance", in *The Cambridge Companion to Descartes*, Cambridge: Cambridge University Press, 1992, pp.141 – 142.
② René Descartes, *Philosophical Writings of Descartes*, Volume 1, trans. by John Cottingham, Robert Stoothoff and Dugald Murdoch, Cambridge: Cambridge University Press, 1985, p.46.
③ René Descartes, *Philosophical Writings of Descartes*, Volume 2, trans. by John Cottingham, Robert Stoothoff and Dugald Murdoch, Cambridge: Cambridge University Press, 1985, p.78.
④ 张志刚:《宗教哲学研究:当代观念、关键环节及其方法论批判》,第36页。

先生从坎特布里大主教安瑟伦那里借来的那个证明,是很美并且真的很机智的,但还是有一个漏洞须加修补。"① 这个"漏洞"源于它的"不完善";而"不完善"则体现为"假定关于具有全部伟大性或全部圆满性的东西的观念"并非代表其一定"存在",而应该表达为"可能的和不蕴涵矛盾的"。因为"假定上帝是可能的,它就存在,这是单单神性所具有的特权"②。实际上,莱布尼茨并非是从独断论的立场上断言上帝是"可能的",因为他意识到"上帝"这个观念本身或许也可能隐藏矛盾,正如"最快的可能速度"和"最大的圆"的说法。如果是这样,那么人们也可以推测上帝不可能,因而上帝也就不存在。但为了反驳这种可能出现的异议,莱布尼茨所做的就是将上帝的"可能性"变为合理,从而证明上帝是可能的并因此存在。为了实现这个目的,他提供了一个完备的论证,其一是对本体论本身进行了阐明;其二是对"可能性"概念进行了论证。

对于前者,莱布尼茨用"必然存在"与"偶然存在"的区分论证了为何本体论证明只适用于上帝而非他物。显然,如果"完满的"某物不具有"必然的"的含义,那么此物也就不会具有"必然存在"的意义。正如偶然存在不能从定义中推导出来,而"完满的存在是可能的",这一命题中的每一构成要素既可以拆分为同一的,又可以还原为同一的。因此上帝概念的简单属性保证了其必然存在是无限的现实。所以必然的存在只能是纯完满的。相较之下,如果以偶然存在如岛屿为例,矛盾就会暴露无遗,因为"岛屿拥有一切属性且只具有纯粹的完满"或者"岛屿拥有最完满的知识和能力"明显包含着认识的错谬,故除上帝适用于"完满的必然存在"概念之外,无物不包含矛盾③。

而关于"可能性"的问题,莱布尼茨则主张如果有关上帝存在证明的证据不足,一个人更为合理的宣称应该是"上帝存在是可能的",这是因为"我们有权假定一切东西的可能性,尤其是上帝的可能性,

---

① [德]莱布尼茨:《人类理智新论》(下册),陈修斋译,第526—527页。
② 同上书,第528页。
③ David Blumenfeld, "Leibniz's ontological and cosmological arguments", in Nicholas Jelly (ed.), *The Cambridge Companion to Leibniz*, p.356.

除非有人证明其相反"①。可以说，这种"防御策略"透露出了些许宗教辩护的意味，因为莱布尼茨始终认为对于一个还没有得到证成也无法证伪的命题，人们可以援引对真理的传统推定，直到证据或谬误出现的那一刻，它都将持续有效。因此这种做法巧妙地将举证责任从辩护者转移到了攻击者，"可能性"的问题便得到了合理的辩护。所以，我们可以对莱布尼茨的本体论证明进行如下总结：

（1）如果上帝存在是可能的，那么上帝存在。

（2）在缺乏相反证据的情况下，判定"……是可能的"的说法是合理的。

（3）"上帝存在是可能的"命题没有出现相反证据证明其错误。

（4）因此，更合理的假设是"上帝可能存在"。

（5）所以，上帝存在。

总之，莱布尼茨将上帝"本质必然包含存在"的说法转变为了上帝的"可能包含存在"的论证，这其中的"改进"在于"如果可能，必然存在"成了"上帝（或必然本质）"的"特权"。莱布尼茨既没有沿袭实在论者强调"本质"与"实在"的同一（如笛卡尔），也没有表明"本质"与"实在"的区分（如阿奎那），他只是从唯名论的立场认为本质只存在于意识之中，仅仅是概念性的。因此上帝存在代表的是一种"形而上学的必要性"，这意味着其反面——"上帝不存在"——必然包含矛盾或逻辑上的荒谬。因此，莱布尼茨才会总结道："既然没有什么东西能够阻挠这种自身没有限制、不可否定、因而也不包含矛盾的东西之可能性，所以仅此一点便足以先验地认识上帝的存在。"② 可以说，"可能性"的提出，既弱化了"先验观念"的"先入为主"，又有效地防御了论争敌手的攻讦，不失为对"本体论"有效性的"完善"和加强。

二、对宇宙论证明的完善

在自然神学的传统中，宇宙论证明的出现，既可以理解为对本体

---

① ［德］莱布尼茨：《人类理智新论》（下册），陈修斋译，第528页。
② ［德］莱布尼茨：《单子论》，朱雁冰译，第489页。

论的一种否定,又可以视为对人类直面上帝问题时"自上而下"式的认知真空的填补——这种填补由中世纪经院哲学集大成者托马斯·阿奎那提出。可以说,"(阿奎那)以亚里士多德哲学为蓝本,把一种新的哲学思想和表达方式引进到了基督教哲学中,在感性经验的基础上用哲学理性重新表述了信仰问题,从而建立起了不同于奥古斯丁本体论类型的第二种宗教哲学类型——宇宙论类型"①。

按照这种方法,人们需要将逻辑观念的先验推演转向外部世界的感性证据以求得上帝的"踪迹"。众所周知,阿奎那宇宙论的"五路证明"见于其《神学大全》和《反异教大全》,这五条"认识"上帝的路径可以简要的概括为:(1)"受动—推动"系列,(2)因果系列,(3)"偶然性—必然性"系列,(4)完满性系列,以及(5)目的论证明。总之,"五路证明"以摧毁宗教信念"先验的"确定性为基础,以感性世界的证据为起点,并最终追溯出"最完满"的存在——上帝。因此,较之本体论的"信仰寻求理解",宇宙论的理性之光更一目了然。因为一方面理性方法作为认知上帝的基本方式,与人类的心灵结构最为相宜:"始于感觉的理性认识,虽不能直接看到上帝的本质,但借助那些人们更为熟悉的自然事物说明上帝存在及其作用等问题,对于处在有形质料中的人类灵魂来说,无疑是合适的。"② 另一方面,理性的"证明性论证"更适宜信仰者说服对手。因为阿奎那认识到,不相信上帝存在的人之所以深陷谬误,往往由于他们所"看到"的某些基督教信仰是建立在"非证明"的即"信仰"基础之上的。所以"可能性的论证"只适用于"信徒的实践"而非"对手的确信"——这也是为何阿奎那从未尝试证明"三位一体"等启示奥秘的原因:"当有人想通过不可信的论据去支撑信仰时,他必然成为不信者的笑柄。"③ 不难看出,由下至上式的"卓越之路"使得阿奎那的理性论证具有了哲学性的合理性基础:感性证据的自明以及自然理性的确定彰显了有关上帝的"神圣

---

① 翟志宏:《走进神学中的理性——论阿奎那哲学的基本特征及其历史价值》,《人文杂志》2004 年第 6 期。
② 翟志宏:《论阿奎那自然神学的理性诉求及其近代反动》,《世界宗教研究》2006 年第 4 期。
③ Aquinas, *Summa theologiae* 1a. 32.1.

第四章 莱布尼茨认识论中信仰理性化的应对和辩护

学说""建立在哲学理性基础上的认识论意图"[①]。而莱布尼茨的"哲学性有神论"立场无疑遵循了阿奎那的理性神学传统,以至于"很多人都认为像莱布尼茨这样的革新思想家,倾尽所有哲学力量去支持传统神学中上帝的存在是件不可思议的事。不止如此,他还将这样一个保守的、正统的神学体系推至了顶端"[②]。因此,只有厘清了莱布尼茨对宇宙论证明所做的"完善",我们才能真正理解他对传统神学知识的所持的认识论立场。

首先,莱布尼茨对上帝存在的"后天"式证明贯穿其早期至晚期的著作,如1697年的《论事物的最后根源》,1710年的《神正论》,1714年的《以理性为基础,自然和神恩的原则》以及《单子论》。但无论论证经历了怎样的变动和修改,有两个原则却是莱布尼茨一以贯之进行哲学推断的基石和要点,即"矛盾原则"和"充足理由原则"。如他所言:我们的理性"运用基于两大原则。其一为矛盾原则,我们根据这个原则宣布自身含有矛盾的东西是虚假的,而与虚假相对或相互矛盾的东西则是真实的。其二为充足理由原则。我们根据这个原则衡量,只要没有充足理由说明其为此而非彼——尽管这些理由在大多数情况下对我们完完全全是未知的——任何事实都不能被认为是真正存在着或者生存着的,任何论断都不能被认为是真实无妄的。"[③] 简言之,只要我们对命题进行推论,矛盾原则作为理性的第一要义,在逻辑的层面就不存在任何松动,因此是不能被否认的;而充足理由原则作为每一个不是通过自身而被知晓的先在证据,必然更为契合宇宙论的"后验"式证明。因此,"充足理由原则"在莱布尼茨的宇宙论证明中起到了非常关键的作用。

其次,莱布尼茨是在不同的层次和意义上对"理由"这一概念进行阐释和运用的。在写给克拉克的最后的信中,他提及了三种不同的

[①] 翟志宏:《托马斯难题:信念、知识与合理性》,北京:中国社会科学出版社,2014年,第145页。
[②] William Lane Craig, *The Cosmological Argument from Plato to Leibniz*, London: The Macmillan Press, 1986, p.257.
[③] [德] 莱布尼茨:《单子论》,朱雁冰译,第31—32节,第487页。

运用：(1) 任何存在都需要一个充足理由；(2) 任何事件的发生都需要一个充足理由；以及 (3) 任何真理的产生都需要一个充足理由。前两者可以理解为动力因 (efficient cause) 和目的因 (final cause)，而第三个却被莱布尼茨视为真理的合理性基础 (rational basis)①，因为当我们在寻求一个真理的充足理由时，我们实际上是在追问此真理合理的可理解性意义。正因如此，"理由"就不再简单地等同于"原因"，因为每个"理由"都具有不同的含义：每一事件都有原因，每一事物都有目的，而浩渺世界的一切都要有合理性基础："充足理由必然也存在于偶然真理或事实真理之中，即存在于被创造的客体世界之结果和联系之中。在这里，它可能分裂为个别理由，这是由于自然事物之千差万别，由于物体之被无限分解而呈现出无限多样性。……正是我的灵魂之无限多的细微倾向和情绪，当今的和既往的倾向和情绪，构成它的终极理由。既然这整个多样性充满偶然性，而这些偶然性又早已存在，或具有特殊属性，其中每一个为说明自身重又要求进行相似的分解，所以，人们通过分析并无取得进展。毋宁说，真正的充足的或终极的理由必然在多种多样的偶然性的序列或者序列组合之外，尽管这种联系是如此无边无际。可见，事物的终极理由必然蕴含在一个必然实体之中，在这一实体中，变化之纷繁多样只是"超绝"(eminenter)，宛如包含在源头之中。我称这种实体为上帝。"② 可以说在段论述中，莱布尼茨旨在证明世界的存在必须有一个合理性的基础。对莱布尼茨而言，关于世间万物存在的偶然真理例如"我存在"，既可以说是理性真理，也可以说是事实真理。虽然前者具有逻辑的必然而后者没有，但他仍然认为事实真理也需要"理由"，即每一真理发生的合理性基础。故此莱布尼茨的上帝实质上是世界"可理解性"的根本——为了能完全的理解某物并给出充足理由，动力因是不够的，目的因也是不充分的，只有可理解性的基础被赋予了万物，我们才能全然地对之进行解释。总之，"合理性基础"成为莱布尼茨较之阿奎那单纯寻求"终

---

① William Lane Craig, *The Cosmological Argument from Plato to Leibniz*, p.273.
② [德] 莱布尼茨：《单子论》，朱雁冰译，第 38 节，第 488 页。

极因"或"原初的推动者"不同的地方所在。

最后,莱布尼茨对上帝存在的追问并没有终止于对"无限回溯"的反对。对阿奎那而言,他通过万物趋于完满的上升路径,最终达到了绝对的必然存在。因此回溯不可能永无止境且必然终止于一点,否则世界将不具认识论意义。而在莱布尼茨看来,虽然他后来提出了"可能的最好世界"理论,但实际上他最初所关切的并非是客观世界"此个性"(thisness)及其先在状态的终极理由,而毋宁是为何会"有"这个世界而不是纯粹的"无"?可以说,"有无"问题下的潜在疑问正是"宇宙到底合不合理"的追问?这才是莱布尼茨宇宙论的核心:一切存有都一定有一个原因以及可理解的基础或是合理性,包括我们的世界。因此我们可将莱布尼茨的证明系统化:

1. 有些东西存在。
2. 有东西存在而不是什么也没有是有充足理由或合理性基础的。
3. 充足理由可以在单独的事物也可以在事物的整个聚合或是一切事物的动力因中找到。

(1) 世界的事物是偶然的,即是说,由于其他事情的决定,如果事情和运动发生变化,它们就不会存在。

(2) 世界只是这样的事情的集合,因此本身就是偶然的。

(3) 所有事情的动力因只不过是世界上以前的状态,而这些连续的状态根本没有解释为什么有世界。

4. 因此,世界和世界的当前状态之外必须存在充足的理由。

5. 充足理由将是形而上学的必然存在,即一个存在,其得以存在的充足理由是包含在自身以内的[①]。

通过这一系列的"完善"和"改进",我们最终看到莱布尼茨通过他的宇宙论建构起一个的"原初单纯实体":"这一实体是全部纷繁多样之充足理由,而这纷繁多样在各个方面都处于联系和关联之中,所以,只有一个上帝,这个上帝已经充足。"[②]

[①] William Lane Craig, *The Cosmological Argument from Plato to Leibniz*, p.274.
[②] [德] 莱布尼茨:《单子论》,朱雁冰译,第39节,第488页。

第三节　启示神学的辩护性解读

关于基督教信念的认知地位，大体存在着三种阐释方式或立场，即非理性的、理性的和超理性的。第一种方式通常由哲学家提出并阐发，他们通过严格意义上的理性运用以及知识的证据原则对基督教信念进行批判，尤其认为有关奥秘的宗教启示命题是非理性的、不合理的以及不具有认知意义的，这一类以启蒙主义者以及"证据主义者"为典型。而第二种理性的阐释方法则认为基督教信念是理性且合理的，从而具有一定的认识论地位。它主要通过一些神学家或哲学家对哲学理性及其认识论原则的运用与修正而对基督教信念的合理性予以说明和论证，这无疑继承了"信仰寻求理解"的传统。而超理性的解释原则则主要由排斥哲学的神学家们在对哲学理性及其知识标准的批判和对抗中形成，他们试图以护教的立场为基督教信念寻求某种超越哲学理性的意义，这一种可以被归结为"信仰主义"。对莱布尼茨而言，他对自然神学和启示神学的认识论地位的思考呈现出一种二元性和差异性：在自然神学方面，他以理性去论证有关"上帝存在"的命题以承接阿奎那的传统；而在启示奥秘方面，他却出于对基督教信仰的青睐展现出了一种兼具护教以及认识论意义的辩护倾向。

一、敌手：认知逻辑体系的失衡

毋庸讳言，《神正论》作为莱布尼茨最为著名的一部著作，其分量不言而喻。它不仅集中反映了莱布尼茨的宗教观念和神学立场，更对基督教神学的基本议题进行了广泛而深入的讨论。段德智先生在其最新的《神正论》译本的序言中写道："本著不仅差不多处处涉及基督宗教的一般教义，而且还差不多涉及基督宗教从早期教会到近代教会的历史，既涉及古代的马西昂派、纳西昂的圣格列高列、奥利金、奥古斯丁、贝拉基、波埃修、安瑟尔谟、阿伯拉尔、阿维洛伊、托马斯、

第四章 莱布尼茨认识论中信仰理性化的应对和辩护

奥卡姆、司各脱等……也广泛涉及索奇尼派、虔敬派、寂静派、耶稣派、福音派、托马斯派、多明我会……普救论者、特殊思想论及特殊恩典论者、堕落前恩典论者、堕落后恩典论者等。"① 可以说，莱布尼茨生命中这一最后一部且得以出版的作品是其自然神学的集大成。但是另一方面，莱布尼茨关于启示神学的论著数量却以更加众多且极度碎片化的方式呈现。"实际上，莱布尼茨在关于自然神学和启示神学核心问题的思考中，两者并无严格的相似性。因此，研究者们应该意识到，莱氏对宗教知识问题的探究只能通过将其主要作品（意指《神正论》）与更广泛且零碎的文本结合起来才能得以完整的重建。"②

那么，在认识论转向成为主流的近代早期，莱布尼茨为了能合理的展开他既为人类理性张目，又为宗教奥秘辩护的"理性与信仰相一致"的立场，他必然要对此时处境下的宗教敌手之攻讦和反驳做出回应。可以说，只有首先从认识论的维度弄清其理论敌手所秉承的神学立场和宗教观点，我们才能继而理解莱布尼茨对基督教知识进行合理辩护的前提和初衷。更具体而言，不论是当时被喻为"点燃了"整个欧洲的索奇尼派（Socinians），还是莱布尼茨在《神正论》中所针对的培尔的"信仰主义"（fideism），抑或在处理有关世间之"恶"与上帝公正问题时不得不面对的"诺斯替主义"传统，所有这些敌手在本质上都被他视为认知逻辑体系的一种失衡。

首先，从神学起源来看，有关"三位一体"的奥秘争论历来就和很多哲学思辨盘结在一起。因此在天主教的阐释传统中，对这些奥秘的解释是建立在形而上学关于"本质""本体""位格"等哲学性概念的区分之上的。而索奇尼主义之所以在17—18世纪早期被护教者视为首要的反驳目标则在于他们将"三位一体"和"道成肉身"等基督教的核心教义斥为非理性的和荒谬的。在他们看来，权威的来源是《圣经》，而《圣经》却需要理性的解释。"《新约》和《旧约》都向人的悟性指出永生之路，书中虽有超自然的内容，但有价值的内容都不

---

① [德] 莱布尼茨：《神正论》，段德智译，"序"第 vii—viii 页。
② Maria Rosa Antognazza, *Leibniz on the Trinity and the Incarnation: Reason and Revelation in the Seventeenth Century*, trans. by Gerald Parks, introduction, pp. xiii - xv.

违反理性。"① 在《拉科问答》中②，索奇尼主义者虽对信仰进行了有力的表述，但理性始终被他们赋予了首要性：人类的理性是对启示内容之合理性或非合理性的判断，理性应该拒绝所有那些不能理解即不合理的教条。因此，为了"给基督教提供一种连贯的和可信的阐释"，索奇尼主义者"在拒斥奥秘的同时致力于将基督教塑造为一种超自然的奖赏和严格的伦理学"③。在这一点上，他们和莱布尼茨的立场并无二致，因为真正的启示必须符合理性：任何自相矛盾的教义命题绝不可能是神圣的启示，而只是神学家的无意识发明。然而，莱布尼茨之所以反对他们，却在于索奇尼派肤浅地从人类理智或理性的限度出发将奥秘性教义视为自相矛盾的知识命题，并就此臣服于"反三位一体"的异端思想。显而易见，这无疑是在用一般知识的理性准则去测度宗教信念的"可理解性"。在索奇尼主义者看来，与其用神学正统的所谓"超理性"来搪塞奥秘的"不可理解性"，倒不如用人类可度量的"理性"去保证宗教信仰中的真理部分——摒弃奥秘而保留"超自然"的伦理学含义。可以说，莱布尼茨显然意识到了理性的僭越所带来的危害，这也是他后来采取"防御性"辩护策略的首要原因。

另一方面，和高扬理性相对的是"唯信仰主义"的立场。这在莱布尼茨的对手中以培尔为代表。培尔于1696年开始了与莱布尼茨的公开对话，他先后两次在其最负盛名的《历史批判辞典》第二卷"罗拉留"的词条中对莱布尼茨的"新系统"提出质疑和"看法"。莱布尼茨也正是在这些回应中差不多勾勒了《神正论》的梗概。在理论交锋中，莱布尼茨意识到以培尔为代表的敌手所触及的不仅是"恶的起源问题"，更是与"那些在恶的存在问题上努力调和理性与信仰的人士的意见正相反对"。如果说索奇尼主义导致了理性的僭越，使得信仰权威受到了威胁和挑战，那么培尔式的"唯信仰主义"则完全摒弃了人类的

---

① [美] 威利斯顿·沃尔克，《基督教会史》，孙善玲、段琦、朱代强译，北京：中国社会科学出版社，1991年，第504页。
② 这是索奇尼派于1605年出版的一本有关基督教教义的问答作品。
③ Sarah Mortimer, *Reason and Religion in the English Revolution*, Cambridge: Cambridge University Press, 2014, pp.38,147.

第四章 莱布尼茨认识论中信仰理性化的应对和辩护

理性,对人类的理性认知能力持一种极度消极和不信任的态度。

在培尔的信念中,理性不能获得任何超验性或奥秘性的真理——它是人类对真理感知的障碍,他以怀疑的视角来看待人类理性认知能力的可靠性。从这个意义上说,"信仰主义"不过是怀疑主义的另一种表达。区别仅仅在于培尔无条件地接受了信仰的奥秘,而怀疑主义者对一切知识命题都予以否认。但在本质上,他们却基于同样的基本假设,即人类的理性是不能达到超验真理的。因此,在莱布尼茨看来,不论是以信仰的名义拒绝理性还是以理性的名义拒斥信仰,都是一种逻辑系统本身合理性根据的失衡。对他而言,基督教奥秘和上帝正义的辩护永远不能脱离理性的有效辩护,"信仰主义和怀疑主义只是同一硬币的两面"①。他在《神正论》的绪论《论信仰与理性一致》中表明了自己的立场:"我之所以从'信仰与理性一致'以及哲学在神学中的应用这一基本问题开始……我设定,这两条真理不可能相互矛盾;信仰的对象乃上帝以超常的方式启示出来的真理;而理性虽然是各种真理的联结,但当其同信仰比较时,便特别地是那些人的心灵无需借助信仰之光而能够自然获得的真理之间的联结。"② 在莱布尼茨看来,基督教信仰本身就是理性或真理的体现,甚至可以等同于观念或知识的种类。因此,对教义命题的理智赞同是对上帝以非同寻常的范式启示的真理的认同,这折射出的就是信仰的"合理性"层面。总之,在神学争论的漩涡中,莱布尼茨迫使自己对各种宗教问题进行反思。这些问题涵盖甚广,诸如"理性和启示、知识和信仰的关系;人类理智的界限、知识的程度以及认识论意义下的信念状态;非矛盾原则的范围和有效性问题;对类比方法的意义及作用;对'自然''实体'以及'人类'概念的追问乃至关系理论等问题"③。毫不夸张地说,在这样芜杂的历史处境中,对于任何一个希冀寻求宗教信念之合理性的人而言,莱布尼茨都应该被视为一位异常博学且极具洞察力的思想导师。

---

① Andrea Poma, *The Impossibility and Necessity of Theodicy*, p.86.
② [德] 莱布尼茨:《神正论》,段德智译,第1节,第94页。
③ Maria Rosa Antognazza, *Leibniz on the Trinity and the Incarnation: Reason and Revelation in the Seventeenth Century*, trans. by Gerald Parks, introduction, pxiii.

二、奥秘:"反"理性还是"超"理性?

正如所有理论敌手的诘难均源于理性与信仰相"比较"时的困惑,他们往往轻易得出信仰的"正当性动机"需要一种"依赖于看到过奠立在启示基础之上的奇迹的人的经验"或是某种"流传至今的值得信任的传统"(《神正论》,第1节)。因此,当这种"经验"或"传统"变得不再充分从而缺乏现实性基础的时候,动机的"正当性"就变得岌岌可危。那么,基督教信仰的传统是什么呢? 想必圣保罗的一段话能揭示出答案:"深哉,上帝丰富的智慧和知识。他的判断,何其难测;他的踪迹,何其难寻。"① 毋庸置疑,难解的奥秘构成了信仰的核心,无论是希腊思想源头中的古典权威,还是天主教大一统中理性化的经院哲学,亦或是近代新教徒们对重归信仰的呼求,"基督教的奥秘以及神秘主义只能以完全基督教化的和根本超验性的实在得以解释。因为基督的奥秘,对于其他任何的神秘主义来说,都是唯一且真正的对象"②。但是,如果关于"奥秘"硬核的阐释仅仅趋于神秘主义"不言说"的默观和体验,那么对基督教知识的合理性疑问将永无止休。

事实上,有关信仰中的"奥秘"成分,历来存在着两种相互对立的传统立场,即奥古斯丁主义和托马斯主义。"前者源于柏拉图哲学和新柏拉图主义,代表着一种神秘主义的倾向,强调基督教信仰中的'奥秘'成分,对理性采取一种贬抑态度;后者源于亚里士多德主义,代表着一种理性神学的方向,力图借助形式逻辑对基督教的基本教义进行论证,用理性来充实基督教信仰。"③ 显然,在近代认识论对知识合理性及有效性的迫切追问下,莱布尼茨遵循了后者。在《神正论》中,他就保罗对"奥秘"的立场首先表明了自己的态度:"用圣保罗的

---

① 《罗马书》,11:33。
② Louise Bouyer, *The Christian Mystery: From Pagan Myth to Christian Mysticism*, trans. by Illtyd Trethowan, London: T&T Clark International, 2004, introduction, p.1.
③ 赵林:《中世纪基督教哲学中的奥古斯丁主义与托马斯主义》,《从哲学思辨到文化比较》,北京:人民出版社,2014年,第16页。

第四章 莱布尼茨认识论中信仰理性化的应对和辩护

话说就是：啊！多么巨大的财富和智慧！这并不是说要人们放弃理性，毋宁说要人们运用我们认识到的理由，因为它们教导我们认识使徒说的上帝的无限性或不可测度性。但这也意味着我们要承认对这些事实的无知。再者，我们在尚未看到之前还要承认：上帝按照指导其行为的无限智慧将一切都做成所有可能事物中最好的。"（《神正论》，第134节）从这段话中可以看到，莱布尼茨就基督教奥秘中知识和无知的状态界定了理性应对奥秘的反应：我们虽对（奥秘的）事实一无所知，但如若能时刻谨记众多信仰教条中的"神秘性"教导，则必然最终能在理智上认同有关上帝的奥秘。其实，莱布尼茨想要告诫人们的是信仰的"动机"并非一定要亲自"眼见"或者"耳闻"或是完全的"放弃理性"，因为"走向信仰，走向仁爱，并不总需要种种动机"（《神正论》，第1节）。但如果仅仅止步于此，莱布尼茨又会陷入德尔图良式的"因其荒谬，所以信仰"的"唯信仰主义"立场，这显然和其初衷相悖，所以为了能使奥秘"接受一种解释"，他其后对奥秘进行了更为深层的阐释。

同样还是在《神正论》中，莱布尼茨写到："宗教奥秘反乎现象"（《神正论》，第3节），这可以说是他对奥秘所做的确切定义。应该强调的是，"反乎现象"并不是宗教奥秘所具的概然的或是转瞬即逝的特征，而应该是它的本质。奥秘处于严格的限度之内：它是真理，是与现象相反的真理。如果对这个界限有所怀疑，那么我们将不可避免地陷入否认奥秘或是拒绝相信它的谬误之中。同时，奥秘虽然反乎现象，但它并未反乎理性。"因为现象可以揭示或隐藏真理，但奥秘所呈现的却是真理与现象间不同且更为极端的关系。"① 因此，和洛克一样，莱布尼茨并未否认"反乎理性"的知识命题是与真理或清楚观念的相悖，因为他们都企图运用理性来为宗教信仰提供某种"判决"或"可理解性"；但他和洛克不同的地方又在于，洛克在"超乎理性"的知识命题中否认了"借助于理性从感觉或反省得来的演绎"，并试图消解奥秘中的理性根基，从而为信仰和理性划界。而莱布尼茨却认为对奥秘的接受

---

① Andrea Poma, *The Impossibility and Necessity of Theodicy*, p.72.

和理性的洞见正是其《神正论》中两大相互支撑的元素:《神正论》并不是要用理性去"证明"奥秘并最终"理解"它,而是希望人们借由理性以合理的方式去"支持"或"接受"它。对莱布尼茨而言,如果不明白这两者的相关性,也就无法理解他对信仰与理性调和所做的一切努力。

正是基于这样的立场,莱布尼茨又在《人类理智新论》中对"超理性"的定义做了如下解释:"关于您(洛克)对超理性的所下的定义,我觉得有点意见要提,至少要是您把它和这话的公认用法联系起来的话;因为我觉得照这定义所暗示的方式,它一方面走得太远了而另一方面又走得不够远;而如果我们遵照着它,则凡是我们所不知道的以及我们在当前状况下没有能力认识的东西就都会是超理性的了……(这些)事实的知识超出我们的范围,并不是因为它们是超乎我们的感官的;因为我们要是有更完善的器官并且对其环境情况有更多了解的话,是将能很好地对它作出判断的。……因此,所有这些事情,假定有对事实更多的了解,更完善的器官和更高级的心灵的话,都可能被弄成借助于理性得以认识或可行的。"① 因此,真正所谓"超理性"的奥秘,莱布尼茨是借助于圣保罗对"看见"(seeing)和"相信"(believing)间的张力来进行类比的:"我将我们藉原因而先验认识到的东西称作'看见',而将人们仅仅藉结果进行判断的东西称作'相信'的,尽管这一个也与另一个一样,同样是确定地认识到的。在这里,人类也可以引用圣保罗的话,我们是藉信仰而不是藉眼见走路的。"(《神正论》,第44节)莱布尼茨认为,充分的"知道"或"看见"一个真理意味着拥有"充分的概念",它"不包括任何未经解释的东西"——这是真理逻辑的原则。正如我们可以说拥有对几何学的必然性真理的知识——这是一种充分的知识,也是名副其实的"看见"。

而由偶然真理所构成的奥秘则是另一回事。因为偶然真理并不能通过理性原则被拆分为简单的元素——也就是说它是不能被论证的,不能通过有限的一系列原因来得到证明:只有上帝能先验地知道偶然真理,且不通过经验洞见它们的无误性。相较之下,人类理性无法具

---

① [德]莱布尼茨:《人类理智新论》(下册),陈修斋译,第609页。

有完整的先验认识的链条，他们只能依靠实验性的后验方法，即基于经验的获取。因此对于信仰的奥秘，无论是"三位一体"还是"道成肉身"，亦或是预定论中的"迷宫"，人类理性远不能达到对奥秘充分"看见"的程度，"与现象相违"的奥秘在本质上必然"超越"了我们的理性。因此莱布尼茨总结道："奥秘虽然应当接受一种解释，但这种解释却是不完满的。对诸如三位一体和道成肉身一类的奥秘能够有这样一种类比的（analogical）理解也就足够了，这样，当我们接受这些奥秘时，我们就不是在宣布一个全然空洞无物的词语了。但这样一种解释也没有必要达到我们所期望的精确度，也就是说，达到理解的程度和高度，达到如何和为何的程度和高度。"①

总之，莱布尼茨为奥秘开辟了一种新的特殊的理性运用，它既不包含必然真理的纯粹联系，也不是偶然现象的先验联结，而是基于对奥秘"超理性"的"可信性动机"。上帝所具备的"即刻清楚地知道一切存在"的能力是源于神圣理性对普遍和谐概念的独有而充分的知识，而这必然是人类理性所无法企及的。但是，凭借着"超理性"的"可信性动机"，"只要人们胸怀谦卑热忱的精神，旨在维护和提升上帝的荣光……这样，上帝的正义、伟大和善就将穿过受外在现象所遮蔽的似是而非的理性的乌云，而向我们展现出来，其展现的程度与我们的心灵为真正的理性提升达到那些我们虽然看不到但却确信的事物的程度正相呼应"（《神正论》，第83节）。所以，信仰中永远存在着奥秘，直到人类被上帝赋予至高理性和恩典的荣耀之时。但在此之前，奥秘将构成理性一个永久的、持续性的任务；换言之，对奥秘来说，理性将永远必要且永远未完成。

三、奥秘合理性的双重认知基础：解释和支持

诚然奥秘超越了人类理性，因而人们永远无法达到对宗教奥秘的

---

① ［德］莱布尼茨：《神正论》，段德智译，第54节，第147页。但值得注意的是，此处英文版的原文是"analogical understanding"，段德智先生翻译成"逻辑的理解"，笔者觉得欠妥，故改成"类比的理解"。

"充分""清楚"的"不包括任何未经解释的东西"的观念。但这是否就意味着宗教信仰缺乏合理性的认知基础呢,换言之,基督教的启示奥秘是否就不具备认识论意义上的合理性呢?

实际上在莱布尼茨的时代,人们一方面见证了新兴科学的力量,另一方面又忠实地推进着从古代、中世纪到文艺复兴时期的哲学。因此,关于宗教信仰和知识的合理性论证根植于社会以及个人实践,以至于"宗教传统是如此地综合和包罗一切,每一个哲学部门都被吸引来探究它们的连贯性、正当性和价值。想不到什么哲学的区域缺乏宗教意蕴"①。而莱布尼茨在面对洛克急于用证据主义立场论证个人对信仰的主宰时,他据此提出的"信仰与理性的中间立场"则表明了他对洛克信仰观的质疑:"如果您(洛克)把信仰只看做那基于可信性的动机的,并把它和那些直接决定心灵的内心的恩情分开,那么先生,您所说的一切都是无可争议的。……但圣灵的内心的恩情直接以一种超自然的方式补充了它,而正是这造成了神学家们恰当地称为神圣信仰的。诚然,上帝除了他使人相信的是基于理性,是绝不会给人信仰的;否则他就会毁灭了认识真理的手段,并为狂信打开了大门;但并不必要所有具有这种神圣信仰的人都认识这些理由,更不必他们都永远有这些理由在眼前。"② 可以看出,莱布尼茨对信仰的论证仍旧属于证据主义传统,然而"鉴于并不是每一个拥有宗教信仰的人都有责任或能力把握信仰的理性,因此这种立场是宽松的"③。可以说,这种"宽松"使得莱布尼茨在宗教知识合理性的"证据主义"思潮中显得颇为独特和富有深意。也正是这种对确凿证据的松动,使得他对合理性的阐释延生出一种异于传统的双重认知基础,即理智性的"解释"和意志性的"支持":"在那些设定哲学与神学或信仰与理性不相一致的人的表述中必定常常存在有某种混乱。他们把'解释''理解''证明''支持'这些词搞混淆了……奥秘是可以得到充分解释的,以便证明信仰

---

① Charles Taliaferro, *Evidence and Faith*, Cambridge: Cambridge University Press, 2005, introduction, p.1.
② [德] 莱布尼茨:《人类理智新论》(下册),陈修斋译,第615—616页。
③ Charles Taliaferro, *Evidence and Faith*, p.141.

第四章 莱布尼茨认识论中信仰理性化的应对和辩护

它们是正当的。但人们不可能理解它们,也不可能了解它们究竟是如何发生的。……我们也不可能通过理性来证明奥秘;因为凡能被先验证明的或者被纯粹理性证明的,便都是能够被理解的。因此,我们在依据宗教真理的证明(亦即所谓'可信性动机')而相信奥秘之后,我们唯一可做的事情便是面对反对意见时依然能够支持它们。舍此,我们对它们的信仰就将没有任何坚实可靠的基础。"(《神正论》,第5节)

毫不夸张的说,对宗教知识的"理解"和"证明"在人类理性的限度内是无法实现的:因为"理解"和"证明"意味着拥有"充分的观念","要理解一件事物,一个人只有这件事物的观念是不够的:人们必须具有有关构成这件事物的一切的所有观念,而且所有这些观念也都必须是清楚、明白和充分"(《神正论》,第73节)。只有"通过动力因"才能使一个事物合理化,但关于奥秘本身的宗教知识命题并不总是"清楚明白的",所以我们自认为洞见的"奥秘"并非是永恒的,而只是一种推证真理,故莱布尼茨断言,理性既不能理解,也不能证明奥秘。

但正是这种奥秘"理解"的无能恰恰成就了"支持"信仰真理的基础。因为如果奥秘确实是能被理解的话,在接受它们之前,必然首先应该去"证明"它们。但如莱布尼茨所示,无论是异端还是敌手均未能提供充分的可信性"证明",他们采取的辩护策略大多只是一种以"异议"为幌子的托词,所以莱布尼茨指出:"所谓异议,不就是那种其结论与我们的论点相矛盾的证明吗?……我们必须始终听命于证据……(但)企图以它们只是一些异议为托词来弱化对手证据的做法是错误的,是不能得逞的,因为对手也能够玩同样的游戏,也能够改变名称,翻转这些推证,将他们的证明冠以'证据',而将我们的证明加上'异议'这样一种遭受贬损的名号。"(《神正论》,第25节)因此为了捍卫信仰,理性可以"解释"和"支持"奥秘,这已足够。只有信仰的支持者能意识到奥秘的"不可理解性",并不去坚称对宗教知识的证明,由此一切争端就可以避免。所以,"合理性基础"并不需要"理解"和"证明"的支撑,有"解释"和"支持"就够了,这样"一种类比的理解"可以帮助我们在"解释"的基础上,合理地"支持"奥秘以反对任何可能产生的异议。

所以，《神正论》——作为对信仰奥秘知识的一种理性阐释——不可避免地被划归为"护教"的范畴。换言之，它的真正任务不是"证明"，而是"支持"。值得一提的是，这并不意味着莱布尼茨是"信仰主义"的拥趸。"事实上，如果我们从否定的意义，即仅仅通过诉诸貌似合理的论据而不是通过真理来对宗教知识进行辩护，那么莱布尼茨的哲学性护教则应被理解为反修辞的。"① 对于一个将理性定义为"真理的联结"的哲学家来说，修辞体现为一种非理性，其本质呈现的是一种对真理嗤之以鼻的怀疑态度。而莱布尼茨的合理性护教恰恰是一种真哲学，体现为对真理的坚守和挚爱："哪怕人们只运用最为普通的逻辑规则，哪怕只是稍微在意地进行推理，便没有什么能够如此轻而易举地结束在信仰与理性权利方面的所有这些争论。但他们却与此相反，陷于模糊的和含混的短语的泥淖之中，这给他们提供了施展雄辩才能的良好机会，使他们的才智和博学得以充分的炫耀。其实，他们似乎并不希望去看到毫无掩饰的真理，这或许是因为他们担心毫无掩饰的真理不如错误那样为人认同，因为他们对作为真理源头的万物造物主的美一无所知。"（《神正论》，第30节）

莱布尼茨的辩护旨在说明说服敌手的所有雄辩都是次要的。人类永远无法证成信仰。那么，除了意志性的支持，奥秘在什么意义上是可被解释的呢？莱布尼茨回应道："奥秘是可以得到充分解释的，以便证明信仰它们是正当的。"也就是说，人类可以"依据宗教真理的证明（即可信性动机）"去"相信奥秘"。它们虽然无法提供"绝对的确定性"，但是它们却可以提供"道德的确定性"。两者虽然表现不同，但本质上却无异。人类的可信性动机源于人们"知道"信仰，即能够"理解"自然王国确实存在着奥秘。因此信仰的根本原则，在于公正上帝的存在以及灵魂不朽可以被合理地理解。《神正论》所坚持的本身就是对上帝存在的"独一原则"的确信②。基于这样的基础，人们可以解

---

① Andrea Poma, *The Impossibility and Necessity of Theodicy*, p.80.
② 《神正论》第44节："为了认知存在有这样一个全善和全知的万物的独一原则，我们根本无需求助于启示的信仰。理性是藉正确无误的证明教授给我们这一原则的存在的。"《神正论》，第138页。

释信仰知识的奥秘，而非奢求于"理解"或懂得它们是"如何"，进而就能够确信地在"支持"的意义上去理解它们"是什么"。因此，莱布尼茨最终将希求对一切启示的奥秘进行举证的行为定义为"画蛇添足"，因为后天的论据将永远不会是最终的和决定性的。《神正论》以及一切对启示奥秘的证明旨在促使人们确信上帝的存在，因而人们能够也必须"支持"一切反对上帝存在或奥秘的现象和看法。如果对上帝正义和对基督教奥秘的反对仅仅基于现象的基础，那么《神正论》的首要任务不是要改变"现象"的意义和解释，而是将现象和真理进行比照。只有在这个基础上，莱布尼茨对启示奥秘的合理性辩护才能被先验理性的真理合法化。

第五章

莱布尼茨认识论的理论困境

从当代视角出发，近代自然神学和自然无神论对立的焦点体现为人们可利用的"自然"证据是否真正能够支持基督教信念中的知识可能性。因此，在信仰主义的立场中，人们持有或行使信念本身被认为是合理的，即便这些信念缺乏足够的证据，或者不论这些证据是直接的还是通过推证的。然而，对于认识论者而言，当宗教信念面临合理性的拷问时，信仰主义就不再是一种明智的选择："因为如果在没有认知保证的情况下去相信——因为信仰而相信——这就很难说具有认识论的意义了。"① 所以，为宗教信念寻求认知意义上的合理性也就成为莱布尼茨这位理性主义者兼认识论者必须要解决的关键问题。然而，伴随着近代早期对理性及认知合理性的重新审视，先验的论证越来越多的被证据主义责难，莱布尼茨也面临着和中世纪阿奎那一样的双重困境：对内，理性不可化解的信念会导致二元对立思想的产生；对外，非信仰人士的批判更易彰显信仰的不可能性②。因此，当不同思潮使得理性与信仰的统一不再成为这一阶段中公共认知形态的全部，且渐渐呈现出对立倾向时，对两者关系的寻求也就不再只有一种尝试和方法。

第一节　内部困境：强弱理性的分裂

如果从莱布尼茨毕生的学术轨迹出发，无论是早期的学术浸淫，还是后期的外交生涯，其纷繁庞杂的哲学体系只能借助历时方法对其进行统一考察，只有如此，莱氏思想的发展脉络才可能获得较为合理而精准的诠释。故此，学界通常将其学术生涯划分为四个阶段：

（1）童年以及青年时期：1646 年—1667 年，基本生活在德国的莱比锡和纽伦堡；

---

① John Bishop, *Believing by Faith: An Essay in the Epistemology and Ethics of Religious Belief*, Oxford: Clarendon Press, 2007, pp. 1 – 2.
② 参见翟志宏：《西方宗教信念认知合理性的两种解读方式》，金泽、赵广明主编：《宗教与哲学》第二辑，北京：社会科学文献出版社，2013 年。

第五章　莱布尼茨认识论的理论困境

（2）政治学、神学以及哲学的早期阶段：1667 年—1672 年，大部分时间停留在德国的法兰克福和美因茨；

（3）巴黎时期：1672 年 3 月—1676 年 11 月，其中包括到访伦敦；

（4）汉诺威时期，即哲学的成熟阶段：1676 年—1716 年[①]。

可以说，作为欧洲大陆理性主义认识论的重要代表人物，莱布尼茨自幼所接受的古典和经院哲学的熏陶，以及英法的游历和德国的信仰传统，所有这些内外条件为其取得辉煌的学术成就提供了一种相当多元的思想基础。因此，莱布尼茨的整个哲学体系通常带有一种"调和性"的特征，这不仅体现为他在近代意义的认识论立场中"复辟"了经院哲学，展现了对托马斯·阿奎那的继承与超越，还体现在他在自然哲学观上对"机械论"立场的反复（由最初的认同转而反对）并最终意欲将其与亚里士多德"质形论"进行综合的哲思历程，更体现在他所选择的每一个哲学议题之中（如伦理学之恶等问题）。而在所有的论证中，莱布尼茨始终强调人类境况的改善以及对理性原则的依赖，但事实上，他却在理性的运思路径和运用程度上不自觉地流露出一种强弱理性的分裂。

首先是在青年阶段，莱布尼茨在 22 岁时就开始筹划"天主教证明"（Catholic Demonstrations），其中不仅包括了神学问题，还涵盖了作为整个形而上学、逻辑学、数学、物理学和政治学的绪论的第一原则，他将这一宏愿视为毕生之主旋律。然而遗憾的是，直至其生命尽头也未能如愿。按照他自己的宣称，"天主教证明"一共分为三个部分：第一部分将证明上帝的存在、灵魂的不朽和自然神学；第二部分将论证基督宗教或启示神学，其中包括证明神秘信仰的可能性以及对那些非信仰人士所宣称的"三位一体""道成肉身""圣餐""肉身复活"问题中的荒谬性和矛盾性予以解决。"因为基督宗教的证明往往只是道德层面的，所以很难给人以事实的明证，而所有基于道德确定性的证据都将被更强有力的相反的证据所颠覆，因此为了全然的满足，必须对所

[①] Roger Ariew, "G. W. Leibniz, life and works", in Nicholas Jelly (ed.), *The Cambridge Companion to Leibniz*, Cambridge: Cambridge University Press, 1994, p.20.

有宗教信仰的反对予以回应，因为在基督教的奥秘中，哪怕唯一一个证明之不可能性都会使其整体功亏一篑。"① 而在第三部分中，莱布尼茨将对普世教会及《圣经》权威进行论证。因此，无论是绪论还是主体部分，"天主教证明"都被莱布尼茨视为整个神学计划中的"被证实了的真正哲学之元素"②。可以说，这个计划奠定了其宗教信念理性化建构的思想基础，并预示了其后一系列的著作。但是很明显，这种用理性阐释信仰的论证框架遵循的仍旧是阿奎那的理性传统，而此举在"反经院哲学蔚为潮流、神学意志主义普遍流行的早期近代显得颇为异类"③。对莱布尼茨而言，三十年战争（1618—1648）的浩劫使本就疲弱的德国处于一片废墟之中，因此造成了他自青年时代起就建立的坚定信念，即只有天主教和新教的和解以及各基督教派的重新联合才能使德国摆脱割据，使欧洲重归和平。但是，在以洛克为代表的经验论者开启了证据主义范式并使得证据校准信念的合理性起点变得越来越被大众熟知并接受的时候，莱布尼茨想要让所有类型的知识命题包括神学命题都归入推证或是证明的逻辑框架下显然是行不通的。如他自己所示，自然神学是可以论证的（第四章第二节部分的理性建构），而启示神学中的奥秘无法给人以事实的明证，只能依据转移举证原则的做法反驳不同的异议（如第四章第三节的辩护策略），也就是说，宗教命题本来就兼具了"可理解性"和"不可理解性"的两个面向。任何人如果在理解信仰命题时获得了真正的成功，那就说明这些命题必然包含语义的以及认识论的性质，例如上帝这个概念，作为信仰的终极对象和具有真理价值的对象是可以等同的，因而这一概念在认知逻辑上可以与其他对象完全分离，是可以被完全理解的，它遵循了严格意义上的命题要素，并能够被逻辑的方法证实或验证。但是，像"三位

---

① Maria Rosa Antognazza, *Leibniz on the Trinity and the Incarnation: Reson and Revelation inthe Seventeeth Century*, trans. by Gerald Parks, London: Yale University Press, 2007, p.4.
② G.W. Leibniz, *Samtliche Schriften und Briefe*, in *German Academy of Sciences*, Berlin: Akademie Verlag, 1923- , Volume VI, p.23.
③ 桑靖宇：《莱布尼茨的神学理性主义及其对中国理学思想的解读》，《武汉大学学报》2009年第6期。

第五章 莱布尼茨认识论的理论困境

一体"或是"圣餐变体说"等诸如此类的启示奥秘在概念上就无法通过类比、推演、因果、归纳、演绎等严格的理性论证程序来完成，最终只能将"不可理解性"转嫁到人类认知能力的有限性之上，用"反理性"和"超理性"的区分化解人们在阐释和理解上的失效。

而到了晚期，莱布尼茨在 1710 年以法文写就了唯一一部鸿篇巨制《神正论》，是其副标题为"论上帝的善、人的自由和恶的根源"。"神正论"（Theodicy）这个词融合了希腊词根"上帝"和"正义"，被认为是由莱布尼茨所创[1]。从标题不难看出，此部作品遵循的也还是古代的护教传统：莱布尼茨在"恶"的问题上向读者们提供了一种更为系统和广泛的论述，试图在世间之"恶"和上帝之"善"的共生中继续维护上帝的公正原则。事实上，莱布尼茨在《神正论》中主要探讨的是恶的问题以及为了回应培尔对理性所持的怀疑主义观点。因此，无论是前言还是正文部分，《神正论》无一例外地彰显着"激进的理性主义"宣言：任何理性的存在都有能力拥有神圣知识。但鉴于后来康德将其描述为用不合理的企图去获知超感觉的事物且忽视了人类知识能力的限度，所以人们开始逐渐拷问理性在宗教辩护中的地位及有效性[2]。最终，"神正论"被划归为哲学的一种特有类型，康德将其定义为"对造物主最高智慧的辩护，以理性反对任何违背世界目的而提出的指控"[3]。

显然，莱布尼茨是从内外两个层面来着手回应"恶"的问题的。他非常清楚，无神论和怀疑主义的蔓延已经使"恶"的经验成为人们质疑上帝至善和公正的主要证据。同时他也意识到，犹太—基督教传统中的上帝并没有得到很好的辩护，因为之前众多的神学家及哲学家（尤其持意志主义立场）习惯于将上帝视为任意妄为的、无所不能的、

---

[1] Andrea Poma, *The Impossiblity and Necessity of Theodicy*, New York: Springer, 2012, p.3.
[2] Paul Rateau, "The theoretical foundations of the leibnizian theodicy and its apologetic aim, in Larry M. Jorgensen and Samuel Newlands (eds.) *New Essays in Leibniz's Theodicy*, Oxford: Oxford University Press, 2015, p.92.
[3] Immanuel Kant, *On the Failure of All Philosophical Attempts at Theodicy*, In *Werke*, Akademie Textausgabe, Band VIII, Berlin: Walter de Gruyter, 1968, p.255.

超越了人类理智的绝对大能,其引发的结果破坏了真正的信念——人类怎么能信仰一位对恶的存在无动于衷甚至不给任何理由就作出奖罚决断的上帝呢?然而从更为本质的层面来看,莱布尼茨的回应或许更多源于其哲学体系与上帝辩护的一致性:对上帝的绝对完满和世间之恶的调和正是其形而上学以及伦理学或人类学的内在要求。

首先在莱布尼茨的形而上学框架中,他把恶分为三种类型:"形而上学的恶"(metaphysical evil)、"物理学的恶"(physical evil)以及"道德的恶"(moral evil),其中"形而上学的恶在于纯粹的不完满性,物理学的恶在于苦难,而道德的恶则在于罪"①。而由于"物理之恶"和"道德之恶"并非必然,因而最终被归置进了形而上学之恶。这种做法无疑印证了莱布尼茨的本体论意图。不仅如此,"形而上学之恶"的概念由莱布尼茨首次提出,并和经院哲学对恶的传统二分法存在着些许差异。传统认为,主动的"恶"仅仅只针对具有理性的存在;而被动的恶往往是主动的恶的结果。当然莱布尼茨对以上两点还是认同的,他在《神正论》中也有相似的观点:"物理的恶,即悲痛、苦难和不幸,解释起来麻烦要小些,因为这些无非是道德的恶的结果","人们因其有所行动而遭受痛苦;人们因其行恶而遭遇恶"②。但莱布尼茨的超越性却在于:他在这两者之外还提出了一个涵盖万象的恶的体系,即形而上学之恶,这种恶也适用于一切缺乏理性的存在物。所以人们惯常认为的"恶之优势地位表现在人间"恰恰体现了人类对宇宙大全的短视。他们没有认识到,恶的范畴一旦由人间延伸至"天体、元素和无灵魂的混杂体以及一些动物中间"的时候,恶多于善的设想则变得绝非必然。所以莱布尼茨总结道,"倘若人们再进一步考虑到存在于所有实体中的形而上学的善恶,考虑到它们不仅存在于禀受理性的实体之中,也存在于不禀受理性的实体之中,考虑到在这样广大的范围内既包含物理的善恶,也包括道德的善恶,人们便必定得出结论说:现实存在的这个世界必定是所有世界体系中最好的体系"③。因此"形

---

① [德]莱布尼茨:《神正论》,段德智译,北京:商务印书馆,2016年,第21节,第199页。
② 同上书,第241节,第419页。
③ [德]莱布尼茨:《神正论》,段德智译,第263节,第441页。

第五章 莱布尼茨认识论的理论困境

而上学之恶"虽以"恶"冠名，但并未有悖理性。他只是将人伦世界中的"恶"归置进了自然世界，即大全宇宙之中。这无疑体现了莱布尼茨"单子论"中所想表达的"道德世界内化于自然世界"的看法。所以人类存续的世界由上帝创造，并借着"前定和谐"在人类之前就已设置妥当，并一直按照理性的自然法则和道德法则运行。但疑问并没有至此便戛然而止，因为"形而上学之恶"纵使涵盖了大全宇宙，从而使得恶的比例变小，但生活在此世的人们还是不免追问，上帝若真有权力和意志，为何不直接在造物的瞬间杜绝所有"物理之恶"和"道德之恶"？面对这个问题，莱布尼茨也给出了回应：他从类型学的角度将上帝意志分为"前件意志"和"后件意志"。在前者中，"上帝热切的倾向于免除所有人的罪恶并拯救所有人，排除他们犯罪的可能性"，换言之，"上帝只倾向于单一意义上的单纯完满性"；而"后件意志"则是"从所有倾向于善，甚至拒绝恶的前件意志的冲突中产生出来的"。所以，段德智指出，"上帝前件意志关涉的是'个别的善'，而上帝的后件意志关涉的则是'复合的善'或'总体的善'"，"前件意志的灵验性只有通过他的后件意志才能充分地和完全地实现出来"[①]。这就意味着，"前件意志"是针对"上帝不意愿恶"的层面阐发的；而"后件意志"则把人们所看到的"物理的恶"当作"道德的恶"的一种"罚"，甚至是一种帮助人们获得更大的"善"的手段或工具。如此一来，不仅解释了上帝对恶之允认的原因，也将上帝通过惩罚来推广良善的宏愿展现了出来。可以说，无论是"前件意志"还是"后件意志"，体现的依旧是上帝"意志"和"理性"的同一，因此，如果这个世界上所发生的最小的恶在其中被错过了，那它就不再是这个世界了。这个世界，只有当其中的任何东西都没有丧失，所有的东西都被允许创造出来的情况下，才能被裁定为它即是造物主所决意创造的那个最好的世界。

其次，从伦理学或人类学的角度出发，恶的问题和人类更加息息相关。实际上，恶本身不足以构成攻讦上帝正义的证据。但当恶以看

[①] 段德智：《莱布尼茨哲学研究》，北京：人民出版社，2011年，第391页。

似不公正的方式被分配时,当痛苦落在一个良善之人时,当罪没有受到应有的惩罚时,却着实令人震惊和不解,这即是对"义人遭罪"的反复追问。可以说"恶"的问题真正象征着一种介乎事实和权利之间的不可容忍的矛盾。事物的正确秩序似乎被颠倒过来:道德的善(美德)承担了身体的恶(苦难),道德的恶(罪恶)却享有着身体的善(快乐)。因此真正的问题在于:上帝既然被认为是全善、全智和全能的,那么这种失序如何可能?为了明白这一点,人们只需再次转向神正论的完整标题:"论上帝的善、人的自由和恶的起源"。莱布尼茨在阿姆斯特丹写给皮埃尔·胡伯特的信中(1707)也强调过:"本书的目的就是为了证明上帝的正义和人的自由,并展现出恶与这两种属性的兼容。"① 所以上帝的本质、属性是人们追问的形而上学源头,而人的本质、自由以及原罪的影响却是恶的现实性表象。正如保罗(Paul Rateau)总结的:"《神正论》的神学意义落脚于上帝和他的完满,探讨了其无限理智与绝对至善间的意愿关系,并得出结论:他不可能是恶的始作俑者,尽管他出于更好的理由确实允许了恶的存在。因此护佑的观点就得到了拯救。而人类学的意义侧重于人类的自然缺陷、亚当之后的堕落,以及基于这种全然败坏的自由选择后的后果。这显示了人类对所犯之恶的责任,以及他们必须遵循的道德原则。这两个不同却互为互补的层面正是莱布尼茨对恶之必然性问题的回应。"②

实际上,莱布尼茨虽用更大的善反衬了恶的必然,并以"最好的可能世界"作为确立上帝至善和公正的证据,但在《神正论》的文本中,他似乎又展露出上帝在神圣选择时的模糊性:"上帝在所有可能的不同方式中进行选择。从形而上学的角度看,他是能够做出选择或造出并非最好的事物,但从道德的角度看他却不能这么做。"③ 不难看出,

---

① Leibniz, *Nouvelles lettres et opuscules inédits de Leibniz*, Paris: A. Foucher de Careil, 1857, p.202.
② Paul Rateau, "The theoretical foundations of the leibnizian theodicy and its apologetic aim", in Larry M. Jorgensen and Samuel Newlands (eds.), *New Essays on Leibniz's Theodicy*, pp.98–99.
③ [德] 莱布尼茨:《神正论》,段德智译,第234节,第413页。

第五章　莱布尼茨认识论的理论困境

莱布尼茨一方面暗示了上帝的最佳选择可以是偶然的，但另一方面他又认定上帝不做出最佳选择绝对不可能。因此，如果从字面的表层出发，实在很难理解这一辩护观点的前后不一，除非这种矛盾有着更为深层的理由，即他对"可能性""现实性"及上帝"权力"等概念的区分。

首先，在"可能性"的问题上，莱布尼茨给予了这样一种表述："当人们讲及一件事物的可能性时，这里所谈的是一件事物能够产生的原因或能够阻止其现实存在的问题。"① 因此当考量"可能性"的概念（譬如受造物的存在、因果链条中的事件以及我们存在的世界）时，自然会认为它们的可理解性及其逻辑条件除非是被上帝意愿，便无其他解释："因为上帝是在可能的事物之间进行选择的，正因为如此他是自由选择的，而并非受到强迫。"而同样合理的是，莱布尼茨还认为所有可能的事物均在上帝的理智之中，因为他的全能扩展到一切都是可能的，我们完全可以假设上帝创造一个不如我们完满的世界。换言之，鉴于上帝的全能，其最佳选择可以是偶然的。然而，如果考虑"现实的和实存的事物"，情况就不同了：因为上帝的意志及其目的，选择一个不如我们的世界是不可能的，这将意味着上帝的不完满。因此在道德的层面，上帝有必要选择最好的并实现它，一个比我们糟糕的可能世界纵使能被视为其全能的对象，但却并不是其意志的对象："因为所有可能的事物都被视为（上帝）能力的对象，但现实的和实存的事物则被视为他的命令意志的对象。"② 因此，在"可能性"到"现实性"的跳跃中，或者说从无限可能的世界到唯一"最好世界"的创造中包蕴着很多内涵：其一，上帝的神圣全能是被限定在"可能的"限度内的，逻辑或形而上学的"不可能"对上帝而言也是不可能的，正如一个方的圆。因此，"'无限可能世界'既然是上帝自由选择的对象，则它们势必作为上帝自由选择活动的对象和前提而存在于上帝的自由选择活动之前，从而便不可能是上帝意志的结果或产物"③。其

---

① ［德］莱布尼茨：《神正论》，段德智译，第235节，第414页。
② 同上书，第171节，第356页。
③ 段德智：《莱布尼哲学研究》，第393页。

二，上帝的理智和意志结合在一起才能生发出对可能的实体组合进行独一的最佳选择。如果仅仅出于道德的必然，无论其意志如何强大，仍然无法改变偶然事物的属性（可能的世界）并使其成为必然。只有凭借着全能（上帝可以做一切可能的），加之他的全智和全善才必然决定了他做出最佳的选择。

其次，上帝"能够"选择不是最好的事物以及上帝"不能"选择除了最好的其他事物间的"矛盾"既涉及"必然性"与"确实性"和"形而上学的必然性与道德必然性之间的区别，"也涉及"最近潜能"（proximate potency）和"遥远潜能"（remote potency）的区别①。在莱布尼茨看来，"遥远潜能"是指逻辑的、几何学的或形而上学的可能性，而"最近潜能"则不是。为了进一步说明，莱布尼茨引用了尼考莱的一个比喻："一个有智慧的、严肃的、未丧失理智的官员不可能参加某种离谱的公众活动，例如，他不可能赤身裸体地跑过大街，以便引人发笑。在某种意义上，得永福者的情况也同样如此。他们很少能够犯罪，不许他们犯罪的必然性也属于同一种类型。"② 可见遥远潜能的存在是理性能力自由的条件。上帝的神圣全能被认为先于世界的创造，因而他不论创造什么都是可能的；而上帝的权力却从属于他的智慧和至善，这便类似于最近潜能。

然而最后，莱布尼茨用两种不同的推证方式再次回到了强弱理性分裂的窠臼。第一种是所谓的"必然性推证"，这涉及理性真理，且是严格意义上的推证；另一种被称为"可能性推证"或"道德推证"，其目的是对人们不能达到绝对确定性的事物以及命题的合理性和可信度程度进行评估。这种评估包括衡量相反命题及其理由。这种形式的推证并不是决定性的，它可被视为一种弱化的推理形式。可能性的推证从若干证据的聚集中产生，这些证据包括经验、表象、推测、概括等，并最终得出一种最高程度的确定性。作为处理上帝之善和世间之恶的实践性问题，这意味着人们可以收集一切经验的事实和情况，以弥补

---

① ［德］莱布尼茨：《神正论》，段德智译，第282节，第459页。
② 同上。

第五章　莱布尼茨认识论的理论困境

思想并最终采取最佳办法。因此,由上帝至善而产生的神圣选择,即可能世界的先验性代表了一种独有的推证,即必然性推证和可能性推证的综合。这种推证的特征与可能性推证有着共同点,即涉及的是事实真理的领域。然而,它与最高的可能性程度也同时有关,莱布尼茨称之为"无限的可能性或道德的确定性"①。因此,最好的可能世界理论既不是构想假说,也不是单纯的推定。相反,它具有"绝对的确定性"而不仅是"道德的确定性",因为"道德确定性"仅仅根据经验、权威或证词推理,而"绝对的确定性"则来自先验证据。

总之,有利于神圣选择的最好可能世界的先验性具有着和必然性推证相同的特征,因为它们的基础在某种必然性之上;而道德的必然性是一种内在义务:上帝永远且绝对选择最好的,不是因为他不能有其他选择,而是因为他必须选择最好的且不能做不符合他完满和正义的事情。创造一个不是最好的世界不仅在逻辑上是不可能的,在道德上也是不可能的。因此,莱布尼茨需要在道德和逻辑的双重意义上来展现这种共生关系。可以说,这样一部在他生前就得以出版的罕见(严格说来是唯一的)作品,莱布尼茨本人是相当珍视的,他不仅经常在通信中引用原文,甚至还一度将其定义为一种"类科学"(quasi scientiae quoddam genus)②。然而,对于《神正论》的"散文"特质,后世的很多哲学家更愿意相信这是一部缺乏严谨性论证的"伪科学"作品③。如黑格尔就将《神正论》视为"一种夸夸之谈,空吹着表象或想象的可能性"④;罗素也认为莱布尼茨"几乎所有的著作关切最多的毋宁是规劝读者,而不是提供可靠的证明"⑤。的确,这部以法语而非

---

① "Demonstrationum Catholicarum Conspectus", A VI, 1, 494, c.5.
② Leibniz: *The Leibniz-Des Bosses Correspondence*, translated and edited and with an introduction by Brandon C. Look and Donald Rutherford, London: Library of Congress Cataloging-in-Publication, 2007, p309.
③ Daniel Garbe, *Monads and the Theodicy: Reading Leibniz*, Oxford: Oxford University Press, 2015, p105.
④ [德]黑格尔:《哲学史讲演录》第四卷,贺麟、王太庆译,商务印书馆,1983年,第177页。
⑤ Bertrand Russell, *A Critical Exposition of the Philosophy of Leibniz*, London: Routledge and Kegan Paul, 1900, pp.1 - 2.

拉丁语写就的作品面向的本就是最广大的读者群①，它不像《单子论》那样充满着哲思奥义以及形上建构，它的真正目标就是相关伦理以及对信仰进行认知辩护的。所以莱布尼茨本人一再强调："最后，在所有的问题上，我都竭尽全力考虑到教化问题；而且，如果我肯认了某些好奇的东西的话，那也只是因为我认为这对于消解那种严肃性可能令人沮丧的问题大有必要。"② 因此，在"类科学"和"伪科学"的张力中，莱布尼茨的辩护方式也就彰显着十分明显的两个纬度。

纵观整部作品，明显地交织着两个不同的层面，即信仰式的辩护（弱理性）与学理性的证明（强理性）③。前者表现为对异议的驳斥（如培尔的攻讦）以及若干基于可能性或猜想的对上帝护佑观点的"后验"辩护；后者则更多以"先验"理性和严谨逻辑论证了上帝行事方式的神学议题以及涉及人类自由的人类学问题。譬如在前言部分（《论理性与信仰的一致》）给出的是一般性的推断，即"在事关上帝的情况下，人们根本无需设定或设立用以推动他允许恶的种种具体理由，只要有一些一般性的理由也就绰绰有余了"，因为"我们知道他是照管整个宇宙的，而宇宙的所有部分都是相互关联的"④。相较之下，正文部分（《就恶的起源论上帝的正义与人的自由》）则以严谨性的思辨耗费了大量笔墨重分析了上帝意志的性质且区分了前件后件意志并最终得出了上帝对"最好世界"的神圣选择⑤。因此，两个层次既存在相关性也存在差异性。当然，《神正论》中出现的一些可能性猜想并不意味着莱布尼茨完全摒弃了理性和逻辑的有效性，因为当他诉诸政治学、法学、伦理学、人类学以及神学等相关真理时，论证的"科学性"还是有迹可循的。虽然在认知合理性上，信仰辩护要明显弱于学理证明，但吊诡的是，表象或现象却更具决定性和成功性。因为对于培尔而言，恶的存在的确天然破坏了有利于上帝公正和良善的先天证据，而莱布

---

① 在莱布尼茨的时代，拉丁语通常被科学家、神学家以及学者使用，因此以拉丁语写作更显学术性。
② ［德］莱布尼茨：《神正论》，段德智译，"前言"第 90—91 页。
③ 这里参考了 Paul Rateau 的观点，即"护教"和"教义"是《神正论》结构中的"两翼"。
④ ［德］莱布尼茨：《神正论》，段德智译，第 34 节，第 131 页。
⑤ 参见莱布尼茨《神正论》20 节及以下的内容。

第五章 莱布尼茨认识论的理论困境

尼茨恰恰就以后验式的猜想和推测首先奠立了上帝的公正之道,然后再娓娓展开理性论证。

既然学理性层面被莱布尼茨视为具有"类科学"的性质,那么这个部分是否为人们提供了真正意义上的"证明"呢?为了回答这个问题,还是要再次回到莱布尼茨的推证概念。对他而言,推证和其他任何形式的证明不同,它的条件非常严苛。一个推证是一种证明的形式,其"形式"和"内容"都是绝对正确的,这意味着"其每个前提都得到承认"或"证明的佐证"①。推证通过分析显示出主词对谓词的包含,这在一些文本中被莱布尼茨称为"绝对先验论证"(或先验证明)。由于一个定理的推证相当于将其还原为定义,所以可以得出结论:绝对的先验推证只包括定义,也就是说推证就是绝对无误的定义链。正如莱布尼茨反复强调的那样,只有理性真理能够得到推证,而事实真理却只能被证明:理性的必然真理意味着其反面即是矛盾,所以它们提供的是绝对的、几何学的、逻辑的或形而上学的确定性。相反,事实真理的偶然性意味着它们的反面也是可能的,因此对它们的分析趋于无限不会终结,故事实真理只提供道德上的确定性。最终鉴于宇宙的整体性以及上帝选择创造这个宇宙而非另一个也具有同样可能性的世界,莱布尼茨便断言只有上帝拥有这样的先验知识。因此推证上帝必然选择人们生活的这个世界并将其视为最好的。在某种程度上,莱布尼茨的这种先验和后验的分类再次印证了他在论证路径中强弱理性的分裂,因为他始终认为推证在事实真理上的不可能源于人类知识的有限性。

莱布尼茨填补着"恶"之合理性的先验理由与人们对恶予以后验解释间的鸿沟②。尽管《神正论》的学说的确为上帝的神圣正义和世界总体的善提供了某种合理的论证,但莱布尼茨还是明显展露了他为宗教信仰辩护的初衷。对他而言,尽管人们遭遇着此世的不幸和苦难:

---

① [德]莱布尼茨:《神正论》,段德智译,第25节,第123页。
② Paul Rateau, "The theoretical foundations of the leibnizian theodicy and its apologetic aim", in Larry M. Jorgensen and Samuel Newlands (eds.), *New Essays on Leibniz's Theodicy*, pp.109–110.

"因为要是能够理解普遍的和谐，我们就应当看到，我们试图挑剔的东西是与最值得选择的计划联系在一起的。简言之，我们应当看到而不是仅仅相信的是：上帝所做的一切是最好的"①。他企图用自己的方式期盼着人类对上帝理智进行渐进式的理解，并帮助人们接近理解万物的无限知识，但使用这种激发人们的合理性信念和希望的辩护方式最终只能让《神正论》导致信仰。

第二节　外部困境

以理性主义的立场表达信仰的论证意图并以认识论的进路阐释信念的合理性问题，是随着12世纪以后亚里士多德著作在西方的复归，托马斯·阿奎那试图在哲学的基础上重构基督宗教信念所达成的②。当然，阿奎那所处的时代正是天主教大一统的盛期，信念的理性化建构在后来的"七七禁令"中也因而受到了质疑和打压，但这种方式确实在人们进行认知以及思考时起到了增益的作用。如若非此，信念只能沦为狂信或野蛮，而启示与自然、信仰与理性的对话将完全失效。然而，近代的理智氛围使得哲学家们对自然哲学和认识论的关注超越了之前世代的形而上学或者神学核心，实现了从本体论向认识论的转变。在人类理性的高扬下，不仅兴起了自然科学、启蒙主义以及民族主义，基督教更是在宗教改革和教派冲突之下从大一统的迷梦中惊醒，由此，启蒙主义者逐渐开启了理性对宗教的反思。但在他们看来，此前认识论中大量运用的类比、演绎、推理原则只是理性基于逻辑层面的跳跃，要么会背离经验主义立场的相称性和相似性原则；要么会造成思想上的混乱而不具有经验认识论的意义③。

---

① [德] 莱布尼茨：《神正论》，段德智译，第44节，第138页。
② 参见翟志宏：《托马斯难题：宗教信念的认知合理性是否可能》，《世界宗教研究》2010年第1期。
③ 参见翟志宏：《阿奎纳的信念理性化建构与普兰丁格的知识合理性扩展》，《世界哲学》2007年第5期。

一、启蒙运动下的理性和信仰

在莱氏哲学体系的生成、建构和嬗变过程中,整个欧洲的思想氛围并非始终风平浪静。在认识论领域,标准问题已见成效,哲学家们越来越强调知识命题可证明的确定性;而在信仰领域,基督教思想家们则渐渐认识到信仰是一种自主判断过程,而非对权威的绝对信任,这使得他们生发出"个人应如何面对宗教知识之竞争"的疑问。其中,"亚里士多德学派、斯宾诺莎学派、洛克学派、笛卡尔学派和莱布尼茨学派之间的五方混战展现着这场思想革命在地理上和时段上的变体"①,而混战的核心始终围绕着启蒙和宗教的关系而展开。由此可见,由于启蒙运动引发了宗教信仰的自主判断问题,因而也就衍生了信仰合理性的判断标准以及如何行使这种判断的问题。

而对于启蒙运动的定义,即使同样身处 18 世纪,不同地域或不同国家的人们也有着不尽相同的阐释,如意大利的哲学家们称这一思想运动为"Illuminismo",而法国人使用的是"Lumières"一词,德国流行的则是"Aufklärung"。在这种多样性之下,柏林牧师约翰·弗里德里希·佐尔纳(Johann Friedrich Zollner, 1753—1824)于 1783 年 12 月在《柏林月刊》(Berlinische Monatsschrift)发表文章问道"什么是启蒙?"② 这一问题随后引发了大量的回应,如席勒、赫尔德、哈曼、里姆和莱辛等德国启蒙运动中的代表人物纷纷提出了自己的观点。犹太哲学家门德尔松(Moses Mendelssohn, 1729—1786)在 1784 年的一篇文章中认为,启蒙就是指一个尚未完成的使用理性的教育过程,它应该向所有人开放。而康德则对"启蒙"给出如下明确定义:"人类脱离自己所加之于自己的不成熟状态。不成熟状态就是不经别人的引导,就对运用自己的理智无能为力。当其原因不在于缺乏理智,而在于不

---

① Ethan H. Shagan, *The Birth of Modern Belief: Faith and Judgment from the Middle Ages to the Enlightenment*, Oxford: Princeton University Press, 2019, p.322.
② Dorinda Outram, *What is Enlightenment?*, Cambridge: Cambridge University Press, 2019, p.1.

经别人的引导就缺乏勇气和决心去加以运用时,那么这种不成熟状态就是自己所加之于自己的了。要敢于认识!要有勇气运用自己的理智!"① 可以看到,信仰与启蒙的相遇"与其说是所谓的激进启蒙运动,不如说是由更多主流思想家发起的在新的基础上重建基督教的宏大新计划"②。莱布尼茨试图维护的阿奎那式的理性与信仰的一致性在当时是被同时代的其他思想家以冲突和矛盾的形式予以展现的。

而从思想的历史演进过程及其逻辑发展线索来看,启蒙的过程也并非一蹴而就。英国在经验主义哲学和新兴科学的双重影响下率先开启了对基督宗教的反思。自培根在《新工具》(1620)里呼吁"科学要来一个伟大复兴"开始,哲学家们便通过对世界的理智思考重塑有关宗教、自然世界、知识命题以及人类道德问题的思维框架。培根曾言:"三段论式不是应用于科学的第一性原理,应用于中间性原理又属徒劳;这都是由于它本不足以匹对自然的精微之故。所以它是只就命题迫人同意,而不抓住事物本身。"③ 知识界以摆脱亚里士多德思想的枷锁相号召,众多理智突破在科学领域经院哲学无所不包的知识大厦风雨飘摇相继产生,尤其是后期启蒙运动提出的思想方法,恰好填补了经院哲学在方法论上无法继续满足近代早期哲学推演及论证的要求。这种新的思想方法不仅改变了人类认知活动中的推理过程,还使得人类理性不再等同于既定的先验确定性,并转变为一种调查活动,即发现的过程,由此,新兴的宗教思想也应运而生。史料显示,早在1563年,新教改革家加尔文的密友皮埃尔·维雷特在其撰写的《基督教教义》(*Instruction Chrétienne*)中描述了当时各种需要加以遏制的宗教自由思想者,其中就提到了一些自称为"自然神论者"(deists)的人。在维雷特的描述中,"自然神论"(deism)原指宗教信仰的缺乏,这是这一称号在欧洲大陆首次出现,后来这一思潮在英国发展成为自然神论。

---

① [德]康德:《历史理性批判文集》,何兆武译,北京:商务印书馆,1996年,第22页。
② Jonathan I. Israel, *Radical Enlightenment*, Oxford: Oxford University Press, 2001, pp. 8-9.
③ [英]培根:《新工具》,许宝骙译,北京:商务印书馆,1986年,第10页。

第五章 莱布尼茨认识论的理论困境

被公认为自然神论第一人的是爱德华·赫伯特勋爵（1583—1648），他对自然神论的发展乃至无神论的出现都产生了重大影响①。赫伯特勋爵最为重要的理论贡献是在《论真理》（1624）中提出了宗教信仰的"共同观念"原则，即所有具有正常心智之人所相信的均可以合理地被认为属于理智范围，且这一特征在所有理性宗教中都显而易见。赫伯特此举反映出他对基督教外在信仰形式混乱之下的内在统一性诉求。正因如此，《论真理》奠定了此后自然神论的发展方向，它使更多具有宗教信仰的哲学家们在承认上帝信仰的同时又摒弃了启示神学中的奥秘元素。其后，洛克于1690年完成了《人类理解论》并确立了经验论立场，而其于1695年发表的《论基督教的合理性》更明确宣称基督宗教的任何神圣启示必须服从理性的判断。这里要指出，《人类理解论》虽是一部认识论巨著，里面却包含了洛克宗教思想的核心，尤其是在第四卷的第十章里，洛克专门论证了上帝的存在。可以看到，在洛克的宗教哲学中，上帝是一个"复杂的观念"："我们可以根据自身的经验，得到存在、绵延、知识、能力、快乐、幸福等等观念，在我们企图对于崇高的主宰，形成最恰当的观念时，我们便以无限观念把这些观念各各都加以放大"②。这段陈述展现了洛克对人类理性能力的信任以及对信仰主张之个人判断的合理性的认同。因为和盲信不同，只要是在认知领域，人们始终要进行某种基于主体的判断，并且一旦在启示中发现某些与理性相反的东西，则可以予以拒绝。显然，洛克为捍卫基督教信仰合理性所作的尝试，使他在传统的启示宗教与源自理性且无需特殊启示的宗教间撕扯出一道裂痕。而后当托兰德的《基督教并不神秘》（1696）问世，其所引发的思想震动则更为深远。在托兰德看来，基督教已经转变为一种自然主义宗教，不需要任何神秘性解释，并且所有福音都可以通过理性来裁决，无需求助神圣启示："我们主张理性是一切确实性的唯一基础；并且主张任何启示的东西，不论就其方式或存在而言，都和日常的自然现象一样，不能摆脱理性对

---

① James M. Byrne, *Religion and the Enlightenment: From Descartes to Kant*, Louisville: Westminster John Knox Press, 1997, p.115.
② ［英］洛克：《人类理解论》（上册），关文运译，北京：商务印书馆，2012年，第287页。

它的探究；因此，我们还要坚持本书标题已经指明的观点：福音书中没有任何违背理性或超越理性的东西；而且，恰当地说来，任何基督教教义都不能叫做某种神秘。"① 对此，后世有学者评论："洛克试图证明基督教对于理性之人是可以接受的。而托兰德则认为有关基督教的奥秘和奇迹必须在理性的修正中予以抛弃，即启示的、教条性的宗教本质消失殆尽。"② 暂且不论这一评论是否公允，但自然神论的确为当时人们的宗教信仰方式提供了一种新的可能性，即个人可以在具有"宗教性"的同时却不再相信传统基督教的教导，这就将怀疑主义、理性判断以及宗教信念作为一个整体呈现了出来。通过这种方式，莱布尼茨所坚持的那种启示神秘性被消解了，人们可以建立一种坚实而具有合理性的宗教，它破除了有关上帝权威的外部争论，且不必真正相信《圣经》奇迹、基督神性以及各种偶像崇拜。正因如此，自然神论经由英国的壮大而后传入荷兰、法国等国家，"一度成为17—18世纪西欧各国具有自由思想和启蒙意识的知识精英们的一种时髦的神学理论和信仰形式"③。可以看到，在莱布尼茨的时代，信仰宗教的权利逐渐让位于信仰理性的权利，即对一切知识命题以及宗教信念的判别都建基在观念的契合以及感官的证据之上。因此，当莱布尼茨以《人类理智新论》去逐条回应并驳斥洛克的《人类理解论》时，他虽明确表示自己的体系与洛克不同，但同时也强调自己是"把柏拉图和德谟克利特，亚里士多德和笛卡尔，经院哲学和近代哲学家，神学、伦理学和理性都结合起来了"④。

另一方面，莱布尼茨同时代的荷兰哲学家斯宾诺莎所提出的"政治的真正目的是自由"则为启蒙运动拓展出了更具"现代性"和更为

---

① [英] 约翰·托兰德：《基督教并不神秘》，张继安译，北京：商务印书馆，1989年，第5页。
② Peter Gary, *The Enlightenment: An Interpretation*, New York: Alfred A. Knopf, 1969, p.327.
③ 赵林：《英国自然神论的兴衰》，《从哲学思辨到文化比较》，北京：人民出版社，2014年，第42页。
④ [德] 莱布尼茨：《人类理智新论》（上册），陈修斋译，北京：商务印书馆，2016年，第32页。

第五章　莱布尼茨认识论的理论困境

"民主"的基调①。斯宾诺莎在《神学政治论》中重新审视了自由民主的神学基础，并认为神学和政治构成了一个不可分割的实体。这部作品由序言和二十章节构成：第一章以认可《圣经》预言的真实性和摩西律法的启示为开端，而终章则以断言摩西作为政治家的失败而结束。斯宾诺莎主张建立一个自由国度，在那里人们的言论和思想是自由的，可以仅凭理性做出判断："政治的目的绝不是把人从有理性的动物变成畜牲或傀儡，而是使人有保障地发展他们的心身，没有拘束地运用他们的理智；既不表示憎恨、愤怒和欺骗，也不用嫉妒、不公正的眼加以监视。"② 不仅如此，斯宾诺莎还认为巩固社会的纽带所依靠的是商业和信用，而并非宗教："一个国家最安全之道是定下一条个规则，宗教只是在于实行仁爱和正义，统治者关于宗教的事务之权与关于世俗的事物之权一样，只应管到行动。但是每个人都应随意思考，说他心里的话。"③ 因此，《神学政治论》为当时的欧洲社会开辟了一种带有民主烙印的新范式，即国家的目的是将社会成员从启示和神权化的政治转向理性和自由民主。同时，斯宾诺莎还明确表示，启蒙运动的最终目标可能会使某些精英群体受益，因为"哲学的自由"，不仅指涉一般意义上的知识自由，更涵盖了那些极少数有着完全自我意识和理性生活的群体。然而，斯宾诺莎所塑造的宗教意识混合了怀疑和确定的双重特征。这种矛盾性在《神学政治论》中的二十章中均有表现，例如在第一和第二章里，斯宾诺莎鼓励怀疑，并声称这是真宗教的核心。他教导说："上帝对预言家（先知）的启示通过言辞和现象"，其中一种情况是"预言家的想象力"使他认为他听见了说话和看见了现象④。而在第六章里，斯宾诺莎更认为奇迹是不可能的，同样地，《圣经》只是人类的产物，因此是不可靠的（第七到第十章）。最后这一主张让斯宾诺莎断言，既然心灵之外没有什么神圣的东西，就《圣经》与理性

---

① Israel Johnathan I, *Radical Enlightenment: Philosophy and the Making of Modernity 1650 - 1750*, Oxford: Oxford University Press, 2001, pp.265 - 270.
② [荷] 斯宾诺莎：《神学政治论》，温锡增译，北京：商务印书馆，1996年，第272页。
③ 同上书，第279页。
④ 同上书，第21页。

冲突的程度而言，它就"变成了只是纸和墨"或是"俗用或败坏"①。而与此同时，《神学政治论》在行文中却又充满了对"确定性"的宣告，例如，关于奇迹的不可能性和自然法则的永恒有效性，斯宾诺莎称之为"上帝"（第四章和第六章）。因此，这部作品在兼具宗教性的同时又反对神权，鼓励人们蔑视传统或公开权威，并为自己的思想独立而自豪。此外，斯宾诺莎的另一部代表作《伦理学》也同样突显出启蒙运动下宗教观念的更新：全书不仅用几何方法写就而成，充斥着大量的命题、证明和公理；同时上帝概念也发生了根本性的转变。在斯宾诺莎看来，"一切存在的东西，都存在于神之内，没有神就不能有任何东西存在，也不能有任何东西被认识"②。这一观点被后来的思想家们认定为泛神论主张。实际上，莱布尼茨时代，传统有神论框架依旧坚称上帝是具有超越性的，正如莱布尼茨一直主张人们运用理性并通过认知进路无限接近有关上帝的真理，但他却也不得不承认信仰中依旧存在很多神秘内核是不被人类理智所理解的。相较之下，斯宾诺莎的泛神论立场则视上帝为根本性的或是内在的，他信仰的上帝是一个包罗万象的统一体，而并非与人类有相似性的最高存在者。因此有学者认为，"在某些情况下，泛神论不是有神论，但也不是无神论，这是一种非有神论视角下的一神论或者非个人有神论"③。可以想见，上帝概念中的人格类似性和超越性被掩埋在斯宾诺莎所开启的虚无倾向和自然主义起源之中，上帝变得不再神秘，而等同于世界或者法则，这种不具宗教色彩的上帝形象消解了中世纪的隐秘概念，因而对莱布尼茨所追求的宗教认识论立场造成了巨大冲击。

其后，当自然神论经由斯宾诺莎的泛神论过渡到更为激进的怀疑论形式时，解决人类信仰认知困境的方式又增加了一种新的可能，即无神论。实际上，如果对18世纪法国的自由思想者进行一个简要回顾，人们首先想到的可能并不是大名鼎鼎的伏尔泰以及狄德罗等人的"战

---

① ［荷］斯宾诺莎：《神学政治论》，温锡增译，第180页。
② ［荷］斯宾诺莎：《伦理学》，贺麟译，北京：商务印书馆，1997年，第15页。
③ Michael P. Levine, *Pantheism: A Non-theistic Concep of Deity*, New York: Routledge, 2003, p.3.

第五章　莱布尼茨认识论的理论困境

斗无神论",而是皮埃尔·培尔①。和英国自然神论者对理性的信任不同,培尔对宗教事务中的人类理性能力持怀疑态度。培尔的加尔文主义背景使其认为理性永远无法建立基督教中的上帝,因此自然神论是完全不具吸引力的。不仅如此,培尔于1696年就开始了与莱布尼茨的公开对话,他先后两次在其最富盛名的《历史批判辞典》第二卷"罗拉留"的词条中对莱布尼茨的《新系统》提出质疑,而莱布尼茨也正是在回应这些质疑的过程中差不多勾勒了《神正论》的梗概。随后,当《神正论》(1710)中"最好世界"理论遭遇1755年的里斯本大地震时,破碎的不仅是塔古斯城的墙桓,更撼动了整个欧洲的信仰根基。伏尔泰因此带着悲天悯人的情怀将对上帝正义的诘问投向了莱布尼茨。在他笔下,小说《老实人》中邦葛罗斯博士(原型就取自莱布尼茨及其追随者)在面对邪恶满盈的世界时所表现出的乐观主义不仅显得有些愚蠢,还带着些许居心叵测的满足。伏尔泰的辛辣讽刺在彼时的欧洲引发了大众的共鸣:如果人们生活的世界是可能世界中最好的,那么出现的种种恶以及遭遇的苦难该如何解释?最终,以伏尔泰为代表的无神论思想以理性的名义宣告了迷信时代的结束并在其后百科全书派的"战斗无神论"中将对上帝和基督教的憎恶推向了高潮②。

尽管所有这些迹象都呈现出理性对传统信仰的挞伐,但不得不承认,将启蒙运动中的宗教批判简单地视为基督教信仰实践的普遍衰落却是一种极大的误解。启蒙运动带来的真正转变在于它"侵蚀了思想的经院架构,瓦解了古老的信仰、知识和见解之间的区别;它消除了教条主义夸大的主张,又保留了基督教信仰的范畴,并利用这一范畴使之对世俗信仰开放"③。因此,当莱布尼茨在理性背景下坚守经院传统,试图在《天主教证明》中以基督教神学作为涵盖整个形而上学、逻辑学、数学、物理学和政治学的理论支点时,他直至生命的尽头也未能如愿完成该计划。

---

① James M. Byrne, *Religion and the Enlightenment: From Descartes to Kant*, p.124.
② 赵林:《英国自然神论的兴衰》,《从哲学思辨到文化比较》,第80—84页。
③ Ethan H. Shagan, "The birth of modern belief", in *Faith and Judgment: From the Middle Ages to the Enlightenment*, p.323.

二、意志主义传统和怀疑论滥觞

实际上,在莱布尼茨对宗教信念的理性化建构中,一直存在着两个面向:其一是关于若干真理的"理智赞同"(intellectual assent),也就是通常所说的知识命题的"可理解性";其二便是对以命题方式呈现的信仰事实的"意志赞同"(volitional assent),即"同意"①。通常,前者的作用是将命题内容呈现在人类意志面前;而后者则倾向于莱布尼茨所认为的最佳的状态或事实,并以赞同的方式对内容予以回应。因此两者缺一不可:"意志的状态需要认知的先行;而对某(事)物的是非价值理解则需要对此(事)物的欲求性反映(appetitive reaction)。"② 这既是莱氏哲学"综合性"特质的突显,也是其认为基督教在历史洪流下得以大范围传播的合理性基础。在宗教信仰的默观和理性哲思的碰撞下,信念的"意志主义"式表达在顺应基督教的发展过程中有迹可循。信仰绕开理性并向意志的回归,并不是历史的偶然,其中的必然性衍生于中世纪阿奎那式理性神学的内外交困。一方面,信念理性化的古典努力趋于终结;另一方面,某种历史性的需求也促成了对意志主义的合理性解读③。"七七禁令"之后,在新旧思想杂陈的中世纪后期,对"上帝意志的绝对自由与全能"的强调以及对"人类理性限制上帝创造"的谴责,使得以司各脱(John Duns Scotus,1265—1308)为代表的"意志主义"在中世纪大为流行,这也成了意志主义对抗理性主义的思想源头。

被喻为"精细博士"的司各脱在他的时代一反经院哲学对理性认知能力的坚定立场,用怀疑的态度对人类在信念认知中的理智提出了质疑。司各脱力排众议,指出上帝并不是人的理智的认知对象。同时,

---

① T. Allan Hillman, *Leibniz and Luther on the Non-Cognitive Component*, Sophia, 2013, 52: 219-234, 221.
② Scott MacDonald, "Christian faith" in Eleonore Stump (ed.), *Reasoned Faith*, Texas: Cornell University Press, 1993, p.45.
③ 翟志宏:《西方宗教信念认知合理性的两种解读方式》,载金泽、赵广明主编:《宗教与哲学》第二辑,北京:社会科学文献出版社,2013年。

他还对人类理智进行了类型的区分:它们分别是"依其本性的理智"和"现今状态的理智";前者构成认识的可能性条件,后者则是认识的现实性条件。换言之,"依其本性"和"现今状况"的理智可分别对应人类认知能力的"应然"和"实然"状态。在司各脱看来,人类理智是与肉体结合的理智,所以人们必然不能以最完满的方式拥有直观知识,而只能在肉体感官的牵制中,从个别存在的事物里模糊地把握寓于具体中的存在性意义①。因此,他所提出的"存在"概念,在逻辑上先于具体的事物而被"依其本性的理智"所理解;同时,具体事物的存在又在时间上先于"存在之存在"被人的感官所认识。司各脱的启示是,理智理解了的"存在"不等于对具体存在事物的认识。但是,如果没有这种理解作为前提,对具体存在事物的认识也无从谈起。另一方面,在有关上帝本质的言说中,司各脱将上帝的卓越意志置于理性之前:"因此就其倾向而言,他强调的不是理性和信仰的一致,而是理性与信仰的差异。所以当这种倾向涉及有关上帝及基督教的奥秘信仰时,超理性的意志无疑主导着人类的认知,而人类对理性和逻辑的臣服则仅仅关乎有限的现象世界。"② 很明显,司各脱的"意志主义"在信念合理性的问题上与阿奎那的立场截然相反:对阿奎那而言,理智的欲求和意志是完全相同的,而司各脱则认为理智欲求只是意志的一部分,因为在他看来,理智欲求并非完全自由,它的终极目标是追求幸福和上帝的善。因此,只有当意志真正自由的时候,它才会囊括更多的理智欲求,也只有这样,意志高于理智才能体现在它对理智对象的支配和包容。

同样地,另一位被冠以"现代路线"的唯名论者奥康(William of Ockham, 1300—1350),也建构了与经院传统分庭抗礼的理论起源。最为著名的"奥康剃刀"所提倡的"如无必要,切勿增加实体"之主张不仅否认了形而上学的共性,还削减了对本体论范畴的供给③。实际

---

① 赵敦华:《基督教哲学 1500 年》,北京:人民出版社,2007 年,第 452—454 页。
② 翟志宏:《西方宗教信念认知合理性的两种解读方式》,载金泽、赵广明主编:《宗教与哲学》第二辑。
③ 参 Stanford Encyclopedia of Philosophy, https://plato.stanford.edu/entries/ockham/#4.1。

上,"奥康剃刀"想否认的并非是对实体的假定,他真正想表达的是,人们在缺乏令人信服的理由下,应对实体的假定予以一种克制的态度。奥康认为,在某种程度上,人类理性永远不能确知什么是或什么不是"必要",因为人们对这种"必要性"并不十分清楚。总之,奥康不接受"充足理由原则",这无疑和后来布尼茨的哲学立场截然对立。同时,在有关知识的立场上,奥康则认为有足够的方法论基础去肯定具体事物的存在。他表明两个积极的知识来源分别是"证据知识"和"自明知识"。而"神学既不是证据知识,也不是自明知识,它是信仰的对象"①。而在知识的分类中,对直觉和抽象知识(intuitive and abstr-active cognition)的区分更突显了其唯名论的立场。对奥康而言,直觉认知会自然地在心灵中产生一些关于外部事物的真正的或然性判断,例如某个东西存在,或某物是白色的。尽管直觉知识有时会在情况异常或感性幻觉的情况下诱发出虚假信念,但它们仍然会生成一些真正的或然性判断——这便是直觉知识的独有特征。相较之下,抽象认知则不会自然地导致对偶然事物的真实判断,它的对象只是心灵中的意念。因此,证据的知识通常来自直观,而自明的知识通常来自抽象。最终,奥康的唯名论倾向所导致的后果打破了传统的有神论图景:上帝以下的一切事物都是平等的个体,不但个体之间的关系是直接、偶然的,上帝与每一个体之间的关系也是直接、偶然的。然而,人们既不能直观上帝的存在,也不能从自明原则出发推断上帝的本质和属性,就是说,神学既不是证据知识,也不是自明知识。神学与真正的知识无缘。②显然,奥康在理性和信仰之间划清了界限。既然关乎信仰的神学命题不再是知识的对象,那么对宗教信念的合理性就不应陷入对人类理性的执念,而仅仅应该将一切奥秘交付信仰,即《圣经》权威。毫不夸张地说,"奥康神学中的意志主义比司各脱的意志主义更为彻底"③。在司各脱那里,上帝的神圣意志虽高于神圣理智,但其意志对理智的支配和包容还是体现了两者的同一性;而于奥康,他则直接

---

① 赵敦华:《基督教哲学 1500 年》,第 504—514 页。
② 同上书,第 512—513 页。
③ 同上书,第 514 页。

第五章　莱布尼茨认识论的理论困境

跳过了意志与理智的区分，并认为神圣意志不再通过理智原型创造世界，因此，试图以理性和认知性因素去窥探上帝必然徒劳无果。

可见，中世纪的意志主义传统很早就开启了对人类理性认知能力的限制，而莱布尼茨在他的认识论辩护中也意识到了近代早期各派思想家对信仰或理性的某一偏爱：如索奇尼主义对理性的过度强调，使得信仰权威受到了威胁和挑战；而培尔式的唯信仰主义又贬斥了人类的理性，并对人类的认知能力持一种极度消极和不信任的态度。莱布尼茨应对这些理论危机的做法是，将持守一隅的认识论立场统统划归为认知逻辑的失衡，他试图以一种"中间立场"的方式驳斥其他思想家或哲学家在某一方面的偏颇。正因如此，他的理性哲学逐步发展完善，成为近代用理性阐释信仰的主流哲学范式。但不可否认，"他在循着片面性的道路向前推进时，却越来越深地陷入到日益增多的对立之中而不能自拔。这样发展的结果只能是理性哲学向其对立面的转化："一方面是唯理论哲学在莱布尼茨—沃尔夫派那里所完成的把一切对立的和解都统统归于上帝的宗教神秘论，一方面是经验论哲学在休谟那里的彻底发挥所达到的怀疑论"①。休谟在经验论的阵营中是沿着洛克"试图把推理的经验方法引进到道德学科"以及"由人类心灵的科学推导出一个哲学体系"的道路前行的②。因此，他对人类认知本质以及基督教信念的探究表现为经验主义、怀疑主义以及自然主义的融合。正因如此，休谟在经验哲学和宗教信仰的双重张力下对理性神学作出的批判是前所未有的。实际上，和莱布尼茨对信仰的委身态度不同，休谟对宗教的立场存在着明显两个面向：一方面他对宗教信仰极尽批判，另一方面他又对相关问题进行了大量的思忖和著述。而之所以如此乃是因为在休谟看来，宗教对社会产生了众多害处，而作为市民，他有责任将人性从宗教迷信的腐朽中解放出来。因此，他对宗教表现出的热情正是其强烈批判的结果③。其中，最根本的问题可归结为：人们为

---

① 杨祖陶：《德国近代理性哲学和意志哲学的关系问题》，《哲学研究》1998 年第 3 期。
② 徐文俊：《理性的边缘：近代西欧哲学及其宗教背景》，广州：中山大学出版社，2000 年，第 135 页。
③ Timothy S. Yoder, *Hume on God*, New York: Continuum, 2008, p.77.

什么会信仰上帝，或者说人们出于何种理由去坚守基督教信念？

从传统上来看，特别是在 18 世纪所流行的宗教辩护中，对上帝的信仰仍旧诉诸启示和论证这两种形式。而前者中指涉的启示既不指和专门宗教习俗相关的一般启示，也不诉诸个人所宣称的有关上帝的直接信息，而是指涉《圣经》中所记载的关于基督教的特殊启示。因此，这种做法本身就被认为是具有可靠性保证的。这种确定性使人们相信预言的实现并伴随着奇迹的发生，所以一个有理性的人有理由去接受作为真理的基督教启示。基于这样的背景，休谟首先在《人类理解研究》中以经验论的立场破坏了这种基础："我们对基督教真理所有的明验，不及我们对自己感官的真理所有的明验那样可靠……这种教条所根据的圣经和传说，我们如果只是当它们是外部的证据看……那它们的明验便没有感官的明验那样强烈。因此，那种教条是和我们的感官相冲突的。"① 从这个层面上看，休谟将一切基于启示的信念的"不合理"都划归为"经验"的匮乏，从而便轻易得出"生活和行动需要依据证据的衡量"的结论。

另一方面，在休谟和莱布尼茨的时代，"自然宗教"或"自然神论"的蔚为流行所展现的是另一种有关上帝存在和本质的言说体系。这种神学系统认为宗教信念的某些命题可以从证据以及一切理性之人所具有的天然推理能力中建构，而这些推论却和《圣经》以及任何启示性来源无关。在自然神论中，有两种对上帝存在的论证是非常显著的，休谟分别将它们称为"先天论证"和"后天论证"②。事实上，这种二分法和他对知识类型的分类是息息相关的。在《人类理解研究》中，休谟明确地将知识区分为"观念的关系"的命题以及"实际的事情"的命题：第一类"只凭思想作用，就可以把它们发现出来，并不必依据于在宇宙中任何地方存在的任何东西"；而第二类却需要建立在"因果关系上"，且休谟强调"因果之被人发现不是凭借于理性，乃是凭借于经验"③。然而在宗教信仰的论证中，休谟却认为不论是

---

① ［英］休谟：《人类理解研究》，关文运译，商务印书馆，1981 年，第 97 页。
② 实际上，莱布尼茨的"本体论证明"和"宇宙论证明"也对应着这种分类。
③ ［英］休谟：《人类理解研究》，关文运译，第 26—28 页。

第五章　莱布尼茨认识论的理论困境

"观念的"还是"事实的",一切试图证明上帝存在的论证都应归为无效和虚妄。

首先,"先天论证"出现于休谟在 1704 年对塞缪尔·克拉克（Samuel Clarke）的"波义耳讲座"中所做的特殊的宇宙论证明的阐释,并随后作为《关于上帝的存在和属性》（"A Discourse concerning the Being and Attributesof God"）一文发表①。可以看到,"先天论证"对应着知识命题中"观念关系"一类：因为它始于"任何存在都有其存在的原因或理由"的命题。在此我们也可以看到莱布尼茨的"充足理由原则"对休谟的影响。正因如此,休谟认为遵循这一前提的必然结论是："我们必须归到一个必然存在的'存在',他自身包含着他存在的理由；并且要假定他的不存在,必定会蕴含一个显然的矛盾。"② 然而,休谟首当其冲地从本质上瓦解了"必然存在"之"存在"概念的合理性,他认为"以前我们设想为存在的,如今设想为不存在,对于我们在任何时候都仍然是可能的"；人类心灵"没有假设任何物体有永远存在的必要性"③。因此,"存在"的存在是不能用理性证明的。不仅如此,在这个推论的由果溯因的理路中,休谟认为构成一个关于无限的原因的观念,就更是不合理的了。因为就像经验论者强调的那样,构成人类思想或观念的内容与经验相关："进入心灵的,实际上是一种感觉"。人类通过观念的建立,虽然能逻辑性地将终极因归为一个全知、全能以及全善的上帝或"不动的推动者",但这样却始终无法在经验上合理的为宇宙的起源问题作出断定。因此,基于观念关系的"先天论证"无疑是经不起经验推敲的。

其次,作为"后天论证"的"设计论证明",即上帝的存在体现为其创造性智慧在自然世界中的秩序或目的性,也受到了休谟强烈的怀疑和反驳。休谟认为设计论证明之核心在于强调基于相似性原则的类

---

① J.C.A. Gaskin, "Hume on religion", in *The Cambridge Companion to Hume* (2nd), New York: Cambridge University Press, p.314.
② ［英］休谟：《自然宗教对话录》,陈修斋、曹棉之译,北京：商务印书馆,1989 年,第 59 页。
③ 同上,第 59 页。

比方法:"相似的结果出自相似的原因;就是根据观察,几个已知的情况是相似的,那么,可以推出未知的情况也是相似的。"① 可以说,这种基于人类理性的推论并不鲜见,因为莱布尼茨也曾用自己的版本"完善"了对上帝存在的各种证明(其中也自然包括了"设计论"证明)并通过诉诸人类理性以求得合理信念的普遍性。然而,休谟却以严格的怀疑主义视角审视着一切基于理性以及经验论立场的理智推论。在休谟看来,当人们依据反复观察到的同类现象并随后轻易将其运用于不同类的事物或现象中时,这种"相似性"实际上应该受到怀疑的质问:因为不同两者间的"差异"如此明显,以致于我们在一个地方所推出的充其量不过是一种"猜想""揣想"和"假设"②。

在此,休谟不仅弱化了人类理性的信念根基,还将理智推论中的认识论意义削弱为心理学立场。休谟认为,基于假设或揣测的可能推论或许可以作为证据的潜在来源,但这却不能表明推论和证据的直接相关性。相反,真正可信靠的证据应该和"怀疑或不确定性无关",甚至"太阳明天会升起"的说法也应该被视为是荒谬的③。经验论立场的要义在于在最严格的意义上保留信念以及知识中的"证据",而所谓证据则必然有着认识论和心理学的两个面向。显然,前者的使用频率在之前的各种认识论著作中频现,而后者却显著地用于心理学的确信或休谟信念理论中的"能力"(power)和"势用"(energy)特征,即人们经历 A 所引起的 B 越频繁,推论的模式以及随之伴随的确信就越稳定。因此,一切推论的概然性及其程度是由观察到的 AB 间关系的频率所决定的,且相称地对心理的确信造成影响或冲击。所以休谟的怀疑论由此生发:一切知识、记忆、归纳或推论都是对事物(件)关系的一种发现和比较,但在经验的证明中,始终无法排除人们在推论链条中犯错的可能,如果是这样,随之造成的就是心理确信的递减,直至信念和证据的灭绝。因此休谟用一贯的怀疑态度确立了自己的假设,即"关于原因和结果的一切推理都只是习惯得来的;而且恰当地说信

---

① 休谟:《自然宗教对话录》,陈修斋,曹棉之译,第 42 页。
② 同上书,第 21—42 页。
③ [英] 休谟:《人性论》,关文运译,第 146 页。

念是我们天性中感性部分的活动,而不是认识部分的活动"①。故此,基于因果概念或是相称性的对上帝存在证明的推论不仅和认识论无涉,更和人类理性信念无关。

因此从表层上看,休谟提出的实际论证和种种论据表现出的是对宗教的高度批判,他意欲将一切宗教信仰中的"迷信"和"狂迷"斥为荒谬和虚妄的恶端。然而在《宗教的自然史》的"引言"中,休谟却又表示:"自然的整个框架本身就显明了一个理智的创造者;没有哪个有理性的探究者经过严肃反思后,会把他对真正的一神教和宗教之首要原则的信仰悬置片刻。"②这看似矛盾,但从休谟论证的细节、对形而上学的怀疑,以及 18 世纪的宗教氛围里,他真正否认的并不是"真正的宗教"或"哲学",正如他对于任何"偏远和深奥的科目"都一贯积极发表怀疑论主张,他所看到的是一切基于理性论证中的缺陷以及宗教对自由精神的限制以及对道德的戕害。休谟给出的怀疑论启示不仅是对"理性"以及"经验"的深层意义的梳理和诘问,也是他对以莱布尼茨为代表的理性方法在信念的认识论地位方面的深刻回应和全新示范。而当其后的康德领悟到了休谟的理论要义,便以克服认识论和道德实践的怀疑论为起点,逐步确立了三大批判,以确立理性对人类的认识活动、意志活动和审美活动所颁布的先天原理或先天规律,并证明它们的有效性。"正是康德(这种人)的自由意志作为超时空的本体可以自发地、能动地开始(产生出)一个时空中的现象系列的思想,为后来叔本华意志主义的产生提供了最初的源头。"③而这也正是理性主义和意志主义在其后的哲学思想史中出现重合、交叉以及互补的真正原因。

---

① [英]休谟:《人性论》,关文运译,第 210 页。
② [英]休谟:《宗教的自然史》,徐晓宏译,上海:上海人民出版社,2003 年,"导言",第 1 页。
③ 杨祖陶:《德国近代理性哲学和意志哲学的关系问题》,《哲学研究》1998 年第 3 期。

第六章

莱布尼茨认识论与当代认知合理性问题

在近代认识论的发展历程中，缘于"理性主义"和"经验主义"的传统划分，历来对莱布尼茨的"简单化刻画"不一而足："从自然神论者和坚定的唯理论者，到卡巴拉主义者、炼金术士或玫瑰十字会成员。这种将莱布尼茨分割为两个甚至多个完全不同的哲学倾向也许是迄今为止最知名的哲学家所做的专门针对莱布尼茨诠释中所达到的顶峰。"① 然而，若真要为莱布尼茨纷繁芜杂的毕生劳作提供一种统一性并对其进行逐一检索，那么，他穷其一生的中心目标则在于把多样的人类知识整合为一个逻辑的、形而上学的和可付之教化的整体。同时，鉴于他对基督教事业的毕生投入，有神论观念以及神学辩护又时刻萦绕在他对形而上学以及哲学认识论中的建构之中，这一切必然使得莱布尼茨的宗教认识论在近代宗教哲学的演进中呈现出一种创新与推进，更不愧为现当代各种宗教哲学思潮的本木水源。

第一节　推进与创新

正如莱布尼茨自己曾昭示的那样，他因神学的缘故而学习数学，他将理性的操练视为通向救赎的阶梯，他发展形而上学是为了证明人类的自由，他讨论恶的问题是为了维护上帝的神圣正义。总而言之，他的所有理论旨趣都落脚于理性与基督教神学及形而上学的结合。然而，作为理性主义者，他却和洛克及休谟等经验论者一样，并不钦佩那些宣称建立在启示之上的教条主义"热情"。他认为未经反思的信仰只是主观的自我强化，因而"信仰主义者"通常拒绝以理性的方式来检验人类知识乃至宗教信念的起点。可以看到，莱布尼茨的"理性主义"立场使得他一方面拒绝接受建立在"私人理性"（private reason）基础之上的信仰，另一方面又承认"实践性信仰"（practical faith）的

---

① Maria Rosa Antognazza, *Leibniz: An Intellectual Biography*, Cambridge: Cambridge University Press, 2009, introduction, p.4.

存在，他甚至表示人们应该接受"天主教会关于奇迹和殉道者的证言基础"，在"教会的永恒传统以及《圣经》中接受信仰"①。总之，他在关于人类知识的最终根据及其有效性的论证中再次呈现了"近代唯理论的基督教根源"②。

一、理性主义的推进

在莱布尼茨的毕生宏图中，曾一度出现"分析""证明""形式""计算"这样的"逻辑化理性"之标签。在他看来，只要"综合科学"（scientia generalis）和"普遍字符"（characteristica universalis）的基础还没有完成，理性的方法就应该始终留存在人类知识的主导原则之中。因此以"形式"或"逻辑"的呈现来保证前提的真理性是非常必要的：亚里士多德传统的"三段论"演绎通过自身虽解决不了任何实践问题，但并不意味着可有可无。理性演绎方法的目标是通过一些作为起点的真理，从一系列原则中找出一些线索，同时也能决定哪些原则会导致矛盾并予以摒弃，这既是理性的独有意图，也是莱布尼茨在认识论中持守的基础。因此很多学者一致认为，"在理性主义者的阵营中，莱布尼茨是最为坚持将激进理性（radical reason）运用于所有问题根源的哲学家"③。

的确，莱布尼茨总是试图找寻问题的根源并通过争辩双方在议题中的共同根基来平息争端，正如他写作《人类理智新论》的初衷固然是为了驳斥洛克的经验主义立场，但如他自己所说："诚然我常常持不同的意见，但是我们在觉得有必要不让那些著名作者的权威在某些重要之点上压倒理性时，表明自己在哪些地方以及为什么不同意他们的意见……此外，在酬答这样卓越的人们的时候，我们也就使真理更能

---

① G.W. Leibniz, *Samtliche Schriften und Briefe*, in *German Academy of Sciences*, Berlin: Akademie Verlag, 1923 - , Volume Ⅵ, ⅲⅰ, p.23.
② 黄颂杰等：《西方哲学多维透视》，上海：上海人民出版社，2002 年，第 250 页。
③ Heinrich Schepers, "Leibniz's rationalism: a plea against equating soft and strong rationality", in Marcelo Dascal (ed.), *Leibniz: What Kind of Rationalist?*, New York: Springer, 2008, p.18.

为人所接受。"① 可见,为了寻求知识真理,虽然和洛克的经验论原则相对,但相较于后者在某些问题(如实体问题)上表现出的"弱不可知主义立场",莱布尼茨却坚持用"天赋观念"一以贯之地肯定了人类对事物本质或实在本质的完全能力②。因此,为了建立具有普遍必然性的认识论体系,理性主义的独断于莱布尼茨是在所难免的。如罗素曾说:"我也和许多人一样感到《单子论》是一篇有几分奇异色彩的童话,虽然条理清楚,但却是完全武断的(arbitrary)。"③ 帕特里克·莱利(Patrick Riley)也认为尽管莱布尼茨的哲学体系是最为精妙、最为审慎、最为精致的,但他仍然存在着严重的独断论倾向,是一个作者所言多于作者所知的体系④。但不管怎样,独断论倾向并不能抹杀莱布尼茨对理性主义所做出的独有贡献,因为"一个哲学体系的'严谨性'或严密性与一个哲学体系的真理性并不是一回事"⑤。即使现在看来,莱布尼茨的理性主义"蕴含着理性自身的重大隐患","其结果导致了唯理主义认识论的深刻危机"⑥,但如若将他置于科学、理性与宗教委身互为盘结的近代早期,这种以理性的独断来建构知识大厦就是情理之中的事了。

首先,莱布尼茨作为一名理性主义者,并不全然因为他运用了"形式""逻辑"以及"演绎"等方法,而在于"他所创建的一切关于形而上学、认识论或是神学的原则和定义都是建立在他本人对理性能力以及上帝创造之合理性的信任之上"⑦。因此,在莱布尼茨的宗教认识论中,当讨论到终极实存如上帝问题时,他必然从"强理性主义者"的立场出发,以理性为基础将上帝构想为完满、全智和全善的存在。

---

① [德]莱布尼茨:《人类理智新论》(上册),陈修斋译,北京:商务印书馆,2016年,"序言"第1—2页。
② 段德智:《莱布尼茨哲学研究》,北京:人民出版社,2011年,第416页。
③ Bertrand Russell, *A Critical Exposition of the Philosophy of Leibniz*, New York: Routledge, 2005, p. xiii.
④ Patrick Riley, *Leibniz' Universal Jurisprudence*, Cambridge: Harvard University Press, 1996, p. 6.
⑤ 段德智:《莱布尼茨哲学研究》,第421页。
⑥ 赵林:《莱布尼茨—沃尔夫体系与德国启蒙运动》,《从哲学思辨到文化比较》,北京:人民出版社,2014年,第108页。
⑦ Heinrich Schepers, "Leibniz's rationalism: a plea against equating soft and strong rationality", in Marcelo Dascal (ed.), *Leibniz: What Kind of Rationalist?*, p. 20.

同时，他还假定了思维与创造以及思维与存在的同构，因此人类理性和神圣理性是彼此依托的。更有甚者，莱布尼茨还认为人类理性亟待开发，并且这种开发的方式应该是新颖的构思性逻辑或是知识启蒙：这不仅要求数学的发展，也要求对逻辑关系的研究。更为重要的是，人类全体知识的系统化需要以"综合科学"和"普遍字符"为基础。不难看出，这种对理性主义的信任深深地影响着他在知识结构中对形式逻辑和天赋理性的信念基础，所有这一切都导致他无法接受任何不遵守这些原则的观念立场。例如：他赋予理性的单子以欲望和感知的认知能力，又将运动归为实体的特征，这样的做法只能导向一个结果，即只有精神性的认知主体单子存在；他还坚信实体不能相互影响，这暗示着单子的运动必须由内而发，因此就包含了对整个世界以及过去和未来的全部认知；同时，他虽然不像笛卡尔那样认为一切理性原则都是完全自明的，还需感觉和外界事物的"诱发"和"促进"，但鉴于单子的内在封闭性，感觉经验于他而言"并不是外物作用于灵魂的结果，而是灵魂本身运动的结果……从这一点来看，可以说他把一切观念都看成天赋的了"①，他还认为所谓"可能性"并不是已经发生的或将要发生的，而是除了偶然性之外可以发生的，它既可以真实地呈现，也可以出现在过去或是将来。基于此，"可能世界"的理论得以展开，并借此为人类的自由以及神圣的正义进行辩护。在知识问题上，他断言所有的概念都可以被拆分为基础的、未下定义的概念，只要它们本身不是原始的。通过这种方式，他将真理定义为主语对谓语的包含，故此他区分了必然真理和偶然真理，并最终将自我的构成视为其属性的自由获取，从而成功地使个体实体转变为从自己观点来反映整个宇宙的单子；最后，他确信自己可以建立一种"普遍字符"，并以这种"奇妙的方式缩写所有心灵的作品"②。而在基于整体知识的"综合科学"中，莱布尼茨认为只要它可以在通用命题中表达，那么它就可以被概括、分析、评估以及综合性地运用。

---

① 黄颂杰等：《西方哲学多维透视》，第 250 页。
② G.W. Leibniz, *Samtliche Schriften und Briefe*, in *German Academy of Sciences*, Volume VI, iii, p.514.

其次,莱布尼茨对理性主义的推进还在于虽然他只接受由理性演绎方法得到的原则,然而他与"教条主义者"或"唯信仰论者"的相异之处却在于他所承认的演绎或逻辑的起点也可以是一种假设或者想象。虽然假设预示着命题辩护的起点是缺乏事实证据的,但他却信赖这种假设的原则:"一个人通过自身不可能穷尽所有的证据。因此一些事情必须假设是没有证据的。例如,几何学家最初承认公理并马上运用,至少他们能确信的是所有被证明的结论都是假设性的。"① 因此,当他提出"天赋原则"的时候,这些建立在理性基础之上的假设性原则使得他得以跳脱证据以及感官的裹挟,并在认识论中捍卫自己的立场并驳斥洛克。可以说,"当莱布尼茨以独断的立场或自己的体系来建立认识论时,所有原则和术语运用本身就是一种假设,一种分有了理性本质部分的假设"②。

最后,莱布尼茨理性主义的独特之处还体现在,不论是在形而上学还是在认识论中,人们所无法回答的经验的问题,依旧需要遵循严格的理性原则。因此,他的"矛盾原则"和"充足理由原则"被视为推证方法的两大试金石。这两项原则作为认识真理的方式,前者是关于"观念关系"的推证,后者则是关于"经验事实"的推证。而他本人于1684年所写的《关于知识、真理和观念的沉思》一文中所提及的两种获知事物的可能性方式,即先验的和后验的,正是对这两种推证原则的反映。"只是在认识论的层面,莱布尼茨并没有给予这两个原则以一致的论述:有时他将矛盾原则视为必要的假设,但有时他又认为矛盾原则和其他原则都是天赋的。"③ 由此可见,作为理性主义者的莱布尼茨,不论是在认识论还是在形而上学中,都给予了经验和事实以一席之地。可以说,两大原则的效用是巨大的,离开了它们,"我们的知识就永远停留在一些抽象的原初真理的范围,而永远不可能对可能

---

① 转引自 Nicholas Jolley (ed.), *The Cambridge Companions to Leibniz*, New York: Cambridge University Press, 1994, p. 192.
② Heinrich Schepers, "Leibniz's rationalism: a plea against equating soft and strong rationality", in Marcelo Dascal (ed.), *Leibniz: What Kind of Rationalist?*, p. 22.
③ Robert Mcrae, "The theory of knowledge", in Nicholas Jolley (ed.), *The Cambridge Companions to Leibniz*, pp. 193 - 194.

世界和现实世界有任何更进一步的认识,永远不可能享有任何派生的必然真理和事实真理"①。

总而言之,莱布尼茨对理性主义的贡献涵盖了严格的理性原则,即如果人们想要对某些知识命题进行论证,则必然经由对理性原则的运用以达成对知识的确证或者反驳,同时这也意味着对所有知识立场的支持或反对是不可兼容的。而另一方面,莱布尼茨也认为并不存在抽象的理性,所谓理性能力,就是个体对理性的实际运用。即使在个别情况下,每个理性灵魂的天赋有所差异,但每个认知主体确实都拥有这样潜在的能力。莱布尼茨并不在意神圣理性与人类理性的区别和差异,他所真正关注的是建立起上帝和人类的同一,而这恰恰是他成为理性主义者的关键所在。

二、形而上学的改革

除了在知识立场上体现出的理性主义,莱布尼茨在基督教事业方面的毕生夙愿就是促成新旧教派的联合以及信仰合理性的普世化。因此,如果说对于理性的研究是"天主教证明"的一个支点,那么对于形而上学的改革和发展便是另一个。甚至可以说,"莱布尼茨形而上学工作的驱动力就来自神学——这不仅指涉被用来在一般意义上捍卫有神论的自然神学,也包括了对基督教教义和奥秘做出辩护的启示神学。正是因为心中挂念着基督教神学,莱布尼茨才积极地致力于发展有关心灵、物体以及实体等概念的'真观念'。他的目标就是要建立一种可以与自己深为认同的两套理论相融贯的形而上学"②。

首先,在近代理智思潮的背景下,一部分启蒙主义哲学家试图用"科学精神"去驱散中世纪经院哲学的形而上学迷雾。如洛克就曾警醒世人,如果在对自身认知能力进行评估之前就放纵思想沉浸在有关

---

① 段德智等:《莱布尼茨哲学研究》,第288—289页。
② Maria Rosa Antognazza, *Leibniz: An Intellectual Biography*, p.12. 至于莱布尼茨所认同的两套体系,玛利亚罗莎指出它们分别是现代人"提出的关于自然的机械论解释以及基督教的核心教义"。

"存在（being）"的汪洋之中，这本身便是一种倒退。不仅如此，在机械论大行其道的时代，无论是霍布斯、伽森狄还是笛卡尔，都将非物质的精神实体从物理学的领域中剔除，并将自然建立在有形实体的物质属性即广延之上。形而上学逐渐被视为对"身心问题"的老调重弹或者无谓争论，因而他们自然认为形而上学根本不具有任何独树一帜的地方。面对这种情况，莱布尼茨却开启了他的形而上学"改革"，并出于对神学问题的追问写就了《形而上学论》（Discourse on Metaphysics）（1686年）。其中，"实体"概念的确立更是其体系的起点。在莱布尼茨看来，"实体"问题非但有用，而且极其重要，这既是因为"那些被称为经院学者的神学家和哲学家的想法不应该被完全轻蔑（disdained）"①，也源于"实体"是关于一切实存之所以"存在"和事物之本质的关键。"我知道我试图以某种方式修复着（rehabilitate）旧有的哲学，也试图将几乎被放逐的（banished）实体形式恢复到原有的地位"②，莱布尼茨深知这样做会引起巨大的争论，但他坚持认为，若要从认识论的进路实现对完整形而上学的言说，物质与精神的分离显然是不恰当的。因此，他仍旧秉承亚里士多德"质形论"的传统——将有形实体和精神实体进行综合，并希望能够由此表明时人引以为傲的想法实际上都源于先哲亚里士多德。可以说，这种逆潮流而生的"实体观"表面看上去是对经院哲学的一种"复辟"和"倒退"，但比起他同时代人不得不在物质运动的原因之外重新援引上帝的概念③，莱布尼茨的形而上学体系反倒更加协调一致。在莱布尼茨看来，当一切事物的存在和运动以及世界的和谐运转被描述为多样性的统一时，实际上早已断言上帝是世界和谐以及多样性的原因，并做出了对上帝神圣意识以及知识前提或"证据"的假设。正因如此，"'实体'概念是莱布尼茨形而上学中最为重要（crucially important）的一个范畴"④，

---

① G.W. Leibniz, *Philosophical Essays*, trans. by Roger Ariew and Daniel Garber, New York: Hackett Publishing Company, 1989, p.43.
② 同上。
③ 如笛卡尔就认为上帝是通过持续创造将运动赋予实体，而伽桑狄则认为在创造中上帝将运动注入到实体里面。
④ Roger Woolhouse, *Starting with Leibniz*, New York: Continuum, 2010, p.17.

第六章　莱布尼茨认识论与当代认知合理性问题

以致于他在生命的尾声时写道:"几何学的和形而上学的后果是必然的"①,因为如果"实体的概念能得到正确的理解和分析,人们从中就可以看到大部分关于上帝、灵魂以及物质(身体)的重要真理,而这些真理往往是未知或未被证实的"②。

其次,莱布尼茨的形而上学"改革"不仅能提供关于上帝正义和灵魂不灭的根本知识——这使得真正的虔敬成为可能,而且更为重要的是,形而上学是人们可以借助并能更多认识上帝的真正的工具③。因此,这门学科也被莱布尼茨视为把握上帝知识的真正"科学"。毫无疑问,当大多数人提及莱布尼茨时,都会自然地想到他的《单子论》——构成世界基础单位的单子是"无窗户"的灵魂或类似于灵魂的实体,它们在"太上单子"上帝的"安排"下和谐地组合在一起。的确,《单子论》是莱布尼茨形而上学理论的代表,甚至"单子"这个术语在某种程度上也成为了莱布尼茨的标志,然而,这种带有"理性独断"特征的学说却十分容易招致经验主义哲学家的诟病,因为这是"从纯粹的内心的探求,从将世界奠基于自我的自身确定性,从意识的最高等级即自我意识的显明的优越性,转移到主体和世界之间关系的网状结构"④。但也正是由于这种对自我意识的确信,莱布尼茨实现了神性观念与实体的形而上学的融合,以及古典认识论与近代认识论的综合。我们知道,莱布尼茨之所以在认识论立场上持天赋原则的理性主义,很大原因是由于其认识论的核心深深地根植于他年轻时代就业已接受的基督教化的柏拉图主义思想——神性的形而上学将一切实体转变为被造物,而这些被造物由此也就分有了最高存在者(上帝)所"流溢"出的力量和本质。在莱布尼茨看来,柏拉图勇气可嘉地帮助他那个时代的哲学家们从唯物主义倾向的"阴霾"中挣脱了出来,转而面向"真正理性的事物"或"理智世界";同样地,他自己也因同时代

---

① [德]莱布尼茨:《人类理智新论》(上册),陈修斋译,第171页。
② Leibniz: *Leibiniz's "New System" and Associated Contemporary Texts*, trans. and ed. by Roger Woolhouse and Richard and Franks, Oxford: Oxford University Press, 1997, p.32.
③ 张宪:《启示的理性:欧洲哲学与基督宗教思想》,四川:巴蜀书社,2006年,第299页。
④ Cristin, *Heidegger and Leibniz: Reason and Path*, New York: Kluwer Academic Publishers, 1998, p.73.

人对新兴的物理学以及"缺乏终极因"的几何学太过依赖，才竭力希望将一切哲学特别是认识论导向正确的路径以及对象。莱布尼茨指出，个体实体的思想或者次等单子的意识均来自最高的思想，即上帝，"在上帝身上不仅蕴含着生存之源，而且也蕴含着实质之源，只要这些实质是实在的，即某种存于可能性之中的实在的东西。因为上帝的理智是诸永恒真理或者它们之所系的理念所在的区域"①，因此世界上所有的事物都以必然性朝向最大程度的和谐。这样一来，"莱布尼茨的形而上学的本质上表现出了一种物质的形而上学向神性的形而上学的转向。因此，他后来的哲思建构才被精巧地用于协调一般的基督教教义和启示真理（尤其是圣餐变体说）的关系。而这一部分则转向了神性的形而上学，其所引发的正是对上帝和受造物间精确关系的阐释以及对他最终的也是最为重要的形而上学原则的激发"②。

总而言之，上帝的概念在莱布尼茨的形而上学中既是"理性神"，又是"宗教神"③，而他对形而上学的"改革"正是其宗教认识论乃至整个哲学体系的瑰丽之处——"这是用亚里士多德学派的经院哲学的概念加以修订的毕达哥拉斯和柏拉图传统的现代化"的认识论④。可以说，莱布尼茨的形而上学对上帝存在以及基督教信念的知识合理性地位的论述，对后世的宗教哲学家具有深远的影响。

第二节　回应及批判

因为秉承着经院哲学的传统，莱布尼茨在唯理论视域下所表现出的无疑是一种对在理性基础上建构基督教信念知识体系的信心。的确，

---

① [德] 莱布尼茨：《单子论》，朱雁冰译，北京：生活·读书·新知三联书店，2007年，第43节，第489页。
② Christia Mercer, *Leibniz's Metaphysics: Its Origins and Development*, Cambridge: Cambridge University Press, 2007, p.173.
③ 黄颂杰等：《西方哲学多维透视》，第33页。
④ [英] 麦克唐纳·罗斯：《莱布尼茨》，张传友译，北京：中国社会科学出版社，1987年，第164页。

第六章 莱布尼茨认识论与当代认知合理性问题

在调和意识和外部世界、人类理智与情感意志，论证理性信念的普遍性与能动性方面，莱布尼茨均作出了杰出的贡献。然而和阿奎那一样，莱氏最终所采纳的理性主义却并不是一个不受信仰支配的体系[①]。这样一来，在英国经验论以及新兴思潮等不同阵营的挑战下，理性信念在基督教信仰中的不合理性就被放大了。因此，无论是其后证据主义对这一问题的回应还是实用主义哲学的诞生，他们都对近代认识论范式中理性信念的有效性进行了深刻的考察和反思。

一、证据主义的回应

实际上，在莱布尼茨之前的认识论传统中，人们普遍认同的是对一切信念乃至知识进行判定的"确证"（justification）概念。"确证"表明命题必须有恰当的理由或证据，或者依据一定的认识规范对信念给予证明[②]。从古典哲学开始，柏拉图和亚里士多德在信念或知识的"确证"上便提出了严密的标准。例如柏拉图虽对知识和真实信念进行了区分，但他还是通过著名的"灵魂回忆说"和"理念论"为人们对先验真理的认识提供了一种解释，并认为知识必须有一种给予问题答案所依据的理由的能力。同样，亚里士多德在《后分析篇》中认为，作为知识证明出发点的前提必须是真的、首要的和直接的，即一种"本原性"命题。总之，有关信念或知识"合理性"的证明从古典认识论生发出来，到了近代早期逐渐形成了一种"三元定义"，即知识被看作是一种"确证了的""真实的""信念"（justified true belief），也就是说，一切知识都是由"确证""真"以及"信念"这三个要素构成[③]。故此，确证成为了判定一切知识为真的基础或本源。可见，在证据主义大行其道的近代早期，莱布尼茨多少还是受制于用理性核实信仰或是用证据确证信念的认识论范式的。也正因如此，当代改革宗认识论

[①] 翟志宏：《托马斯难题：信念、知识与合理性》，北京：中国社会科学出版社，2014年，第194页。
[②] 陈嘉明：《知识与确证：当代知识论引论》，上海：上海人民出版社，2003年，第35页。
[③] R. Chisholm. *The Foundation of Knowing*, Sussex: The Harvester Press, 1982, p.43.

的代表人物普兰丁格才会感叹:"一个现代人在'娘胎里'就传承了这一'经典模式',并成为他(她)后来认识世界、观察问题的基本方式。"①

然而,尽管莱布尼茨坚信理性与信仰的统一,但他的理性神学倾向却并未完全将宗教信仰理性化。在他看来,耶稣的启示对于表达上帝之国的真理还是非常必要的,因为"这样一种清楚而熟悉的方式,即使最粗俗的心灵(the coarsest of minds)也能够理解它们。不仅如此,他还非常确定地认为哲学——尤其是他自己的体系——虽然可以帮助那些启蒙的心灵推证出许多真理,但对简单灵魂而言,他们则更容易仅仅依赖神圣信仰去接受它们"②。显然,莱布尼茨对哲学或理性的信赖是有着双重性的:在他看来,哲学虽然可以帮助人们推证出某些宗教信念是合理的,但却并不能证明或证伪这些信念。更进一步说,哲学式的理性论证只能针对自然神学范畴下"上帝存在"等命题的证明;而面对"肉身复活""三位一体""圣餐变体"等被人类理性斥为不合理的指控时,他却更多地表现出一种信仰式的辩护,并在宗教信念的论证中呈现出证据主义的松动,并且只能通过赋予启示真理以特殊的认识论地位来解决信仰与证据间的张力。

而经历了休谟的怀疑论洗礼之后,人们越来越意识到无论是在获取知识还是在信仰生成的过程中,首次获得的信念或提出对信念的怀疑都需要理由或证据的确证。于是,信念本身的可信性和合理性受到越来越强烈的拷问。其中,克利福德(Clifford, 1845—1879)的《信仰的伦理学》(The Ethics of Belief)被视为"证据主义"的巅峰之作。克利福德强烈反对不加批判的持有信念,并且提出了人们需要在充足证据的基础上接受信念的"伦理义务"。在《信仰的伦理学》中,克利福德以一个仅出于私愿并认可自己信念的船主为例对此予以说明:船只的"老化"以及"一开始就造得不好"的事实证据并未得到船主的重视;相反地,他以视而不见和遏制的心理保持着"一切平安"的信

---

① 梁骏:《普兰丁格的宗教认识论》,北京:中国社会科学出版社,2006年,第37页。
② G. W. Leibniz, "Discourse on metaphysics", in G. W. Leibniz, *Philosophical Essays*, trans. by Roger Ariew and Daniel Garber, p.68.

念,最终造成乘客的全部死亡。这种"信念"与"证据"的不统一所引发的可怕后果正是克利福德大肆呼吁信念伦理的根本原因。他认为,正如要对自己的行为负责一样,人们也同样应该为信念负责。因此,对于像莱布尼茨在宗教认识论以及哲学认识论中所流露出的信念的意志化趋向、对天赋观念的坚守以及证据的松动,克利福德将类似的一众行为视为对信仰的"亵渎",因为这一切只是"为了信仰者的安慰和一己的快乐将信仰交给未经证实和审查的陈述"。很明显,克利福德是出于对宗教事务的"不可知论"背景来寻求证据支撑的,这无疑和莱布尼茨对宗教信念的坚持以及天赋的理性主义观相对。

二、实用主义的批判

实用主义的传统(pragmatist tradition)始于19世纪70年代美国马萨诸塞州坎布里奇市的一个形而上学俱乐部的一次会议①,查尔斯·桑德斯·皮尔士(Charles Sanders Peirce, 1839—1914)就是这个俱乐部的成员。在"实用主义者"皮尔士看来,他对近代认识论中"基础主义"的拒绝以及对调查(inquiry)之重要性的强调,是应对一切有关认识论问题的中心所在②。更具体而言,皮尔士于1868年和1869年在《思辨哲学杂志》(*Journal of Speculative Philosophy*)上发表的三篇文章经常被解释为"对笛卡尔主义的批判"③或是对"近代认识论框架的攻击"④。其中,第二篇文章《四种无能的若干后果》在一开始就对"笛卡尔主义精神"进行了描述,并随后列举出了皮尔士所反对的四个

---

① Christopher Hookway, "American pragmatism: fallibilism and cognitive progress", in Stephen Hetherington (ed.), *Epistemology: The Key Thinkers*, New York: Continuum, 2012, p.154.
② 实际上,被喻为近代"基础主义的双塔"的哲学家分别是笛卡尔和洛克,前者在理性主义思想的影响下以"清楚明白的观念"建立了思维自证证的起点,后者则从经验主义的立场以"感觉观念"和"内省观念"作为一切知识的起点。而同样,莱布尼茨也遵循了理性主义的传统,但他和笛卡尔不同的是,他认为代数式的形式逻辑才是知识的基础和起点。
③ R.J. Bernstein, *The Pragmatic Turn*, Cambridge: Polity Press, 2010, p.32.
④ E.F. Cooke, *Peirce's Pragmatism Theory of Inquiry: Fallibilism and Indeterminacy*, London: Continuum, 2006, p.7.

有关认识论的观点。

首当其冲的便是"哲学始于普遍怀疑",即人们通常认为只有当怀疑本身是不可能的时候,相信某个命题才是合理的;第二则针对个人主义者的宣称,即"有关确定性(certainty)的根本只能在个人意识中找到"。可以说,皮尔士所强调的是观点的革新性,以及用常识和业已成功的科学去斩断与经院哲学的一切羁绊。而至于"笛卡尔主义"的第三个特征,皮尔士认为其体现为"中世纪的多元论证被一个往往依赖于不明显前提的单一推理所取代",而这样做的结果便是,如果信念所依赖的任何一个前提被驳斥,就为怀疑该信命题提供了理由。至于第四个后果,皮尔士则认为这种旧有的哲学范式热衷于找寻许多重要的"绝对不可解释"的事实,如此一来,他们就能够为"上帝使他们如此"寻求到可理解性的基础。可以说,以皮尔士为代表的实用主义哲学所反对的不仅是"怀疑"的立场——因为"我们不能始于完全地怀疑。当我们开始从事哲学时,我们一开始就会有'偏见',这别无其他",更是对各种自我意识确定性之独断(如笛卡尔以及莱布尼茨)的驳斥,因为皮尔士认为人们只能在"哲学家的团体"中寻求到哲学的真理。

正因如此,当皮尔士面对同为唯理论阵营的笛卡尔思想的"继承者"莱布尼茨的时候①,他自然展开了对其思想的若干批判。例如,在1899年,罗伯特·拉塔(Robert Latta)版本的《单子论》就给了皮尔士一个展现自己观点的机会②。首先,这位美国的哲学家写到:"他(莱布尼茨)声称自己是一位唯名论者(nominalist),并且他的单子论时刻流露出唯名论式的个体主义(nominalistic individualism)。但是很奇怪,他却没有看出这和他自己的连续性法则有多么对立;更令人加好奇的是,他发现自己终于被迫复活了中世纪的实在论者的实体形式。"③ 不仅如

---

① 虽然莱布尼茨本人并不认为自己是笛卡尔的继承者,但二者的唯理论立场以及天赋观念论还是一以贯之的。
② Evelyn Vargas, *Synechism and Monadology, Leibniz and the English-Speaking World*, ed. by Pauline Phemister and Stuart Brown, New York: Springer, 2007, p.181.
③ C.S. Pierce, *Contributions to the Nation*, Volume II, compiled and annotated by Kenneth Laine Ketner and James Edward Cook, Texas: Texas Tech University, 1978, p.187.

第六章　莱布尼茨认识论与当代认知合理性问题

此,皮尔士还认为莱布尼茨的连续律也同样和前定和谐假说产生了矛盾。他表示:"这一原则将消除孤立的单子,并直接通过因果关系谜题的答案使前定和谐理论变成一种多余的和不可证实的假说,而这却成了十九世纪后半叶根深蒂固的哲学基础。"① 更有甚者,皮尔士还驳斥了莱布尼茨的"同一性"原则,他继而写到:"莱布尼茨在写给克拉克的第四封信中提到了他最为中意的'同一性'逻辑原则。事实是当这位绅士听到了这个声称后就立马去寻找两片完全一样的树叶,结果当然是失望而归……但是在这里,莱布尼茨却留下了一个莱布尼茨式的形而上学错误。换言之,他并不把'存在'当作一般的谓词或理智的概念(intellectual conception),而仅仅只将其视为一种原始的事实(an affair of brute fact)。"② 而面对莱布尼茨的"充足理由原则",他更是认为,关于上帝创造的可能的最好世界学说也无法让人接受,因为没有任何理由说明我们的感知和其原因之间的一致性,因为"充足理由原则——正如他自己曾说过的,没有被证明存在;因为虽然一个东西在其自身是可能的,但是用他的自己话来说,每一事物在存在的斗争中也有可能不和其他的东西'共存'。莱布尼茨幻想他自己以'上帝创造了所有可能世界中的最好世界'驳斥了反对意见;但这也足以证明这是一个毫无意义的命题"③。总而言之,皮尔士在人类生成的确定能力问题以及对莱布尼茨哲学框架的否定中展现出了他的"反基础主义"以及"可谬论"的观点。

对于像莱布尼茨这样的近代理性主义者而言,直觉、天赋观念或形式逻辑可被视为基础主义的一种明显表现,它们是一种信念,或者也是一种其他的认知类型,但这种认知类型却不是由对同一事物的先前认知所决定的,更不是由外在于我们意识中的某些东西决定的。皮尔士认为,笛卡尔的怀疑方法似乎是识别直觉的工具:既然我们是否有直觉的问题不能通过外在经验来解决,那么就必须通过假设的推理

---

① C.S. Pierce, *Contributions to the Nation*, Volume II, compiled and annotated by Kenneth Laine Ketner and James Edward Cook, Texas: Texas Tech University, 1978, p.209.
② 同上书,第187页。
③ 同上。

来解决，因为心理现象表明许多似乎看上去似乎是直觉的信念是由于默认或推理而产生的。但皮尔士却认为，人们没有直觉的力量，每个认知都是由之前的认知逻辑决定的。人们持有的所有信念或经验都受到背景信念的影响，它为人们的思考提供了背景。因此，我们必须认识到，不论是面对笛卡尔的怀疑，还是莱布尼茨的理性独断，对事物或对象的真正认知不能仅仅只是它们看上去似乎的那个样子。我们可能栖居于一个事物的属性和关系对我们而言是不可知的世界，这要求我们理解，有的事物"是绝对不能被认知的"。

总而言之，在证据主义者和实用主义者看来，莱布尼茨式的形而上学以及理性主义缺少的是对经验世界的真实把握以及知识命题有效性的合理检验。对克利福德而言，一切信念或命题都需要证据的校正，心理的趋向是没有意义甚至是有害的；而对皮尔斯而言，潜藏在现象之下的，在某种程度上来说，就是现象的（phenomenal）；而现实则是一种可调整的理想，这种理想会在未来的某个不确定时刻通过调查来获得。因此，对实在本质的断言会成为探究之路上的阻碍[1]。但不论怎样，在他们对莱布尼茨思想尤其是其认识论原则的反驳中都强调了调查以及自然科学应用的启发价值，这无疑将莱布尼茨的形而上学以及认识论思想的关键问题置于了新的视野之内，使得数学的逻辑发展以及以调查为主的思潮得以在之后的世代出现。

第三节　认同及影响

在威尔森所著的《十八世纪对莱布尼茨的接受》中，她是这样描述这位伟大思想家的："莱布尼茨的一生，没有学派，没有门徒，更没有大众的推崇，但他却以此为傲；因为常被人们联想为'笛卡尔主义者'，他也曾公开表示过对宗派主义的鄙夷。不论这种态度是否隐藏着

---

[1] Evelyn Vargas, *Synechism and Monadology, Leibniz and the English-Speaking World*, 2007, p.189.

莱布尼茨对受众的失望,他更令人记怀的往往还是作为外交官、博学者以及数学家的身份。直至他生命的终结乃至18世纪的很长一段时间,人们却并不视他为伟大的哲学家(great philosopher)。"① 然而随着时间的推移,人们却越来越发觉很少有哲学家能像莱布尼茨一样为后继者们留下深刻印象:他鼓舞了康德、费尔巴哈、罗素、胡塞尔、海德格尔、斯特劳森、叔本华、威廉詹姆斯、尼采以及鲍姆嘉通等不同的哲学家,可以说,"这其中的每个人对莱布尼茨哲学向度不同的理解都反映出其独有的贡献"②。因此,无论是康德在莱布尼茨的形而上学中萌发出的批判性哲学的种子,还是胡塞尔以"交互的单子"发展了应对欧洲科学"危机"的现象学,再到当代被喻为首席"理性护教士"的斯温伯恩,这些后继者们在莱布尼茨宏大而驳杂的哲学思想中所挖掘的每一重要见解,都可视为对人类思想境况的一种改善或推动。

一、从理性哲学转向道德哲学

一些莱布尼茨的研究者认为,莱布尼茨"哲学遗产中最重要也是最不幸的部分正是德国式的唯心主义(German idealism)"③,这种说法还是切中肯綮的:说其"不幸",乃是因为莱布尼茨所遭受的诟病往往在于他带来的理性"独断"使人们易于沉迷形而上学的"迷梦";而说其"重要",则是因为莱布尼茨通过可感知实体(perceiving substances)的知觉和欲望构建的整个实在所体现出的形而上学的唯心主义范式(idealist approach),不仅使他本人成为第一位伟大的推进唯心主义形而上学的近代哲学家,也为后来康德等人的哲学树立了典范④。因此,在恩格斯看来,19世纪德国"哲学革命"的导火索不是别人,正是莱布

---

① Catherine Wilson, "The reception of Leibniz in the eighteenth century", in Nicholas Jelly (ed.), *The Cambridge Companion to Leibniz*, New York: Cambridge University Press, 1994, pp.442-443.
② Richard T.W. Arthur, *Leibniz*, New York: Polity Press, p.190.
③ Richard T.W. Arthur, *Leibniz*, p.197.
④ M.A. Robert, *Leibniz: Determinist, Theist, Idealist*, Oxford: Oxford University Press, 1994, pp.217-219.

尼茨;海涅则说莱布尼茨宗教哲学所体现出的"内在的温和宽容"以及"活跃着宗教气息"使"德国人中间掀起了一个巨大的研究哲学的热潮","他唤起了人们的精神,并且把这精神引向新的道路"①。因此,当康德在《纯粹理性批判》中展开对经验和先验知识的论述时,他的真正目标并不是为了清除形而上学,而是为了将形而上学导入科学的"可靠道路"。我们应该认识到,康德和他的前辈莱布尼茨一样,其认识论问题的紧迫性还是源于形而上学。当然,康德对认识论的探究所呈现的是一种新的形而上学概念。正是在这里,康德哲学的认识论成为莱布尼茨认识论思想的"蜕变的产物"②。

首先,这种"蜕变"总体上表现为"从莱布尼茨退回到洛克的路途之中",更确切地说,是"早年受莱布尼茨哲学以后唯理论传统的熏陶",但后来却"试图证明知性如何能提供关于休谟留给想象去解决的那些事物的客观有效的知识"③。在这种"倒退"中,康德认为,如果人们能注意到经验主义的重要见解,则可以改进认知的路径,这就是说人们只能拥有关于感觉对象的知识。事实上,即使像数学这种具有形上特征的学科,也不会产生特殊的非感觉的数学性对象的知识;相反,数学只有在其结果至少在原则上适用于可感表象时(sensible appearances)才能提供知识(B147)④。

然而,严格的经验主义却不会满足康德的欲求,因为他从一开始就坚持认为既有必然性、又涉及事实事物的知识是可能的。例如,康德指出,即使物理学家必须依靠经验来确定自然的特定规律,但他仍然对自然本身作为受制于法则(law-governed)的整体有着更为根本的鉴识(fundamental appreciation)。通过精心设计的实验提出的具体问题

---

① [德] 海涅:《论德国宗教和哲学的历史》,《海涅全集》(第八卷),孙坤荣译,河北:河北教育出版社,2003年,第234页。
② 我国著名的莱布尼茨研究专家段德智先生在《莱布尼茨哲学研究》中直接将康德视为"蜕变了的莱布尼茨",见第416—422页。
③ D. W. 海姆伦:《西方认识论简史》,崔建军译,北京:中国人民大学出版社,1987年,第63页。
④ [德] 康德:《康德著作全集》(第四卷),李秋零译,北京:中国人民大学出版社,2005年,第153页。

第六章　莱布尼茨认识论与当代认知合理性问题

仅在关于自然的一般合法性的更基础知识的框架内进行。康德认为这些知识既是综合的（synthetic），又是先验的（priori）。因为前者涉及真正的对象，后者却独立于经验。可感自然的形而上学将基于我们对综合的先验知识的能力的解释；如果要阐明自然法则的基本框架，这个解释就需要详尽无遗①。因此，如果我们跟随理性主义者，我们就会倾向于认为纯粹的智慧显象本身就有权要求我们对事物的现实性做出主张，以鼓励我们对超感觉的客观对象做出认知主张。而如果我们跟随经验主义的立场，那么我们就不能对例如"本质"（substance）、"实体"或"原因"等观念进行解释，因而就失去了理解超验世界的关键。可以说，康德的融合既是对经验主义和理性主义的双向反对，也是对莱布尼茨的双重超越。自此，其哲学认识论不仅仅使人们能够对自己作出特定的判断，而且还有能力意识到这些判断的根源，并时刻准备调整自身以满足主体内和主体间的一致性（intra-subjective and inter-subjective coherence）②。这样的综合使我们有了第三种知识，即从经验开始但不从经验产生的直接可知的知识。虽然一切知识的起源可能是经验的，但不是所有判断都依赖于经验。正因如此，"直观"和"概念"的综合才变得如此重要："直观"使我们能够谈论特定的事情，而"概念"则让我们对事物进行分类并谈论一般对象。进一步，康德称"直观"的功能为"感性"；而"概念"的功能为"知性"。总而言之，任何知识，无论是经验的还是形而上学的都需要"直观"和"概念"的综合：思维无内容是空的，直观无概念是盲的③。

正是基于这样的认识论范式，当康德将视线转向本体界，诸如上帝、自由和灵魂不朽等问题时，他就从对思辨理性的批判转向了道德的建构去证明上帝存在等问题的有效性和合理性。毋庸置疑，上帝概念是人类无法在经验世界所感受到的，因为他既不处于科学或实证调

---

① Melissa McBay Merritt, Markos Valaris, "Kant and kantian epistemology", in Stephen Hetherington (ed.), *Epistemology: The Key Thinkers*, New York: Continuum, 2012, p.134.
② Melissa McBay Merritt, Markos Valaris, "Kant and kantian epistemology", in Stephen Hetherington (ed.), *Epistemology: The Key Thinkers*, p.138.
③ [德]康德：《纯粹理性批判》，邓晓芒译，北京：人民出版社，2004年，第51页。

查的范围之内，从而超越了我们所知的，即"纯粹知性的领域"。另一方面，他也不符合综合的先验知识标准，因为我们拥有的任何可感的表象必然受到时间和空间的限制。空间和时间呈现的本身就已经先验于我们对时空细节的感知之前。正因如此，空间和时间才被视为人类感觉的先验表征。而由于上帝概念在基督教传统中被视为超越时空的，所以他既不适合于经验也不适用于综合的先验判断。这就意味着上帝在我们的知识界限之外，即他不受制于任何理论学科或思辨理性。

因此，当康德在《纯粹理性批判》中对理性神学传统中的本体论、宇宙论以及自然神学这三种关于上帝存在的证明进行了批判之后，他就宣告了此等证明的无效性。在康德这里，他用"哥白尼式变革"倒置了认识论的标准，将"我们所有的知识都必须符合认识对象（客体）"转变为"（认识）对象必须符合我们的知识"（Bxvi）；同样地，在宗教认识论中，康德用实践理性的主观必要性改变了传统认识论中的思辨理性的客观必然性。可以说，"当各种思辨神学都无法从自然世界的秩序和统一性中提供上帝存在的有效证据时，只有道德神学从我们道德世界的秩序和统一性中提供了这种证据"[①]。正因如此，康德以"道德"为起点重新为督教的基本信念树立了坚实的基础。

不仅如此，在三大批判的《判断力批判》中，康德以"合目的性"为中介在自然与自由之间、在为自然立法的知性和为道德立法的理性之间搭建起了桥梁。可以说，这种道德的"合目的性"本身就是康德的超验唯心主义（transcendental idealism）的一种表现。理性在实践和道德行为方面都起着作用：它应用于事物（物理对象）和"思考自身"（自主行动）。从理论的角度来看，我们认为经验性的行为是受因果关系决定的。但是从实践的角度来看，我们则将道德行为视为自主和自由的。这不仅适用于现象，也适用于本体（noumena）。而根据超验唯心主义，理论和实践上的"自由"是不能矛盾的：从理论的角度来看，我们在时间上寻找在先的动力因；而从实践的角度来看，我们将行动视为"合目的的"；也就是说，由于某种原因主体在自由地执行某种行

[①] 赵林：《康德的道德神学及其意义》，《从哲学思辨到文化比较》，第 121—122 页。

为，而出于"道德"，这个理由必然是"为了义务"①。实际上从这里我们不难看出，康德所主张的内在目的论无疑还是受到了理性主义者莱布尼茨前定和谐思想的深刻影响②。在莱布尼茨的系统中，所有具有理性的单子是最高单子上帝的创造物，而受造单子又在上帝创世的瞬间以某种前定的和谐"自主"的运作，从而构成了"最好的世界"。因此，康德认为，莱布尼茨像所有伟大的哲学家一样，也是一位道德学家③。而威尔森所言"康德重写了单子论"的说法也印证了两者的内在相关性④。

不论怎样，康德的认识论尤其是宗教观使得基督教成为建基于道德之上的纯粹理性化宗教，他对传统思辨理性的解构，对形而上学和超验唯心主义的重构以及对道德神学的建构都为宗教认识论的现代化转型奠定了基础，而其中莱布尼茨功不可没。

二、从科学危机到现象学发展

自近代早期的认识论建构以来，对宗教信念以及知识命题的合理性确证就以启蒙的方式影响着认识论的每个层面；加之这一时期新兴科学的发展，对知识"合理性"的质疑则以更为严苛的证据主义范式表达了出来。此后，哲学家们从证据义务到伦理责任的延伸，更加使得"证据"概念深入人心。因此，"直到二十世纪中叶，持主导地位的逻辑经验主义的实证原则几乎完全将宗教哲学从哲学课程中排除出去"⑤。然而，随着逻辑经验主义不堪其重并逐渐崩塌，新的思想变革再次引发，这就是埃德蒙德·胡塞尔（Edmund Husserl, 1895—1938）在应对科学危机时所提出的"理智的诚实"——正如他本人在生命尾

---

① H. J. Paton trans. and analyse, *The Moral Law: Kant's Groundwork of the Metaphysic of Morals*, London: Hutchinson, 1951, pp.18 - 19,63.
② 赵林：《康德的道德神学及其意义》，《从哲学思辨到文化比较》，第 127 页。
③ ［德］康德：《纯粹理性批判》，邓晓芒译，第 634 页。
④ Catherin Wilson, "Leibniz's metaphysics: a history and comparative study", in *British Journal for the History of Philosophy*, 1996, p.321.
⑤ Deane Peter Baker (ed.), *Alvin Plantinga*, Cambridge: Cambridge University Press, 2007. p.1.

声的告白:"确实,我毕生都在为这种诚实而战斗着,角力着。"① 因此有人认为胡塞尔堪称"20世纪一位最伟大的哲学家"②。

而要说到莱布尼茨对胡塞尔的影响,想必《欧洲科学危机和超验现象学》的这部未竟之作能为我们揭示出些许答案。在这本著作中,胡塞尔在第二部分"澄清发生于近代物理主义的客观主义与超验的主观主义的对立根源"中,以高度赞扬的口吻提及了莱布尼茨:"莱布尼茨远远超出他的时代,首先看到普遍的、自身完备的、他称之为'普遍科学'的作为代数思想的最高形式的理念。他认为这是将来的任务。只有到了我们的时代,它才有了一个较为系统的发展。在它充分的和完全的意义上,它无非是普遍地加以贯彻的形式逻辑,即一种关于'一般的东西'的意义形式的科学。这种科学能在纯粹的思想中,按照空的、形式的一般原则加以构造。"③ 显然,胡塞尔对知识的完整性以及有效性的追求赋予了比"认识论"视域下所定义的知识理论更加丰富的内涵。他的哲学思想,从关注最初的代数公式到后来的欧洲人性危机,都是由以下因素驱动:人们需要一种比逻辑和数学公式计算的一致性以及被自然和社会科学所假定事实的"更为原始的"基础去证明一切声称的知识是合理的,即使它们看上去曾得到过确证。而这个"更多的东西"(something more)早已隐藏在他所构想的事物的"是其所是"(things themselves)之中,这不仅是胡塞尔的座右铭,也是整个现象学运动的开端④。

实际上,胡塞尔现象学的第一阶段可被视为一种描述性的心理学方法,其目的是反思性地揭示认知行为的内在内容,而胡塞尔认为此前的经验主义哲学和经验心理学都无法达到。因此,他将这些内容理解为经验主义的"预定",而现象学自然被他视为一种"无预定的"科

---

① Burt C. Hopkins, *The Philosophy of Husserl*, Durham: Acumen Publishing Limited, 2011, p.3.
② [荷]泰奥多·德布尔:《胡塞尔思想的发展》,李河译,北京:生活·读书·新知三联书店,1995年,"序言",第9页。
③ [奥]胡塞尔:《欧洲科学危机和超验现象学》,张庆熊译,上海:上海译文出版社,1988年,第54页。
④ Burt C. Hopkins, *The Philosophy of Husserl*, p.3.

学。因此，胡塞尔在《现象学的观念》中写道："认识批判的开端，整个世界、物理的和心理的自然、最后还有人自身的自我以及所有与上述这些对象有关的科学都必须被打上可疑的标记。它们的存在，它们的有效性始终是被搁置的。"① 从这段描述中，无疑能看出莱布尼茨"两种真理"的划分对胡塞尔的影响。在莱布尼茨看来，人类关于知识的一切真理应该被划归为"推理真理"与"理性真理"以及"事实真理"和"偶然真理"。莱布尼茨对"理性"和"事实"的区分实质上反映出的正是他对洛克式的经验主义的批判以及对人类认知能力的悬置——人类在自身的理智限度内是无法洞悉真正的真理的，只有上帝这位拥有绝对理性的最高"单子"才能先验地知晓认知链条上的一切。因此胡塞尔才说："既然它不能把任何东西作为预定立为前提，那么它就必须提出某种认识，这种认识不是它不加考察地从别处取来的，而是它自己给予的，它自己把这种认识设定为第一性的认识。"② 因此段德智先生才总结道："从现象学生成史的角度看，莱布尼茨的两种真理学说和休谟的两种对象学说，可以看作是对包括自然主义和心理主义在内的传统实体主义的最早的批评、悬置或否决。"③

胡塞尔现象学的第二阶段则是由一种纯粹的现象学方法所界定，这种方法是由在反思方法的行为中描述纯粹意识的内在本质所驱动的。胡塞尔认为，这种本质不仅构成了所有的认知行为（如第一阶段的预立），而且还构成了塑造世界自然经验的最为基本的"前概念"和"前哲学"的意义——因为纯粹意识的内在性不是一种自然现象，所以对纯粹意识的发掘和现象学的探索需要一种所谓的"现象学还原"的特殊方法。而由于意识内在的"现象学的存在"排除了所有超然的客观性，因此只与自身相关，所以"本质"这个概念就被胡塞尔理解为"绝对的"以及"超然的"。很显然，胡塞尔再次借鉴了莱布尼茨的"单子论"思想。众所周知，"单子"在莱布尼茨的哲学体系中是兼具认识论与形而上学的双重含义的：在认识论中，"单子"具有感知和欲

---

① ［奥］胡塞尔：《现象学的观念》，倪梁康译，上海：上海译文出版社，1996年，第28页。
② 同上。
③ 段德智等：《莱布尼茨哲学研究》，第442页。

望,作为认知主体,其自身所包含的全部潜在和现实都是反映整个宇宙的一面镜子;而在形而上学的意义上,单子作为简单实体,不仅是构成一切实在的始基,更是一切"现象"的基础。因此胡塞尔才说:"由于单子性的具体的自我包括了全部事实的和潜在的意识生活,所以很清楚,对这个单子性的自我进行现象学的解释的问题(即自我对自身而言的构造问题),也必须包括所有一般的构造性问题。进一步的结果就是导致这种自我构造的现象学与一般现象学的吻合。"①

现象学的第三阶段则是对现象学探索的深化,它超越了对纯粹意识构成的本质描述,把现象学的起源描述为超验的主观性的意义单位。相较于纯粹意识的现象学,胡塞尔赋予了主体性更广泛、更深刻的内涵。这一阶段克服了第二阶段的迟疑,即把现象学描述为一种科学,一种具有必然哲学性的科学,以反对那种明确的科学,其认知虽然拥有哲学重要性却只能服务于哲学。

第四也是最后一个阶段,即意义的起源与历史发展之间的联系,延伸到了事件和文本,其本质意义在实际历史起源中是确定的。因此,反思才是驱动现象学的方法,尽管它在历史上被认为是适合于超验主观性的意义链,并因此不是经验上的相对事件。在这个意义上,无非是重新唤醒这些隐藏的、"沉淀的"意义,这将使欧洲科学解决人类最基本的问题,就像古希腊先哲曾经做过的那样——这就是胡塞尔为超验现象学的最后阶段所设定的目标。他之所以设定这个目标乃是因为在他的信念中,欧洲的科学背离了"灵魂",也就是"主体性",而胡塞尔认为,只有交互主体性才能解说先验的主体及构造问题,这也是为什么霍普金斯(Burt C. Hopkins)认为胡塞尔最终从"单子的主体间性转向了一切意义的历史的先验构成"②,因为莱布尼茨的"单子论"早已提供了"一条从自我的内在性通往他人的超越性的道路"③,而这也正是同为德国人的胡塞尔对其先辈同胞的"前定和谐学说"的一种回应。

---

① [奥] 胡塞尔:《笛卡尔式的沉思》,张廷国译,北京:中国城市出版社,2002年,第93页。
② Burt C. Hopkins, *The Philosophy of Husserl*, p.174.
③ [奥] 胡塞尔:《笛卡尔式的沉思》,张廷国译,第122页。

三、从理性化建构到合理性深化

在当代，逻辑实证主义影响下的英美分析哲学以及科学的高速发展使得有关宗教信仰的议题迈入了"去魅"之路。科学与神学，或者说理性和信仰，在新世代的嬗变中相背而行。然而，英国牛津大学的基督教哲学教授理查德·斯温伯恩（Richard Swinburne, 1934—）却在这样的背景之下将基督教信念带入了"复魅"之路。由此我们甚至可以说，如果近代的莱布尼茨在宗教信念的知识可能性论证中体现了对阿奎那"理性神学"的继承和超越，那么斯温伯恩则以"最先进的理性"论证基督教信念而被称为"当代阿奎那"，而这种立场的相似以及承接无疑彰显出莱布尼茨宗教哲学在现当代的巨大影响。

斯温伯恩一生著述颇丰，其著名的宗教哲学三部曲均以基督教信仰（尤其是"上帝存在"命题）在当代处境中的合理性而展开。在第一部《有神论的一致性》（*The Coherence of Theism*, 1977）中，斯温伯恩关注的是"上帝存在"命题的意蕴以及这个宣称是否内在一致，其所得出的结论认为这个宣称没有明显的不一致，并且寻找相关真理的证据也是恰当的，而真实的证据就是一致的证据。第二部《上帝的存在》（*The Existence of God*, 1979）关注的则是宣称"上帝存在"为真的证据。斯温伯恩认为，去评估（assess）现象中的支持或反对"上帝存在"的论证都很重要。尽管一切论证都不能最终证明上帝存在，但各种争论集合在一起却可以表明"上帝存在"比"上帝不存在"的可能性要大。而第三部作品《信仰和理性》（*Faith and Reason*, 1981）则将论述重点投向了概然性判断（judgements of probability）和宗教信念的相关性。总而言之，这三部代表作彼此贯通，互为补充，它们表明，斯温伯恩和莱布尼茨一样，都认为宗教信仰是需要证明以及辩护的，而且宗教信仰只能够通过严格细致的论证以及对合理信念与合理行为的组合达成。

首先，斯温伯恩重申了"用理性论证信仰"的进路。在中世纪，阿奎那开启了神学问题的理性化尝试；在近代，莱布尼茨以哲学和神学指示相同的对象——真理,从而强调了两者的一致;而在当代,斯温伯恩则力图将"最先进的理性"和信仰进行融合。在《上帝的存在》中,他写到:"到了十九世纪,哲理神学(philosophical theology)开始感受到休谟、康德的怀疑的强大影响。这些哲学家生发出的一些原则旨在表明理性永远不可能就经验范围之外的事物得到正当结论,而最重要的是,理性永远无法对上帝的存在作出正当结论。现如今有许多人秉承同样的精神,所以无论是在专业的哲学家领域还是在此之外,对理性力量能得出关于上帝存在的结论均抱有深刻的怀疑。"① 正因如此,斯温伯恩才以反叛的态度回应到:"我认为休谟和康德的原则是错误的,并且理性可以在这些哲学家所描绘的狭窄范围之外得出正当结论。那些相信现代科学能够达到远远超越直接经验而得出正当结论的人应该会对我的计划产生高度的共鸣(highly sympathetic to my enterprise)。"② 可以看到,斯温伯恩既没有像某些持原教旨主义的神学家或持无神论观点的科学家及哲学家那样,将当代科学与基督教神学置于对立、不相兼容的境遇,也没有承袭怀疑主义的传统,质疑人类的理性尤其是归纳能力,他反而选择了和莱布尼茨一样的进路,认为科学与神学不仅相容,并且后者还能为前者提供力不能逮的思想元素。他认为,如果要为信念的合理性提供一种令人满意的解释,那么神学论证中的目的论者就应该承认自然中存在着一种人们可以认识和描述的秩序,并且已经存在并将继续存在一种必然能为人们所认识和描述的秩序③。因此,信仰的论证并不能简单地诉诸意志或情感,还是应该回到"确证"这个核心,以此判定信仰是否具有认识意义上的真理性。

其次,斯温伯恩对宗教信念"合理性"意义的深化和拓展显现出他对宗教意义以及宗教实践彼此交互的一种深刻关切。这无疑和莱布尼茨试图在形而上学层面(理论层面)建构一个具有神学基础(信仰层面)的有关普遍和谐概念的做法有着天然的相似性。尽管莱布尼茨

---

① Richard Swinburne, *The Existence of God*, Oxford: Oxford University Press, 2004, p.2.
② 同上。
③ Richard Swinburne, *The Existence of God*, pp.153 - 154.

在更多的时候表现出一种哲学家的思辨立场,但他的最终目标却依旧是致力于基督教信仰的普世化以及道德之善的达成。而当代的斯温伯恩也提出过类似的问题:为什么对形而上学基本问题和答案的正当性感兴趣的哲学家更多地关注西方宗教(如基督教、犹太教和伊斯兰教)而非东方宗教(如佛教、印度教和儒教)?在他看来,这是因为西方宗教注重"建构一种借以判定这种实践正当性的理论体系"[1]。的确,在基督教哲学的传统中,信仰体系不能被简单地限定在神秘主义的秘传和宗教体验的默观中,它必须有一套"言说"体系。因此,斯温伯恩在《信仰和理性》中继续追问:实践一个宗教(指基督教)的意义到底是什么?他认为,持有基督教信念的人无非想要达成三个目标:敬拜并顺服上帝(worship and obedience to God);自我救赎(gains salvation for himself)以及帮助他人获得拯救(helps others to attain their salvation)[2]。而宗教信条(a religion's creed)则可以解释为何你追随它就能达到目标,以及为何以其他方式去达到目的的可能性较小。故此,人们需要一个"合理的"信念,即认为某个宗教的信条在某种程度上是真的,然后才能合理地跟随它(实践这个宗教)从而达到目的。不仅如此,人们还需要其他的合理信念,即不存在其他的宗教具有类似正确的目标,否则,另外的那个宗教会更为合理。最终,对宗教信条的评估不可避免地涉及有关信念、合理信念、合理行为、证据范式以及真理的概念和标准,以指导人们决定是否实践一个宗教,如果是的话,是哪一个。所以,对斯温伯恩而言,"合理性"的意义既不是指人类理性器官恰当功能的合理性,也不是指阿尔斯顿的从感知到信念的实践合理性,而是指一个信念与其他信念间的一致性[3]。这种一

---

[1] [英] R. 斯温伯恩:《试论当代宗教哲学的历史背景和主要论域》,段德智译,《世界宗教哲学》2005 年第 3 期。
[2] Richard Swinburne, *Faith and Reason*, Oxford: Oxford University Press, 2005, p1.
[3] 当代改革宗认识论的代表人物普兰丁格在《基督教信念的知识地位》中认真讨论了"合理性"的规范性问题。他提出,五种合理性的概念分别是亚里士多德关于"人是有理性的动物"意义的合理性、作为恰当功能的合理性、作为理性衍生的合理性、作为符合手段-目的的合理性以及阿尔斯顿从感知到信念的合理性。而斯温伯恩作为当代宗教认识论者的另一代表,则提出了不同的理论。

致性往往来源于经验中各种没有矛盾的信念的累积，即"来自于不断在每一类经验现象中强化一致性"①。对个人而言，持有信念的最主要原因在于某个信念对某人而言为真，而斯温伯恩认为，绝对为真的信念往往难以企及（unattainable），因此人们不得不将信念视为可以获取的，即可能的或概然性的（probable）。在这个意义上，他和当代改革宗认识论的代表人物普兰丁格相互对立，后者对"上帝存在"这一信念的立场是："在没有任何论证或证据的情况下接受对上帝的信念是完全可被接受的，合适的（desirable），正确的（right），恰当的（proper）以及合理的（rational）。"② 而斯温伯恩则依旧遵从经典的"证据主义"和"基础主义"立场，认为信念和证据存在着相关性，因为一个信念命题（通常是假设）基于另一个命题（通常是和假设相关的证据）的"归纳概率"（inductive probability）指的就是后一个命题（即证据）使前一个命题（即假设）为真的程度的度量。所以一个命题是否具有归纳概率就依赖于"证据等级"（evidence-class）的评估。因此，命题的归纳概率可以通过正确的标准（correct criteria）进行测度，而这就是"逻辑概率"（logical probability）。然而，鉴于不同的人对于归纳标准存在着轻微不同，因此个体对于归纳概率的标准被称为"主观概率"（subjective probability），即每个人都相信自己对于某些命题的主观概率就是正确的逻辑概率③。简言之，虽然信念的本质在某种意义上依赖于证据继而引发信念持有者的行动，但并不是所有的信念都被认为是同样合理的或具有同等的认知规范和意义（如对神学信念持批判态度的科学家或哲学家）。因此斯温伯恩认为，"对合理性的探讨只能得到一种或然的结论，这个一个非常弱的起点，但是足以在此基础上展开宗教实践"④。

---

① 葛欢欢：《内在合理性与基督教信念——从普兰丁格与斯文伯恩的争论看》，《哲学动态》2013年第10期。
② J. Dewey, Jr. Hoitenga, *Faith and Reason: From Plato to Plantinga: An Introduction to Reformed Epistemology*, New York: State University of New York Press, 1991, p.180.
③ Richard Swinburne, *Faith and Reason*, pp.24–34.
④ 葛欢欢：《内在合理性与基督教信念——从普兰丁格与斯温伯恩的争论看》，《哲学动态》2013年第10期。

第六章　莱布尼茨认识论与当代认知合理性问题

最后，斯温伯恩在"上帝存在"论证中体现出的全面性和独创性再次验证了其"科学与神学相容"的主张。如前所述，莱布尼茨在面对"上帝存在"这一古老议题时，用自己的版本"完善"了从本体论、宇宙论到设计论等多种证明。而斯温伯恩更是对"上帝存在"证明的传统分类进行了梳理和评述。在《上帝的存在》中，他认为像康德那样"倾向于假定每一类型只存在一个证明，并用一个标题把这些不同的证明叫做同一证明的不同形式是彻底的误导"；"这是宗教哲学不好的特征，因为这些证明可能彼此支持或相互抵触而削弱"[①]。因此，他以归纳方式的设计论证明为主导，再辅以人类（灵魂）的存在、神迹以及宗教体验等多维度视角来证明上帝存在概率的可能性。在最为核心的设计论证明中，斯温伯恩以归纳论证的方式，通过宇宙中空间和时间的秩序、共在和续接事物的规则性去论证有神论命题，即"上帝存在"。在他看来，人们"需要依据科学的能力和倾向性解释"，因为科学"能部分地根据高层次的定律解释特殊现象和低层次的定律"，但就本质而言，科学却"不能解释所有法则中最高层次的规律"[②]。很明显，斯温伯恩在此限制了科学的"上限"，虽然他反对休谟和康德"对理性划界"，但他却认为科学到了"最基本的自然律"这个层次的时候，就无法再进一步了。可见，科学受制于其本性，无法摆脱自然界的"在场性"与"对置性"，因此它就不能"跑到自然界和自然律之外去考虑二者的一致性"；而根据斯温伯恩的"简单解释原则"，"科学的解释依据自然律和那些一起促成它的初始条件来解释事件。一个解释就其巨大的解释力量而言，并就其有很大的先天概率而言，它可能为真"[③]。因此，上帝创造出具有意志自由的主体以及有规律的宇宙从而也具有很高的概率。由此，科学不仅成为了理性力量的彰显，更不悖逆宗教信仰，反而为上帝之存在增添了最为合理以及有力的佐证。最终，斯温伯恩在新的世代重释了理性与信仰的关系。他既"不同意

[①] Richard Swinburne, *The Existence of God*, pp.12-13.

[②] Richard Swinburne, *The Existence of God*, p.35.

[③] 郑争文、石帅锋：《理查德·斯温伯恩的"上帝存在之论证"以及对此的反思》，张庆熊、徐以骅主编：《基督教学术》第十六辑，上海：上海三联书店，2017年。

逻辑实证主义的证实原则，尤其反对该派否定形而上学、伦理学和神学的倾向"，同时又"从逻辑实证主义那里得到了启发，这就是高度重视现代科学知识，以精确的分析来弥补欧洲大陆哲学的草率论证"①，因此才不愧为当代首席的"理性护教士"。

总而言之，无论是对于阿奎那还是莱布尼茨，普兰丁格抑或斯温伯恩，他们的信仰立场无不使得宗教信念的知识可能性问题聚焦于"有神论"这一传统核心。换言之，不管这些思想家因其时代背景的差异做出了怎样的论证范式的调整和转变，"在其中上帝信念是严格基本的"②，"证据主义""基础主义"以及论证思路的框架及其准则也如同草蛇灰线一般自始至终不曾消失过。因此，理性主义和意志主义的碰撞和角力，对"证据"的坚守或是抨击只不过是西方宗教哲学中应对"信仰和理性"问题的分化和延续。可以说，莱布尼茨的宗教认识论之所以吸引人，乃是因为在这一最为艰深的领域中，他所提出的基本问题仍旧围绕着人类在宇宙中的地位问题，以及关于可以超越宇宙的实在的可能性问题。而对这些问题的哲学探索无一不根植于社会环境和个人实践，并时刻凸显着人类思维的本质和界限。因此，我们就不应再单纯地将宗教信念视为"假设的"以及"全然的抽象"，而应将有关它们的一切论证归为一种"围绕着活生生的传统的形式和内容"③。只有这样，认知能力的可信性、真理的概念性、陈述的可靠性、认知的责任、事实与解释的差异、论证的局限性、证明的附加条件、价值的根本问题等才会褪去宗教认识论的外衣呈现于人类的理智法庭之前。正如几个世纪之前的莱布尼茨曾宣称的那样："人类的认识与禽兽的认识的区别"在于"人类则能有经证明的科学知识"④。这既是我们的理性的功用，也是人类思维有能力对一切命题进行评断的明证！

---

① 张志刚：《理性的彷徨：现代西方宗教哲学理性观比较》，北京：东方出版社，1997年，第98页。
② A. Plantinga, "Religious Belief Without Evidence", *Readings in the Philosophy of Religion*, p.429.
③ [美] 查尔斯·塔列佛罗：《证据与信仰：17世纪以来的西方哲学与宗教》，傅永军、铁省林译，济南：山东人民出版社，2011年，第4—7页。
④ [德] 莱布尼茨：《人类理智新论》（上册），陈修斋译，"序言"第5页。

参考文献

一、莱布尼茨原著

中文部分

［德］莱布尼茨：《莱布尼茨自然哲学著作选》，祖庆年译，北京：中国社会科学出版社，1985 年。

［德］莱布尼茨：《莱布尼茨与克拉克论战书信集》，陈修斋译，北京：商务印书馆，1996 年。

［德］莱布尼茨：《新系统及其说明》，陈修斋译，北京：商务印书馆，2002 年。

［德］莱布尼茨：《单子论》，朱雁冰译，北京：生活·读书·新知三联书店，2007 年。

［德］莱布尼茨：《人类理智新论》（上、下册），陈修斋译，北京：商务印书馆，2016 年。

［德］莱布尼茨：《神正论》，段德智译，北京：商务印书馆，2016 年。

外文部分

G. W. Leibniz, *Nouvelles lettres et opuscules inédits de Leibniz*, Paris: A. Foucher de Careil, 1857.

G. W. Leibniz, *Samtliche Schriften und Briefe*, in, *German Academy of Sciences*, Berlin: Akademie Verlag, 1923 -.

C. I. Gerhardt (ed.), *Die Philosophischen Schriften von Leibniz*, Vol. 4, Berlin: Weidmann, 1875-90; rpt. Hildesheim: Georg Olms Verlag, 1965.

G. W. Leibniz, *Philosophical Essays*, trans. by Roger Ariew and Daniel Garber, New York: Hackett Publishing Company, 1989.

G. W. Leibniz, *Philosophical Text*, ed. and trans. by R. S. Woolhouse and Richard Francks, Oxford: Oxford University Press, 1998.

G. W. Leibniz, *Theodicy*, ed. and trans. by Austin Farrer and E. M. Huffard, Biblio Bazaar, 2007.

二、中文参考文献

［美］安德鲁·迪克森·怀特：《基督教世界科学与神学论战史》，鲁旭东译，桂林：广西师范大学出版社，2006 年。

安维复：《反思西方科学思想经典文献研究》，《中国社会科学报》2020 年 7 月 21 日。

北京大学哲学系西方哲学史教研室编译：《古希腊罗马哲学》，北京：商务印书馆，1961 年。

［美］保罗·蒂利希：《基督教思想史》，尹大贻译，北京：东方出版社，2008 年。

参考文献

［古希腊］柏拉图：《柏拉图全集》第 2 卷，王晓朝译，北京：人民出版社，2003 年。
［美］查尔斯·塔列佛罗：《证据与信仰：17 世纪以来的西方哲学与宗教》，傅永军、铁省林译，济南：山东人民出版社，2011 年。
陈嘉明：《知识与确证：当代知识论引论》，上海：上海人民出版社，2003 年。
陈修斋：《欧洲哲学史上的经验主义和理性主义》，北京：人民出版社，2007 年。
陈修斋：《陈修斋论哲学与哲学史》，北京：人民出版社，2009 年。
［法］狄德罗：《狄德罗的〈百科全书〉》，梁从诫译，广州：花城出版社，2007 年。
段德智：《莱布尼茨哲学研究》，北京：人民出版社，2011 年。
［法］笛卡尔：《第一哲学沉思集》，庞景仁译，北京：商务印书馆，1986 年。
［法］笛卡尔：《哲学原理》，关文运译，北京：商务印书馆，1959 年。
［英］D. W. 海姆伦：《西方认识论简史》，崔建军译，北京：中国人民大学出版社，1987 年。
邓晓芒、赵林：《西方哲学史》，北京：高等教育出版社，2005 年。
［德］费尔巴哈：《对莱布尼茨哲学的叙述、分析和批判》，涂纪亮译，北京：商务印书馆，1979 年。
葛欢欢：《内在合理性与基督教信念——从普兰丁格与斯温伯恩的争论看》，《哲学动态》2013 年第 10 期。
［英］G. H. R. 帕金森主编：《文艺复兴和 17 世纪理性主义》，田平等译，北京：中国人民大学出版社，2008 年。
［德］黑格尔：《哲学演讲录》（第四卷），贺麟、王太庆译，北京：商务印书馆，1983 年。
何光沪、任不寐、秦晖、袁伟时主编：《大学精神档案》（近代卷·上），桂林：广西师范大学出版社，2001 年。
［德］海涅：《论德国宗教和哲学的历史》，海安译，北京：商务印书馆，1974 年。
［德］汉斯·格奥尔格·伽达默尔：《哲学解释学》，夏镇平、宋建平译，上海：上海译文出版社，2004 年。
［奥］胡塞尔：《欧洲科学危机和超验现象学》，张庆熊译，上海：上海译文出版社，1988 年。
［奥］胡塞尔：《现象学的观念》，倪梁康译，上海：上海译文出版社，1996 年。
［奥］胡塞尔：《笛卡尔式的沉思》，张廷国译，北京：中国城市出版社，2002 年。
黄颂杰等：《西方哲学多维透视》，上海：上海人民出版社，2002 年。
韩越红：《从单子特性看莱布尼茨对知识主体的探究》，《昆明理工大学学报（社会科学版）》2004 年第 3 期。

［德］康德：《纯粹理性批判》，邓晓芒译，北京：人民出版社，2004年。
［德］康德：《康德著作全集》（第四卷），李秋零译，北京：中国人民大学出版社，2005年。
［德］卡尔·马克思、弗里德里希·恩格斯：《马克思恩格斯全集》第3卷，北京：人民出版社，1960年。
［英］洛克：《人类理解论》，关文运译，北京：商务印书馆，2012年。
［英］罗素：《西方哲学史》（下卷），马元德译，北京：商务印书馆，1981年。
［美］路易斯·P. 波依曼：《宗教哲学》，黄瑞成译，北京：中国人民大学出版社，2006年。
［美］路易斯·P. 波依曼：《知识论导论》，洪汉鼎译，北京：中国人民大学出版社，2008年。
［英］麦克唐纳·罗斯：《莱布尼茨》，张传友译，北京：中国社会科学出版社，1992年。
［美］普兰丁格：《基督教信念的知识地位》，邢滔滔、徐向东译，北京：北京大学出版社，2005年。
［英］R. 斯温伯恩：《试论当代宗教哲学的历史背景和主要论域》，段德智译，欧阳康校，《世界宗教哲学》2005年第3期。
［荷］斯宾诺莎：《知性改进论》，贺麟译，北京：商务印书馆，1986年。
桑靖宇：《莱布尼茨的微知觉理论及其历史影响》，《武汉大学学报（人文科学版）》2001年第9期。
桑靖宇：《莱布尼茨的神学理性主义及其对中国理学思想的解读》，《武汉大学学报（哲学社会科学版）》2009年第6期。
［荷］泰奥多·德布尔：《胡塞尔思想的发展》，李河译，北京：生活·读书·新知三联书店，1995年。
［意］托马斯·阿奎那：《神学大全》（第一集：第一卷、第六卷），段德智译，北京：商务印书馆，2013年。
［英］W. C. 丹皮尔：《科学史及其与哲学和宗教的关系》，李珩、张今校译，桂林：广西师范大学出版社，2009年。
［美］威利斯顿·沃尔克，《基督教会史》，孙善玲、段琦、朱代强译，北京：中国社会科学出版社，1991年。
［英］休谟：《人类理解研究》，关文运译，北京：商务印书馆，1997年。
［英］休谟：《自然宗教对话录》，陈修斋译，北京：商务印书馆，2002年。
［英］休谟：《宗教的自然史》，徐晓宏译，上海：上海人民出版社，2003年。
［英］休谟：《人性论》，关文运译，北京：商务印书馆，2016年。
徐文俊：《理性的边缘》，广州：中山大学出版社，2000年。
谢文郁：《基督教真理观与西方思想史上的真理观》，许志伟主编：《基督教思想评论》第三辑，上海：上海人民出版社，2005年。
［美］约翰·波洛克、乔·克拉兹：《当代知识论》，陈真译，上海：复旦大学出

版社，2008 年。

［英］约翰·科廷汉：《理性主义者》，江怡译，辽宁：辽宁教育出版社，1998 年。

［英］约翰·希克：《宗教哲学》，何光沪译，北京：生活·读书·新知三联书店，1988 年。

［古希腊］亚里士多德：《灵魂论及其他》，吴寿彭译，北京：商务印书馆，1999 年。

喻佑斌：《信念认识论》，北京：光明日报出版社，2020 年。

赵敦华：《基督教哲学 1500 年》，北京：人民出版社，2007 年。

赵敦华：《中世纪哲学研究的几个关键问题——读〈理性与信仰：西方中世纪哲学思想〉有感》，《北京大学学报》2007 年第 1 期。

赵林：《基督教思想文化的演进》，北京：人民出版社，2007 年。

赵林：《从哲学思辨到文化比较》，北京：人民出版社，2014 年。

张仕颖：《马丁·路德的神学突破》，《世界宗教研究》2014 年第 2 期。

张宪：《启示的理性：欧洲哲学与基督宗教思想》，成都：巴蜀书社，2006 年。

张志刚：《理性的彷徨：现代西方宗教哲学理性观比较》，北京：东方出版社，1997 年。

张志刚：《宗教哲学研究：当代观念、关键环节及其方法论批判》，北京：中国人民大学出版社，2003 年。

翟志宏：《走进神学中的理性——论阿奎那哲学的基本特征及其历史价值》，《人文杂志》2004 年第 6 期。

翟志宏：《论阿奎那自然神学的理性诉求及其近代反动》，《世界宗教研究》2006 年第 4 期。

翟志宏：《阿奎那存在论证明的理性立场与神学内涵》，《人文杂志》2007 年第 2 期。

翟志宏：《阿奎那的信念理性化建构与普兰丁格的知识合理性扩展》，《世界哲学》2007 年第 5 期。

翟志宏：《托马斯难题：宗教信念的认知合理性是否可能》，《世界宗教研究》2010 年第 1 期。

翟志宏：《西方宗教信念认知合理性的两种解读方式》，余泽、赵广明主编：《宗教与哲学》第二辑，北京：社会科学文献出版社，2013 年。

翟志宏：《托马斯难题：信念、知识与合理性》，北京：中国社会科学出版社，2014 年。

张志伟主编：《形而上学读本》，北京：中国人民大学出版社，2010 年。

郑争文、石帅锋，《理查德·斯温伯恩的"上帝存在之论证"以及对此的反思》，张庆熊编著：《基督教学术》第十六辑，上海：上海三联书店，2016 年。

三、外文参考文献

Allison P. Coudert, Richard H. Popkin and Gordon M. Weiner (eds.), *Leibniz, Mysticism and Religion*, New York: Kluwer Academic Publishers, 1998.

Alvin Goldman, "The internalist theories of empirical knowledge", *Midwest Studies in Philosophy*, 1980, 5.

Alvin Plantinga, *Warrant and Proper Function*, London: Oxford University Press, 1993.

Andrea Poma, *The Impossibility and Necessity of Theodicy*, New York: Springer, 2012.

Andrew Cullison (ed.), *The Bloomsbury Companion to Epistemology*, New York: Bloomsbury, 2014.

Bertrand Russell, *A Critical Exposition of the Philosophy of Leibniz*, New York: Routledge, 2005.

Brandon C. Look and Donald Rutherford (trans. and eds.), *The Leibniz — Des Bosses Correspondence*, London: Library of Congress Cataloging-in-Publication, 2007.

Burt C. Hopkins, *The Philosophy of Husserl*, Durham: Acumen Publishing Limited, 2011.

Carlos Fraenkel, Dario Perinetti, Justin E. H. Smith (eds.), *The Rationalists: Between Tradition and Innovation*, New York: Springer, 2011.

Charles Taliaferro, *Evidence and Faith*, Cambridge: Cambridge University Press, 2005.

Charles William Russell (eds. and trans.), *A System of Theology*, London: Burns and Lambert, 1950.

Christia Mercer, *Leibniz's Metaphysics: its Origins and Development*, Cambridge: Cambridge University Press, 2007.

C. R. Raven, *Natural Religion and Christian Theology*, Cambridge: Cambridge University Press, 2011.

C. S. Pierce, *Contributions to the Nation* (Volume II), compiled and annotated by Kenneth Laine Ketner and James Edward Cook, Texas: Texas Tech University, 1978.

Daniel Garber, *Monads and the Theodicy: Reading Leibniz*, Oxford: Oxford University Press, 2015.

Deane Peter Baker (ed.), *Alvin Plantinga*, Cambridge: Cambridge University Press, 2007.

D. M. Armstrong, *Belief, Truth and Knowledge*, Cambridge: Cambridge

University Press, 2008.

D. M. Armstrong, *Perception and the Physical World*, London: Routledge & Kegan Paul, 1961.

Donald Rutherford (ed.), *The Cambridge Companion to Early Modern Philosophy*, Cambridge: Cambridge University Press, 2006.

E. F. Cooke, *Peirce's Pragmatism Theory of Inquiry: Fallibilism and Indeterminacy*, London: Continuum, 2006.

Evelyn Vargas, "Synechism and monadology", *in Leibniz and the English-Speaking World*, ed. by Pauline Phemister and Stuart Brown, New York: Springer, 2007.

Franklin Perkins, *Leibniz: A Guide for the Perplexed*, New York: Continuum, 2007.

Glenn A. Hartz, *Leibniz's Final System: Monads, Matter and Animals*, New York: Routledge, 2006

G. Solomon: "Leibniz' monads: a heritage of gnosticism and a source of rational science", *Canadian Journal of Philosophy*, 1980, 10.

H. J. Paton (trans. and analyse), *The Moral Law: Kant's Groundwork of the Metaphysic of Morals*, London: Hutchinson, 1951.

Horst Bredekamp, *Die Fenster der monade: Gottfried Willhelm Leibniz' theater der Natur und Kunst*, Berlin: Akademie Verlag, 2004.

Ilkka Niiniluoto, Matti Sintonen and Jan Wolenski, *Handbook of Epistemology*, New York: Kluwer Academic, 2004.

James Hankins (ed.), *The Cambridge Companion to Renaissance Philosophy*, Cambridge: Cambridge University Press, 2007

Jason Socrates Bardi, *Calculus Wars: Newton, Leibniz and the Greatest Mathematical Clash of All Time*, New York: Thunder's Mouth Press, 2006.

J. Dewey, Jr. Hoitenga, *Faith and Reason from Plato to Plantinga: An Introduction to Reformed Epistemology*, New York: State University of New York Press, 1991.

John Bishop, *Believing by Faith: An Essay in the Epistemology and Ethics of Religious Belief*, Oxford: Clarendon Press, 2007.

John Cottingham (ed.), *The Cambridge Companion to Descartes*, Cambridge: Cambridge University Press, 1992,

John M. Depoe and Tyler Dalton McNabb (eds.), *Debating Christian Religious Epistemology*, London: Bloomsbury, 2020.

J. Warren and F. Sheffield (ed.), *Routledge Companion to Ancient Philosophy*, New York: Routledge, 2013.

Kabbala denudata, 2 vols, Sulzbach, 1677, 1684; rpt. Hildesheim: Georg Olms

Verlag, 1974.

Kevin Diller, *Theology's Epistemological Dilemma: How Karl Barth and Alvin Plantiga Provide a Unified Response*, Westmont: Inter Varsity Press, 2014.

Larry M. Jorgensen & Samuel Newlands (eds.), *New Essays on Leibniz's Theodicy*, Oxford: Oxford University Press, 2015.

Laurence BonJour, *In Defense of Pure Reason: A Rationalist Account of a Priori Justification*, Cambridge: Cambridge University Press, 1998.

Laurence BonJour, *The Structure of Empirical Knowledge*, Harvard: Harvard University Press, 1985.

Linda Martin Alcoff (ed.), *Epistemology: The Big Questions*, Oxford: Blackwell Publishers, 1998.

Louise Bouyer, *The Christian Mystery: From Pagan Myth to Christian Mysticism*, trans. by Illtyd Trethowan, London: T&T Clark Interna-tional, 2004.

Luther, *Luther's works*, American Edition, 36 Volume, Minneapolis: Fortress Press, 1955.

Marcelo Dascal (ed.), *Leibniz: What Kind of Rationalist?*, Netherlands: Springer, 2008.

Maria Rosa Antognazza, *Leibniz: An Intellectual Biography*, Cambridge: Cambridge University Press, 2009.

Maria Rosa Antognazza, *Leibniz on the Trinity and the Incarnation: Reason and Revelation in the Seventeeth Century*, trans. by Gerald Parks, London: Yale University Press, 2007

Nicholas Jolley, *Leibniz and Locke: A Study of the New Essays on Human Understanding*, Oxford: Clarendon Press, 1984.

Nicholas Jolly (ed.), *The Cambridge Companion to Leibniz*, Cambridge: Cambridge University Press, 1994.

Patrick Riley, *Leibniz' Universal Jurisprudence*, Harvard: Harvard University Press, 1996.

Paul Helm (ed.), *Faith and Reason*, New York: Oxford University Press, 1999.

P. Phemister, "Catherine Wilson, Leibniz's metaphysics: a history and comparative study", *British Journal for the History of Philosophy*, 1996.

Raoul Mortley, *The Rise and Fall of Logos*, Bonn: Hanstein, 1986.

R. Chisholm. *The Foundation of Knowing*, Sussex: The Harvester Press, 1982.

R. Douglas Geivett and Brendan Sweetman (eds.), *Contemporary Perspective on Religious Epistemology*, New York: Oxford University Press, 1992.

Renato Cristin, *Heidegger and Leibniz: Reason and Path*, New York: Kluwer Academic Publishers, 1998.

René Descartes, *The Philosophical Writings of Descartes*, trans. by John Cottingham, Robert Stoothoff and Dugald Murdoch, Cambridge: Cambridge University Press, 1985.

Richard A. Fumerton, "The Internalism/Externalism Controversy", *Philosophical Perspectives*, 1988.

Richard Swinburne, *Faith and Reason*, New York: Oxford University Press, 2005.

Richard Swinburne, *The Existence of God*, New York: Oxford University Press, 2004.

R. J. Bernstein, *The Pragmatic Turn*, Cambridge: Polity Press, 2010.

Robert Crocker (ed.), *Religion, Reason and Nature in Early Modern Europe*, New York: Kluwer Academic, 2001.

Robert Merrihew Adams, *Leibniz: Determinist, Theist, Idealist*, New York: Oxford University Press, 1994.

Robert Merrihew Adams, *Leibniz's Examination of the Christian Religion*, Faith & Philosophy, 1994, 10.

Roger Woolhouse, *Starting with Leibniz*, New York: Continuum, 2010.

R. T. W. Arthur, *Leibniz*, Cambridge: Polity Press, 2014.

Sarah Mortimer, *Reason and Religion in the English Revolution*, Cambridge: Cambridge University Press, 2014.

Scott MacDonald, "Christian faith" *in Reasoned Faith*, ed. by Eleonore Stump & Norman Kretzmann, Ithaca: Cornell University Press, 1993.

S. M. Nadler, "Deduction, confirmation, and the laws of nature in Descartes' *Principia Philosophiae*", *Journal of the History of Philosophy*, 1990.

Stephen Hetherington (ed.), *Aspect of Knowing: Epistemological Essays*, Amsterdam: Elsevier, 2006.

Stephen Hetherington (ed.), *Epistemology: The Key Thinkers*, New York: Continuum, 2012.

Stephen Hetherington (ed.), *The Gettier problem*, New York: Cambridge University Press, 2019.

Stuart Brown, "The Light of the Soul: Theories of Ideas in Leibniz, Malebranche and Descartes", *Analytic Philosophy*, 1994.

T. Allan Hillman, "Leibniz and Luther on the non-cognitive component of faith", *Sophia*, 2013.

Timothy S. Yoder, *Hume on God*, New York: Continuum, 2008.

William Lane Craig, *The Cosmological Argument from Plato to Leibniz*,

London: Macmillan, 1980.

William P. Alston, *Beyond "Justification": Dimensions of Epistemic Evaluation*, Ithaca: Cornell University Press, 2005.

四、其他

https://baike.baidu.com/item/%E8%89%BE%E8%90%A8%E5%85%8B%C2%B7%E7%89%9B%E9%A1%BF/1119240? fr = aladdin&fromid = 5463&fromtitle = %E7%89%9B%E9%A1%BF.

图书在版编目(CIP)数据

莱布尼茨认识论中的信仰合理性建构/卢钰婷著.—上海：复旦大学出版社，2024.6
ISBN 978-7-309-17486-1

Ⅰ.①莱… Ⅱ.①卢… Ⅲ.①莱布尼兹(Leibniz, Gottfried Wilhelm Von 1646-1716)-认识论-思想评论 Ⅳ.①B516.22②B017

中国国家版本馆 CIP 数据核字(2024)第 111034 号

莱布尼茨认识论中的信仰合理性建构
卢钰婷　著
责任编辑/陈　军

复旦大学出版社有限公司出版发行
上海市国权路 579 号　邮编：200433
网址：fupnet@fudanpress.com　　http://www.fudanpress.com
门市零售：86-21-65102580　　团体订购：86-21-65104505
出版部电话：86-21-65642845
上海盛通时代印刷有限公司

开本 787 毫米×960 毫米　1/16　印张 14.75　字数 212 千字
2024 年 6 月第 1 版
2024 年 6 月第 1 版第 1 次印刷

ISBN 978-7-309-17486-1/B·809
定价：62.00 元

如有印装质量问题，请向复旦大学出版社有限公司出版部调换。
版权所有　　侵权必究